泰山文化概论

TAISHAN WENHUA GAILUN

陈伟军 主编

山东人民出版社
国家一级出版社 全国百佳图书出版单位

序

汤贵仁

陈伟军教授将其主编的《泰山文化概论》书稿送给我，希望我说几句话。

泰山文化在中国山岳文化中有着独一无二的地位。从历史的轴线说，从史前的五六千年一直绵延到当代；从地域的广度说，凡有华人生存的地方就存在着泰山文化的影响；从文化内涵说，从帝王文化到民俗文化，包罗万象。随着旅游业的发展和文化经济的提倡，人们对泰山及其文化越来越关注，从事解读的人越来越多。

毫无疑问，泰山文化就其具体门类而言，是多元的，宗教、碑刻、文学、民俗、建筑……可以说琳琅满目；就目前的研究而言，也是多元的，有神学研究、政治研究、书法研究、民间传统风俗人情研究……可以说是百花齐放，百家竞彩。需要指出的是，泰山文化的研究工作大都处于初级阶段：一是资料的搜集、查证、整理，二是比较深入的是单个门类的研究，如神学、封禅、民俗，等等。至于全面综合的研究，却为罕见。《泰山文化概论》应该是在这个历史背景下产生的一部严肃认真的综合性的研究著作。粗略翻阅书稿，有如下印象：

第一，搜罗宏富。搞旅游的人，喜作"广告语"，说泰山文化博大精深。听起来振聋发聩，令人耳目一新。但是博大精深的参照系却被弱化了。实事求是地说，在山岳文化中，泰山文化确乎是博大的。为了体现这个"博大"，《泰山文化概论》的作者广泛地查证资料，举凡正史、野史、笔记、文集、地方史志……无不搜索。最令人感兴趣的是民俗中旧社会的乞丐记载：

> 沿途乞丐甚多，逢人索物。并云："千舍千有，万舍得福"，"步步高升"，"积德吧，掏钱吧，个人行好是个自的"，不予则不得前行。

乞丐是社会存在，原因是复杂的，概而言之，大体可分为两类：一是非职业的，若时值荒年，普通人迫于生计，会沦为乞丐；二是职业的，此类人常常带有流氓无产者的性格。因为这类人以乞讨为生，是在社会物质经济生活结构的夹缝中生存的人物，文人学者不以为意，统治集团常常将他们视为社会结构中的剩余物，也不以为意。但是，《泰山文化概论》的作者在庙会中注意到这个社会群体，可以说是超过常人之见识的。

第二，梳理清晰。泰山文化"博大"的内涵之一是说具体文化的种类繁多，必须加以认真排比思考，方能清理出一个综合性的体系。总体结构如此，一个具体门类亦复如此。以泰山历史而言，所谓泰山历史，一是指泰山自身的历史，即自然科学意义上的历史，从地质年代去叙述。二是人类在泰山活动中形成的历史，即泰山所承载的人文文化的历史。因为地质变迁的泰山历史比较单纯，其变化的时间长，常常以亿年为单位计，并且，这种变化和人类的关系对应相对为少，在一般文化史中可以忽略不计。而泰山所承载的人文文化的发展变化以年或百年为单位计，简言之，它实际上就是人类活动的历史，因而丰富多彩，必须加以分析梳理，以理清文化脉络。这个文化脉络既是指整体文脉，又要兼顾子系统的文脉，使之相互呼应，构成完整而严密的体系。毫无疑问，这是社会科学部门中任何一个成系统的历史文化的难题，然而却是一个任何严肃的科学的著作不能回避的问题。以分期为例，中国历史的分期，中国文学史的分期，中国哲学史的分期……都是长期聚讼而难以达成共识的学术问题。在论辩各方，似乎是是非问题，但在广大受众看来，可能只是学者的视角问题。当然，受众有选择是非的权利，但更多的是欣赏思辨能力和获取知识和智慧的问题。《泰山文化概论》将泰山文化分为五个时期：先秦至秦汉时期为"政治山"的形成期，魏晋南北朝时期为"宗教山"的形成期，隋唐宋金时期为"文化山"的形成期，元明清时期为"民俗山"的形成期，民国迄今为"精神山"的形成期。这种分期肯定会产生不同的反响，但我以为不失为一家之言。

第三，论述精细。坦白说，我所理解的文化，一是要"文"，二是要"化"。所谓"文"就是信息、知识，所谓"化"就是思想、智慧。特别是研究文化的人，一定要在既有的知识、信息的基础上，消化，反思，形成自己独特的思想和智慧，给同时代人或未来人以启迪。时人将知识的罗列和挖掘与文化等量齐观，甚至将"忽悠"、"恶搞"视为文化，实在是一种误解。应该指出的是，文化的核心是文化分析，如果没有分析，文化不过是地摊上的杂货，不成档次。反之，有了文化的分析、综合、推理、判断，就成了品牌商店，价值非凡。众所周知，人类在社会发展过程中所创造的文化,处在不断更新的过程,历史上的许多文化现象因为历史的进步不断消失,随着社会发展进步,新的文化现象又不断地产生,而这新出现的文化现象正是我们所追求的。《泰山文化概论》在搜罗宏富的同时,不断深入分析比较,进行论证,以求在前人的基础上,形成新的智慧。

> 泰山文学,是指以泰山为主要表现对象的文学作品,也就是说,划分泰山文学的基本原则是作品的题材而不是作者。只要是描写泰山的作品均可划入泰山文学的范畴,而泰山本土作家的非泰山题材的作品则不包括在内。

这段文字是《泰山文化概论》中《泰山文学》部分的论断,随后分别提出"泰山文学在内容上最显著的特点就是它题材的单一性","是典型的山岳文学","泰山文学与中国文学在发展轨迹上有相合点但也不乏分歧之处","抒情文学较为发达,而戏曲、小说等叙事文学则相对薄弱"等一系列的论断。这些论断显然将作家、作品和泰山文学混为一谈的现象加以严格的区分,将泰山文学和通常的文学史和作家作品加以严格的区分,这就是作者在诸多泰山文学作品的基础上比较、分析、概括而提出的,闪耀着智慧的光芒。

第四,体制完整。作为一种"概论性"的著作,体制或者说结构的完整是十分必要的。所谓结构的完整,不仅内涵周备,更重要的是写作态度的严肃和追求理论体系上的严密。我们见过许多论著只追求内容的详尽,而不追求内容组合间的逻辑关系,常常使著作成为松散的集合体,而不是结构完整、逻辑严密的理论著作。

过去的地方史志或专著常常以泰山景区为分类标志,结果在结构的纵横上产生了交叉或混乱,不仅松散拖沓,而且常常造成时间轴线的模糊、地域横向的分割,乃至文化现象的割裂。《泰山文化概论》则不然,它采取历史纵向叙述和文化系统的分列,新颖别致。从全书说,贯穿时间发展的纵向论述,使全书的逻辑清晰,历史内涵丰富。就局部子系统而言,放弃以景区地域分割,而采用文化门类系统,在一个子系统内又遵循历史的线索,与全书的结构互相呼应,互为因果。

全书第一章泰山文化概说,第二章泰山历史,然后分述封禅、宗教、文学诸项,井井有条,环环相扣,这在诸人合作的著作中是十分难得的。由此,可见主编者的匠心。

宋人杨万里有诗说“莫言下岭便无难，赚得行人错喜欢。正入万山圈子里，一山放出一山拦”。在群山里爬山，翻过一山又有一山，暗示人生之途，困难重重，克服一个，便是前进一程。我们借来形容学术著作，当一本著作达到一个新成就时，这个成就只不过是下一个学术成就的起点，这就是通常说的学无止境。就《泰山文化概论》而言，它达到的高度，正是、也只能是下一个泰山文化研究著作的起点。不知是书的作者和读者以为如何，权为序。

2012 年春节

目 录

第一章　泰山文化概说

1987年,联合国教科文组织世界遗产委员会把泰山列为世界文化、自然双遗产时,这样评价泰山:"庄严神圣的泰山,两千年来一直是帝王朝拜的对象,那里的艺术杰作与自然景观完美地融合在一起。泰山一直是中国艺术家和学者灵感的源泉,象征着古代中国的文明和信仰。"①

遗产委员会专家卢卡斯在评价泰山时说:"列入世界遗产的一般或是自然遗产,或是文化遗产,很少有双重价值的遗产在同一保护区内,而泰山具有自然与文化双重遗产价值。文化源于自然,泰山文化源于泰山。从自然遗产角度看,自然环境带来了文化和其他很多东西。泰山具有自然的、历史的、文化的三重价值,还有纯自然的景观,这是一个好的特点,这意味着中国贡献了一种特殊的、独一无二的遗产,它为我们开拓了一个过去从未做过、也从未想过的新领域。泰山能促使遗产的概念更新。"

这些评价清楚地表明了泰山在国人心目中的神圣地位和在世界文化领域中的巨大价值。中国虽然名山众多,但真正在国人心目中享有至尊地位且具有崇高精神价值的只有泰山。从这一点来说,泰山是唯一的!

第一节　泰　山

泰山,古称岱,又名岱山、岱岳、岱宗、泰岳,位于山东省中部,主峰在今泰安市泰山区境内。由于泰山在五岳中位居东部,故又名东岳,为五岳之首。国际前寒武纪地层委员会委员、中国前寒武纪地层分会主席陆松年教授在2006年泰

① 孙克勤:《世界文化与自然遗产概论》,第189—190页,中国地质大学出版社,2005年3月第一版。

山地质公园学术报告会上透露，大量证据证明泰山主峰形成于25.83亿年前的太古代。泰山海拔虽然只有1532.7米，但与其山前平原相对高度超过1300米，故给人以拔地通天之感，成为辽阔华北平原上的“东天一柱”。泰山支脉绵亘于泰安、济南、莱芜三市之间。东南一线在岱岳区、新泰市境内，有徂徕、梁父、云云、新甫、青云诸山；东北一线在岱岳区、莱芜市境内，有祝山、冠山、羊丘诸山；西南一线在岱岳区、宁阳县、肥城市、东平县境内，有亭亭、彩山、神童、云琶、安山、腊山诸山；西北一线在岱岳区、肥城市、济南市长清区、历城区境内，有金牛、陶山、灵岩、琨瑞诸山。泰山的最长跨度是从东平湖东岸向东北至淄博市南，绵延达200余公里，面积约426平方公里。

泰山有着30多亿年的地质历史[①]，历经古泰山形成、海陆演变、今日泰山形成三个阶段。

26亿年前，泰山经历了一次强烈的造山运动，即泰山运动，原先堆积的岩层发生褶皱，隆起成巨大的山系，古泰山就是这些山系的一部分。

距今6—2亿年间为海陆演变阶段。在这一时期，泰山地区经历了三次造山运动，几经沉浮，几度沧桑，形成了泰山北侧张夏寒武纪标准地层剖面，其中含丰富的三叶虫化石，是许多古生物化石的原产地和命名地。

距今1亿—3千万年间为今日泰山形成阶段。在这一时期，泰山的新构造运动强烈，形成了今日泰山的基本轮廓，总体地势呈北高南低、西高东低的特点，并且泰前断裂、中天门断裂和南天门断裂，使泰山形成了南陡北缓的态势，南坡形成了泰前、中天门、南天门三级阶梯。这一时期的泰山运动为雄伟的泰山增添了不少奇观异景，构成了泰山雄、险、奇、秀、幽、奥、旷兼有的综合景观。

“山莫大于泰山，史亦莫古于泰山。”[②] 泰山不仅自然年龄久远，而且人文年龄也冠绝诸山，与五千年华夏文明史完全同步。据《史记·封禅书》记载，早在远古时期，无怀氏、黄帝等七十二君就曾到泰山祭告天地，开启了历代帝王封禅泰山的先河，也拉开了泰山文化建构的大幕。从人文历史的角度而言，称泰山为“天下第一山”并不为过。

我们不妨从泰山的不同名称入手，来解读泰山所蕴含的基本文化内涵。

---

① 据2006年泰山地质公园学术报告会透露，地质学家在泰山主峰岩体中获得了大于30亿年的锆石捕获晶，初步估计其中最老的一块年龄至少34亿年。泰山主峰发现的这些超过30亿年的岩石，可能是在泰山形成过程中将更为古老的岩石带了上来，为研究泰山主峰的形成时间提供了重要信息。

② 阮元：《泰山志序》，《泰山志》，第3页，泰山出版社，2005年5月第一版。

一、泰山、太山、大山:至高至大的山

“泰山”之名,文献中首见于《诗经》。《诗·鲁颂·閟宫》:“泰山岩岩,鲁邦所詹。”(此诗写于公元前600年前)唐孔颖达疏云:“言泰山之高岩岩然,鲁之邦境所至也。”清人马瑞辰认为:高大的泰山为鲁邦所瞻仰。①

《庄子·逍遥游》也说:“穷发之北有冥海者,天池也。有鸟焉,其名为鹏,背若泰山,翼若垂天之云。”②《逍遥游》开篇曾说“鹏之背,不知其几千里也。”以泰山喻大鹏之背的宽大宏阔,表达了当时人们对泰山的认识——极大之山。

先秦时,“太山”、“大山”之名也多见于诸子典籍中。

孟子云:“孔子登东山而小鲁,登太山而小天下。”③ 在孟子看来,登东山(学界认为东山即如今的蒙山)可以小视鲁国,登太山则可俯瞰天下。在孟子等时人心目中,太山之高可见一斑。

墨子云:“夫挈太山而越河济,可谓毕劫有力矣,自古及今未有能行之者也。”④ 墨子以太山作为不可撼动的极大、极重之物,展示了太山在人们心目中的感受和共识。

韩非子云:“太山之功长立于国家,而日月之名久著于天地。”⑤ 韩非认为,如同太山一样的丰功伟绩在国家之中长期建立起来,君主的威名就如同日月一样在天地之间永放光芒。这就是尧能南面称王而保持名位、舜要北面称臣而献功效忠的原因。在这里,韩非子以太山为喻体,解读圣王之丰功伟绩,认为其可与天地日月相比埒。

《荀子·正论》云:“以塼涂塞江海也,以焦侥而戴太山也,蹎跌碎折,不待顷矣。”⑥ 在荀子看来,用捏成团的泥巴去填塞江海,让三尺长的矮人去驮泰山,两者相差不啻云壤,可谓荒诞至极。泰山在这里仍是极高、极大的象征。

《庄子·大宗师》云:“夫道有情有信,无为无形;……豨韦氏得之,以挈天地;伏羲氏得之,以袭气母;维斗得之,终古不忒;日月得之,终古不息;勘坏得之,以袭昆仑;冯夷得之,以游大川;肩吾得之,以处大山;黄帝得之,以登云天;颛顼得

---

① 马瑞辰:《毛诗传笺通释》,第1150页,中华书局,1989年版。

② 王先谦:《庄子集解》,第11页,《诸子集成》,中华书局,1954年版。

③ 焦循:《孟子正义》,第538页,《诸子集成》,中华书局,1954年版。

④ 孙诒让:《墨子闲诂》,第67页,《诸子集成》,中华书局,1954年版。

⑤ 王先慎:《韩非子集解》,第156页,《诸子集成》,中华书局,1954年版。

⑥ 王先谦:《荀子集解》,第224页,《诸子集成》,中华书局,1954年版。

之，以处玄宫；禺强得之，立乎北极；西王母得之，坐乎少广……”[①] 在此，庄子把大山与天地、气母、昆仑、大川、云天、玄宫、北极、少广等并列，它们一起成为“道”的体现与表征。

从以上引文可以看出，关于泰山的话语在战国时已经大量出现，泰山在诸文本中无不是极高、极大、极重的象征，成为与天地日月相比肩的巨物。所以，东汉人应劭认为“泰山，山之尊者”[②]。

那么，为什么古人把泰山也称作“大山”呢？古汉语专家王力从词源学的角度对泰山名称进行了分析。王力认为，在古汉语中，“泰”、“太”、“大”为同源字，“泰山本写作‘大山(太山)’，当本是大山的通称，后来特指东岳泰山。”[③] “《易》泰卦文引马注：‘泰，大也。’《左传》哀公九年：‘遇泰之需。’疏：‘泰者，大也。’《书》泰誓疏引顾氏说：‘泰者，大之极也。’《礼记》曲礼上：‘假尔泰龟有常。’疏：‘泰者，大中之大也。’……《广雅》释诂一：‘太，大也。’段玉裁曰：‘后世凡言大，而以为形容未尽，则作太。如大宰俗作太宰，大子俗作太子，周大王俗作太王是也。’……按，徐铉注：‘大’字有他达、徒盖二切，他达切的‘大’也应是后世的‘太’字。”[④] 显然，“大山”由通称变为特指，是因为泰山给古人的感觉是最高、最大、最重要、最知名的山，所以才将“大山”之名颁给泰山，正如以“河”特指黄河，以“江”特指长江一样。

“大”在甲骨文与金文中均见其形，读音为“太”。古人“太”字多不加点，如大极、大初、大室、大庙、大学之类，后来人们在下面加点以与“大小”之“大”相区别，于是分蘖为两个字。按古文字的传统读法，“大”亦有“大”、“太”、“代”三种读音。

所以，从“泰”、“太”、“大”在古文献中的意义推断，在古人心目中，泰山(或太山、大山)就是天下第一大山，因其形制巨大，形容未尽，极言之称为“太山”。“凡是用泰作的形容词都含有最高的意思，如周的第一个王是太王，齐的第一个公是太公，东方的最高的山是泰山，两仪之上是太极。……王绾们说‘泰皇最贵’，‘泰’确是一个崇高尊贵的称呼啊！”[⑤] 可见，在泰山(或太山、大山)名称初创之时，它已被人们视为观念与视野中的第一大山、首山。

从今天的真实情况来看，泰山地处东隅，高不如华山，大不如衡山，为什么

---

① 关于“肩吾得之，以处大山”，郭庆藩《庄子集释》疏：“肩吾，神名也。得道，故处东岳为泰山之神。”释文：“‘肩吾’，司马云：‘山神，不死，至孔子时。’‘大山’音泰，又如字。”参见郭庆藩：《庄子集释》，第249页，中华书局，1961年第一版。

② 应劭：《风俗通义》，第374页，贵州人民出版社，1998年版。

③ 王力：《同源字典》，第387页，商务印书馆，1982年版。

④ 王力：《同源字典》，第490页，商务印书馆，1982年版。

⑤ 顾颉刚：《古史辨自序》，第227页，河北教育出版社，2000年版。

却有独尊的地位呢?

何新在《诸神的起源》中,运用了现代地理学、文献学、神话学等理论,对此展开论证:

> 古华夏文明所肇源的地区,是一个扇面状的大三角平原地域。……这个三角形北顶点在燕山脚下,南顶点到达长江入海处的杭州湾,东部拥有今日山东、江苏两省海岸线的全部,以及河北、浙江海岸线的一部。西顶点位置靠近华山、嵩山和三门峡。其面积包括今日山东、河南、江苏的全部以及河北、安徽、浙江的一部分。这个三角块,其四面几乎完全被山和大海所环绕——其北面燕山,南面有伏牛山、桐柏山、大别山,西面有太行山、秦岭、大巴山,东面是山东丘陵和大海。这个大三角区域,就是中国古史上著名的中州——中原地区,亦即古代人心目中所谓"中国"的所在地。环绕中州的三面群山,加上矗立在山东半岛滨海东端的群山丘陵,就是上古史上著名的"四岳"[①] 之所在。也是"四渎"之所在。这块大平原的总面积约略为三十万平方公里左右,中华民族的父母之黄河、长江纵贯其中。古华夏的民族和文化,就是在这块平原的怀抱中孕育而成的。在这块大平原的西北边缘,沿黄河上溯。穿过稷山、中条山口,可以进入一个曲折的狭长平原小区,这就是汾渭平原和秦晋高原(古周原)。其南侧为崤山山脉,西连秦岭,黄河傍有乾山(1500 米)。这里是中国古史上夏族(晋)和秦文化的孕育地,陇山、秦岭、吕梁、太岳、太行、嵩、泰山环拱若屏障然。而由大平原的南顶点河南南阳出发,循汉水南下,穿过伏牛山、武当山、桐柏山、大别山诸山口,就可以进入又一块小平原区——江汉、两湖平原。这里正是中国历史上楚文化的孕育地。从古地理学的观点看,这块大平原出现在距今约一亿年前,是由黄河、海河、滦河等河流的泥沙堆积而成的。在整个呈三角状的大冲积平面上,地势均极为平坦,只有这一三角地域的中部略偏东的地区,矗立着一座高山,这就是古称中岳,也被看做位于天地之正中的泰山。[②]

按何新的观点,从泰山优越的地理与文化位置来看,泰山位于华夏文明起源地区的大三角的中心地带,即中国古史上著名的中州—中原地区——"中国"的重心上,并且又是该三角区中唯一的大山——海拔最高、面积最大,因此,理

---

① 岳(嶽)字古与垣通。垣,垣墙也。古人称大山为垣(《尔雅·释山》)。《淮南子·本经训》:"宣室,殷宫名,一曰嶽也。"环、垣(圆)古通用。由此可见,古代所说四岳,也就是指包围中国的四面环山。

② 何新:《诸神的起源》,第 129—132 页,光明日报出版社,1996 第一版。

所当然地成为华夏文明的中心代表和明显标志。

当然,如果没有优越的物质及精神文明,一个地区要成为天下中心也是不可想象的。自然山体的泰山正是附加了人们崇高、伟大等人文性的社会内容,从而由一座自然的山体被建构成负载着丰富历史积淀与社会记忆的文化名山。余光中认为:

东岳泰山,论体魄之魁梧,在五岳之中只能算第三,一千五百二十四米的海拔,不过略胜中岳与南岳。即使未列五岳的黄山,也高它三百多米。不过山能成名,除了身高之外,还要靠历史、神话、传说等等来引发想象、烘托气氛,才能赋风景以灵性,通地理于人文。所以刘禹锡说:"山不在高,有仙则名。"例如欧洲第一高峰,高加索山脉的厄尔布鲁士峰高达五千六百四十二米;西欧的尖顶,白峰,海拔也四千八百零七米;都比希腊的奥林匹斯山(二千九百一十七米)高出许多,可是奥林匹斯,众神的家乡,宙斯的宫廷,却更加动人遐想。①

"泰山者,上古大山,居天下之中者也。"② 泰山优越独特的地理位置以及所负载的丰富的人文信息,使之成为古人心目中至尊至大的"太山"。

二、东岳、岱岳:五行观念下的泰山(国家观念的雏形)

东岳之名,首见于《尔雅·释山》:"河东岱,泰山为东岳。"东岳名称以五岳观念为基础,五岳是传统文化的五方空间观念和五行观念等文化现象相结合的产物。

"五"在中国的传统文化里是一个圣数。作为数字,"五"无疑最易博得天生五指的人类的好感,也成为华夏民族天人感应的神圣数字,五行思想是中国术数的原始思维之一。据《左传》、《国语》等文献记载,最迟到春秋时,五行话语就已经非常普遍了。顾颉刚认为:"五行,是中国人的思想律,是中国人对于宇宙系统的信仰;二千余年来,它有极强固的势力。"③ 中国传统思想主张天人合一,法天而治,五行思想则是这种话语的典型体现。

五行思想不仅具备完美的和谐形式,而且包含着丰富的和谐内容。从构成上看,五行思想表现出了鲜明的整体和谐意识。"五"寓有某种完满和谐之意,

---

① 余光中:《山东甘旅(散文四章)·泰山一宿》,台湾《联合报》,2001年8月12-14日。
② 金棨:《泰山志》,第307页,泰山出版社,2005年5月第一版。
③ 顾颉刚:《古史辨自序》,第430页,河北教育出版社,2003年11月第一版。

如先秦典籍中的五味、五色、五音、五服、五伦、五常等，所以，"五行"中的"五"是对上述许多完满和谐观念的概括表达。

数字"五"与各种具体意象结合而形成了宇宙模式，从而使纷纭复杂的世界得以归类，华夏民族也藉此对宇宙世界进行了整体性的把握和认识。宋人周显灵在《青帝观真君殿记》中说："五行之尊者，在天为五帝，在地为五岳，在人为五常，在身为五藏，在物为五事，未尝不各从其类而有所主。"[①] 五行学说对五岳的形成产生了重大的影响。

"五岳"话语最早萌芽于周代，汉初已确立了"五岳"概念，汉武帝时期已趋于成熟。"五岳"的庙祀出现于汉宣帝时期。"五岳的起源，又正是我国历史上大一统意识的反映。我国很早就形成了部落的联盟，开始走向大一统，出现与之相适应的意识。"[②] 五岳作为五座相互独立的大山，本来互不关涉，但随着五行话语的影响及华夏民族宇宙观的形成，随着华夏民族的建构与衍变，作为与天"双大"的大山逐渐成为五方格局中的卓越标志与符号，由神秘的有权威的数字"五"与山之尊"岳"组合成"五岳"符号，并进一步得以制度化，最终成为华夏民族宇宙观中世界整齐和谐的空间秩序的山岳表征。

三、岱、岱山、岱宗：万物交代、阴阳交替、群岳之长的泰山

关于岱，《尚书·禹贡》曰："海、岱惟青州。"[③] 海即渤海，岱即泰山，意指渤海和泰山之间是青州。《说文解字》曰："岱，大山也。从山，代声。"[④] 清人段玉裁认为："大作太者，俗必也。域中最大之山，故曰大山。作太作泰皆俗。《封禅书》、《郊祀志》曰：岱宗，泰山也。《禹贡》、《职方》皆曰岱。"[⑤]

关于岱山，《周礼·夏官·职方氏》曰："河东曰兖州，其山镇曰岱山。其泽薮曰大野，其川河泲。"[⑥] 岱山即泰山。

关于岱宗，《尚书·舜典》曰："岁二月，东巡狩，至于岱宗。"注："岱音代，泰山也。"[⑦] 其年二月，舜东方巡狩，抵达岱宗即泰山。

西汉刘向在《五经通义》中对"岱"和"宗"的意义进行了解释，他认为："泰山，

---

① 金棨：《泰山志》，第 464 页，泰山出版社，2005 年 5 月第一版。
② 郑国铨：《五岳与传统文化》，《华夏文化》，第 36 页，1994 年第 1 期。
③ 皮锡瑞：《今文尚书考证》，第 143 页，中华书局，1989 年版。
④ 段玉裁：《说文解字注》，第 463 – 464 页，成都古籍出版社，1981 年版。
⑤ 段玉裁：《说文解字注》，第 463 – 454 页，成都古籍出版社，1981 年版。
⑥ 孙诒让：《周礼正义》，第 2663 页，中华书局，1987 年版。
⑦ 阮元：《十三经注疏》，第 127 页，中华书局，1980 年版。

五岳之东岳也，为兖州镇。一曰岱宗，言王者受命易姓，报功告成，必于岱宗也，东方万物之始，交代之处。宗，长也，言为群岳之长也。”[①] 也就是说，岱含有起始、交代、交替的意思，东方是万物的本源起始之处，也是阴阳交替之处，所以称泰山为岱；宗，就是长，泰山是群岳之长，所以称之为宗。

东汉班固《白虎通》云：“东方为岱宗者何？言万物更相代于东方也。”[②] 班氏也认为泰山之所以称为岱宗，是因为泰山位居东方，而东方是万物交代、交替之处。

东汉应劭《风俗通义》云：“东方泰山，《诗》云：‘泰山岩岩，鲁邦所瞻。’泰山，山之尊者。一曰岱宗。岱者，始也；宗者，长也。万物之始，阴阳交代，云触石而出，肤寸而合，不崇朝而遍雨天下，唯泰山乎！故为五岳之长。王者受命易姓，改制应天，功成封禅，以告天地。孔子曰：‘封泰山，禅梁父，可得而数，七十有二。’”[③] 在应劭看来，东方的泰山是山之中最尊崇的，又叫岱宗。岱是始的意思；宗是长的意思。万物的本源，阴阳交替，云气贴着石缝冒出来，汇成大雨，不到一个早晨就能普降于天下，可以这样的只有泰山了。所以，泰山成为五岳之首。王者接受天命而改朝换代，变更制度来适应天命，功成封禅，均要来此向天地报告。

汉后学者也基本上沿袭了以上的解释，并加以具体化。如《太平御览》卷十八“时序部三”引南朝梁人崔灵恩的《三礼义宗》：“东岳所以谓之岱者，代谢之义。阳春用事，除故生新，万物更生，相代之道，故以代为名也。”隋人费长房的《历代三宝记》卷九引南朝宋代的《提谓经》：“东方泰山，汉言代岳，阴阳交代，故谓代岳。”[④]

综合上述对“岱宗”名称的理解，可以看到，两汉时期的学者就开始对岱、岱山、岱宗进行了意义解释，从而产生了对泰山含义的新理解，这种阐释与解读的观念基础是阴阳交替思想。在这种思想与观念下，“岱”具有万物相代与阴阳相替的文化含义。泰山由于其特殊的地理位置与文化地位，成为诸山中最能体现万物递嬗、阴阳变化的山岳。这进一步奠定了泰山作为山岳之长、五岳之首的至尊地位。

综上所述，泰山已经超越了普通山岳的自然属性，进而成为山岳、自然和国

① 王谟：《汉魏遗书钞》，《经翼》第四册，第94页，清嘉庆三年刊本。
② 陈立：《白虎通疏证》，第298－299页，中华书局，1994年版。
③ 应劭：《风俗通义》，第374页，贵州人民出版社，1998年版。
④ 王利器：《风俗通义校注》，第448页，中华书局，1981年版。

家的象征。

从泰山的名称及其含义的阐释来看，泰山（太山、大山）其实是古人心目中一个至高至大的山岳的象征，已经成为“山”的符号性表征，与“江”（长江）、“河”（黄河）一样，代表着一个自然的形态，而且是这些自然形态中唯一的与天联系在一起的一个；岱山、岱宗的名称则赋予泰山万物交代、阴阳交替起始之所的特殊含义，把泰山置于万物运行、演变的起始点上，使泰山又成为自然、社会乃至宇宙生生不息的象征，这无疑又使泰山文化中隐含了成长的种子，使泰山成为无穷的生命力的摇篮；东岳、岱岳的名称体现的是五行观念下的五岳制度，泰山以五岳之长的身份成为华夏民族国家观念中的主要元素，泰山成为国家的门户之一，而且是那扇最主要的门户。

由于以上因素的存在，泰山最终成为历代封建国家均表认同的国家宗庙，并在国家之主——帝王的封祭中被推向了山岳独尊的地位。

第二节　泰山文化

文化是传统的积淀，是人类创造的经过历史检验积淀下来的物质和精神财富。它以客观显性的或以主观隐性的方式对生活在该群体中的人产生多方面的影响，并成为这个群体共享的系统，代代相传。泰山文化就是人类在泰山这一特定的范畴内创造并留给我们的物质和精神财富。

一、泰山文化资源

泰山文化资源十分丰富，涉及政治、历史、经济、社会、宗教、民俗、艺术、教育、景观等多个方面，堪称各类文化的集合体。以泰山石刻为例，泰山计有古石刻2000余处，其中碑刻500余处，崖刻800余处，尤其是登山盘道两侧，已成天然的碑林，碑刻之多列中国诸名山之首，几乎涵盖了整个中国书法史，具有极高的历史文物价值和书法艺术价值。这些碑刻中包括李斯小篆碑（“天下第一碑”）、张迁碑（有“汉碑集成之碑”美誉）、衡方碑（在书法史上形成巨大影响）、经石峪《金刚经》刻石（中国现存规模最大的佛经摩崖，号称“大字鼻祖”、“榜书之宗”）以及唐明皇《纪泰山铭》摩崖刻石等极为珍贵的国宝。由于碑刻林立，名品众多，2007年，泰山荣膺我国首座“中国书法名山”称号。除各类自然与人文景观等实物资源外，有关泰山的文献史料也极为丰富。据朱俭辑《泰山研究资料索引》，截至2004年,泰山研究资料共计8862件。其中,人文科学类有6937条,自然科学类有1925条。①

清人金棨编纂的《泰山志》,把泰山文化资源归纳为二十卷②,具体为:

卷一、卷二,《天章纪》,载清代皇帝有关泰山的御制诗文;

卷三,《盛典纪》,载清代关于泰山的仪注、告文、奏疏、驻跸宫亭、御赐金玉宝器等;

卷四,《图考》,载岱岳全图、岱庙五岳真形图等;

卷五,《岱志》,载总叙、星野、山脉总论;

卷六,《岱志》,载岱阳、岱顶;

卷七,《岱志》,载岱阳之东、岱阳之西、岱阴、岱阴之东、岱阴之西;

卷八,《支山志》,载社首山、高里山、介石山、石闾山、亭亭山、梁父山、云云山、徂徕山等泰山周围诸山;

卷九,《川泉志》,载岱顶诸水、岱阳诸水、中谿、东谿、西谿、岱麓诸泉等泰山诸水系;

卷十,《祠庙志》,载泰山上下祠庙;

卷十一,《秩祀志》,载列代巡狩、祀典、仪注;

卷十二,《封禅志》,载上古三代、秦、汉、三国、晋、六朝宋、北齐、隋、唐、宋、明等朝代的封禅祭祀活动;

卷十三,《郡邑志》,载泰安的因革、疆域、形胜、风俗、城池、官制、署廨、学校、田赋、物产、古迹、冢墓;

卷十四,《人物志》,载有关泰山的历代名人;

卷十五至卷十八,《金石记》,载秦、汉、晋、东魏、北齐、唐、后梁、后唐、后晋、宋、金、元、明等石刻;

卷十九,《逸事记》,载有关泰山的奇闻逸事及民间传说;

卷二十,《叙录》,载历代泰山志之叙录。

从清《泰山志》的大致分类,可以明确地看出泰山文化资源的广泛和深厚,它不仅形态、功能多样,而且物质、精神并存,多侧面、多形式地展现着泰山文化的博大和丰富。

---

① 朱俭:《泰山研究资料索引》,第1-16页,北京图书馆出版社,2004年10月第一版。

② 金棨:《泰山志》,第1-7页,泰山出版社,2005年5月第一版。

二、泰山文化构成分析

对复杂多样的泰山文化资源的认识和整理，我们可以首先参照古人和今人对泰山文化资源的分类，更主要的是我们可以凭借文化学的分类标准对泰山文化资源进行归纳与整理。台湾文化人类学家李亦园曾把文化概分为三种形态：物质文化、社群文化、精神文化。[①] 我们不妨依此对泰山文化进行分类并做简要概说。

(一)泰山物质文化

泰山物质文化主要指泰山的自然与人文景观。从本质上说，当下的泰山早已不是纯粹意义上的自然之山，而是经过人类精心打造的人化泰山，她的一草一木、一石一水，都是遵循美的原则精心改造过的，即使是纯自然的峰峦沟壑，也无不烙上了人的痕迹。从这一意义上来说，不仅泰山的人文因素是文化的结晶，自然的景观里面也渗透着人的生存理念，也是其文化的有机构成部分。

泰山的自然景观形态各异、雄秀兼具，历来有雄、奇、险、秀、幽、奥、旷之称，加之繁多的名胜古迹错杂其间，使之成为世界少有的自然与文化交织的游览胜地。

泰山景区依特点划分为麓、幽、妙、奥、旷五区。麓区指泰山南麓中路与西路之间的环山路一带，此处山水交映、古刹幽深，漫步其间，近可感山林之雅致，远可观峰峦之壮观，加之本区与泰安城区相连，颇有些生活的气息；幽区指泰山中路自岱庙起至南天门之间，此处为泰山景观密集区，山深林密、盘道崎岖，人文与自然景观错落有致，移步异景，令人目不暇接，泰山之幽独在此得到很好的展现；妙区指南天门经天街至绝顶一段，此处下可俯察千嶂奇观，尽领岱岳之雄奇，仰可在漫步三天胜迹的同时，一览高天之辽远，旭日东升、晚霞夕照、黄河金带、云海玉盘被誉为泰山四大奇观，自古声震遐迩；奥区主要指泰山之阴后石坞，此处古松参天、风清云静，有涤荡心胸、澡雪精神之妙用，是泰山难得的修身养性之所；旷区指西路大众桥经黑龙潭沿西溪桥至中天门一带，此处山远谷宽、鸟语花香、河湾密布、溪流纵横，尤其是黑龙潭瀑布犹如百尺白练自九天飞落，煞是壮观。西路旷区山水相依的优美景色与泰山其他区域的风格相比，差异非常明显，清代诗人王旭在《西溪》诗中曾以“三面画屏开”对其大加称赞。这些奇山秀水无疑糅合进了丰厚的人文痕迹，是典型的人与自然和谐并处的产物。

---

① 李亦园：《文化与修养》，第242页，广西师范大学出版社，2004年5月第一版。

据统计，泰山风景区内有山峰 156 座，崖岭 138 座，名洞 72 处，奇石 72 块，溪谷 130 条，瀑潭 64 处，名泉 72 眼，古树名木万余株，寺庙 58 座，古遗址 128 处，碑碣 1239 块，摩崖刻石 1277 处。它们主要分布在岱阳、岱顶、岱阴及灵岩。① 除此之外，还有古墓葬 13 处，古建筑 58 处，石窟造像 14 处，近现代文物 12 处，文物藏品万余件。其中，城子崖遗址、四门塔、大汶口遗址、灵岩寺、岱庙、千佛崖石窟造像、龙虎塔、九顶塔、冯玉祥墓等，先后被国务院公布为国家重点文物保护单位。②

以上构成了泰山可视可感的物质文化。

(二)泰山社群文化

在泰山空间中山与人、人与人的互动中形成的泰山社群文化主要包括以下几项内容：

第一，历代帝王封禅祭祀泰山。

《史记·封禅书》引管仲语："昔无怀氏封泰山，禅云云；虙羲封泰山，禅云云；神农封泰山，禅云云；炎帝封泰山，禅云云；黄帝封泰山，禅亭亭；颛项封泰山，禅云云；帝佶封泰山，禅云云；尧封泰山，禅云云；舜封泰山，禅云云；禹封泰山，禅会稽；汤封泰山，禅云云；周成王封泰山，禅社首。皆受命然后得封禅。"③

在这里，司马迁提供了一个绵长的以无怀氏为起点的泰山封禅与祭祀的线性历史。张守节《正义》引《韩诗外传》说："孔子登泰山，观易姓而王，可得数者七十余人，不得数者，万数也。"对此，杨钊认为："万数固侈言之，然古封泰山者甚多，则非虚语。封禅后世为告成功祭，古或每帝常行。"④

古七十二帝封禅一说虽然不可尽信，但中国第一个封建帝国的皇帝嬴政亲封泰山却是实实在在的历史。而且，自秦始皇封禅泰山以后，历代帝王接踵而至，把封禅或祭祀泰山作为王朝易代或彰显盛世的重要标志。这一传统一直延续至清乾隆帝，纵贯整个封建社会，时间之长、影响之大，在域内所有山岳中无出其右者。

封禅泰山、祭祀天地，是中国古代封建帝王宗教礼仪中最隆盛的国家大典。宗教学家杜普瑞指出："仪式行经的目的并非重复它所象征的日常行动，而是将

① 山东省地方史志编纂委员会：《山东省志·泰山志》，第 141 页，中华书局，1993 年版。
② 山东省地方史志编纂委员会：《山东省志·泰山志》，第 233 页，中华书局，1993 年版。
③ 司马迁：《史记》，第 136 页，中华书局，1982 年版。
④ 杨钊：《传说中我国文明的起源》，《史学集刊》，1995 年第 1 期。

它置于更高的视阈,以便赋予意义。”① 在古代社会的知识信仰与思想条件下,仪礼作为由文化传统所演绎的一整套行为方式,既有某种功利性目的,又是强化等级秩序及整合社会的手段。显然,历朝历代在泰山举行的封禅及祭祀活动是泰山社群文化中最为重要的部分,也是影响力最为深远的部分。正是历经几千年的持续的重大官方活动,方使泰山在中华民族的心目中具有正统的独尊地位,同时,也使泰山文化在主流文化中具有相当的话语权,这是其他山岳难以匹敌的主要因素。封禅、祭祀的存在,充分表明了泰山“第一山”的地位并非是一朝一夕建立起来的,而是在历代王朝对泰山不断加码的尊崇中逐渐形成的,是一个历史的产物。

第二,历代文人与泰山的互动。

中国历代文化名人几乎都曾践足过泰山,由此形成了一支奇特的朝山队伍,并留下了成就辉煌的各类文艺作品,泰山的崇高声望与众多优秀作品交相辉映,在中国文化史上产生了巨大影响。譬如,仅从文学角度而言,如果串联起所有有关泰山的诗词文赋,简直可以说是一部别开生面的以泰山为轴心的中国文学简史,这些作品不仅众体皆备,风格多样,而且名家众多,佳作频出。如孔子的《丘陵歌》、张衡的《四愁诗》、曹植的《泰山梁父行》、谢灵运的《泰山吟》、李白的《泰山吟》六首、杜甫的《望岳》、刘禹锡的《送东岳张炼师》、欧阳修的《读徂徕集》、苏轼的《送杨杰》、苏辙的《岳下》等,无一不是以山为咏、内蕴深厚的佳作,反映了泰山在文人心目中无与伦比的崇高地位。延至当代,仍是名篇迭现。如杨朔的《泰山极顶》、李健吾的《雨中登泰山》等,它们与杜甫的《望岳》、姚鼐的《登泰山记》等近十篇作品一齐被选入了中小学教材,成为新一代学子的学习范文。据明、清《泰山志》及《岱览》记载,历代写泰山的作品不下万件,其中,有许多脍炙人口的作品不仅在民间广泛传播,而且在文学史上占据重要地位。这些名篇佳作充分说明,在中国文人心目中普遍有着解不开的泰山情结,瞻仰泰山、吟咏泰山一直是文人雅士的重要活动。

由著名学者、作家、诗人和画家等文化界名流组成的这批特殊的泰山朝圣者,是一个数量庞大的士绅阶层群体,他们是介于帝王和平民之间的桥梁(士大夫),在传统社会分层中是制造精神产品的专职人员,也是主流文化大传统与民俗社会小传统之间的上传下达者。他们虽然在自己所处的社会中数量上居于少数,但他们比身处宫廷的帝王具有更加宽广的社会交往面,比安土重迁的百

① 杜普瑞著,傅佩荣译:《人的宗教向度》,第163页,台北幼狮文化事业公司,1986年版。

姓又具有更强的流动性，加之本身深厚的文化涵养，使得他们具有先天的文化创造性和传播功能，因此，虽然历代文人对泰山文化的影响低于帝王，但我们决不可忽视他们对泰山文化所作出的贡献。而且，他们作为文化的主要创造者和承续者，在泰山文化从一种现象转化为形态的过程中起到了无可替代的重要作用，是泰山社群文化的重要建构者。

第三，民间社会朝山进香。

宗教是泰山文化的精髓。民间社会成员朝山进香无疑是泰山宗教活动的主要形式之一。最原始的宗教是天地、日月、山河等自然崇拜，先人们对泰山的崇拜即是自然崇拜的一个重要体现。从远古的大山崇拜到后来的封禅祭祀，泰山的神山地位日趋稳固，各大宗教纷纷前来设坛传教，欲借泰山的显赫声名及超强的人气光大本教，以致在泰山上逐渐形成了以道教为主，儒、释、道、伊斯兰、基督等多教杂糅的局面，这在国内外的名山大川中是极为罕见的，尤其是泰山各宗教在国内的影响力均非同凡响，地位煊赫。道教里有岱庙、碧霞祠；佛教里有普照寺、灵岩寺；儒教更不必说，整座泰山可以说就是儒学正统观念与道教合流的产物，岱庙的建筑格局完全是依照儒家严格的封建宗法等级观念建造的。在岱顶，除碧霞祠外就只有孔子庙了，孔子、泰山更被互尊为“人中之泰山，岳中之孔子”。

泰山宗教尤为引人关注的是以东岳大帝、碧霞元君为代表的泰山神文化和民间信仰。俗语云“泰山的神全”，泰山的神祇系统中，地位最高和影响最大的就是泰山神东岳大帝和泰山老母或称为泰山老奶奶的女神——碧霞元君。清人韩锡胙《元君记》云：“统古今天下神祇，首东岳，而东岳祀事之盛，首碧霞元君。……是灵爽之集，百福之综也，谓非天下之正神乎？”① 泰山神信仰遍及全国并波及海外，泰山作为泰山神——东岳大帝和碧霞元君信仰的核心区域，无疑形成了一种强势的信仰文化。

泰山神祇在全国的传播形成了全国性的泰山神信仰系统，遍布全国的信众常常结伴到泰山进香以祈福消灾，参拜者俗称为“香客”。尤其是明清以来视碧霞元君为奉祀主神的泰山香社的活动，构成了泰山宗教信仰发展史上颇为壮观的一页。在泰山香社的活动中，围绕着泰山进香而形成的一系列仪式是泰山社群文化非常重要的一项内容。泰山香社的出现，反映出民间百姓泰山崇拜、泰山信仰的真实形态，由此形成了迥异于官方及士大夫的泰山文化。

---

① 金棨：《泰山志》，第241－242页，泰山出版社，2005年5月第一版。

（三）泰山精神文化——华夏的图腾

在对泰山文化进行全方位的解读过程中，研究者们时时要面对泰山文化的核心价值观问题，也就是泰山文化的精神层面的问题，这是泰山研究者们思考的重点和难点。

考古学家通过对泰山附近古文化遗址的发掘发现，泰山被视为“神山”的远因，乃是基于先民对发祥祖地的记忆与追念。主持龙山文化发掘的吴金鼎著文称，泰山为“古代中国的文化中心”和“原始民族的摇篮”[①]。历史学家王献唐也指出：“中国原始民族起于东方，东方尤以泰岱一带为其故土，木本水源，血统所出，泰山巍然，同族敬仰。”[②] 现代史家对泰山的这些考论，揭示了泰山信仰的缘起与民族发源的关系。

另外，也有一些学者从精神文化的角度，对泰山的精神特质进行评说。近代泰安学者赵新儒在《为十九年战役毁坏孔子林庙泰山古迹致阎锡山书》中将泰山与孔子并举，提出两者同为民族道德、民族精神之寄托：“至圣林庙、名山（泰山）胜迹，民族道德之宗仰，历史文化之关系。……保存泰山古迹，光大历史民族之精神。”德国学者卫礼贤从中西文化比较的视角，认为泰山“是中国的奥林匹斯山”[③]。曾任民国国务总理的黄郛，在泰山之巅刻上了“民国泰山”四个字，把巍巍东岳视为国家统一昌盛的象征。中共中央主席毛泽东在“民国”二十五年（1936年）在延安接见美国记者埃德加·斯诺之时，也把泰山称为“山东的神岳”[④]，后又在《为人民服务》一文中，用了“重于泰山”一词，赋予泰山精神崭新的内涵。

对泰山的精神意义，近代作家许兴凯做了较为透辟的揭示，他在所著的《泰山游记·讲演泰山》中做了如下的论说：“泰山！五岳之首的泰山！本来是我们中国的象征。国是个概念，需要一个具体的东西来代表他。这个东西不是河，就是山。比如德国的莱茵河，日本的富士山。我们中国也以河山比譬国土。这河，我以为就是黄河。这山，我以为就是泰山。黄河流域是中华民族的发祥之地，也是世界古文明的策源。中国的五岳本来是早年中国国境的五至。五岳以泰山为首，泰山可以代表我们中国。”[⑤]

① 吴金鼎：《山东人与山东》，山东新报社，1947年印行。
② 王献唐：《炎黄氏族文化考》，齐鲁书社，1985年版。
③ （德）卫礼贤：《中国心灵·圣山》，国际文化出版社，1998年1月第一版。
④ （美）埃德加·斯诺：《西行漫记·革命的前奏》，生活·读书·新知三联书店，1979年1月版。
⑤ 许兴凯：《泰山游记·讲演泰山》，北平读卖社，1934年版。

自二十世纪上半叶开始，不断有学人提议将泰山确定为国山，以此强化民族意识，把抽象的国家概念形象化、直观化，但因国难内乱不断，此事被一再搁置。二十世纪末，随着国力的增强及民族认同意识的回归，国山一事再度成为舆论的焦点。旅游学专家、泰山学院教授王雷亭于2001年正式向泰安市提出国山创意的策划方案，2003年，山东省十五社科规划将王雷亭主持的“泰山—国山战略研究”列为重点研究项目。课题组主持人王雷亭认为：“泰山是中国惟一享受了历代持续的封禅、祭祀和巨额投入的名山，在政治、历史、文化、精神上独一无二，是中华民族的政治名山、历史名山、文化名山、精神名山，是彰显中华民族完整历史的宏大载体。”① 这一评价对泰山文化资源进行了更高层面、更加凝练地概括，“泰山—国山”的提出为泰山精神文化即核心观念层的研究提供了一个崭新的思路。

在《关于争取选定泰山为国山的研究与建议》、《山东省社会科学规划研究项目成果要报》中，泰山—国山课题组对泰山文化精神进行了总结②，择其要者如下：

第一，泰山是无与伦比的政治山。

泰山在中华多民族国家的形成过程中发挥了不可替代的政治作用。国内各地的名山虽也在不同时代起到过部落凝聚作用，但与整个中华文明史相始终且享有国祀地位的只有泰山。

第二，泰山是中华民族的精神家园。

泰山对中华民族精神影响巨大。概而言之，主要有四个方面：(1)泰山已成为民族的象征；(2)泰山是华人灵魂的归宿；(3)泰山女神——碧霞元君是中国百姓祈福的重要神灵；(4)全国性的泰山神信仰；(5)泰山石敢当信仰(平安的象征)遍布全国。北大教授杨辛曾在诗中把泰山称作“华夏之魂”，是非常恰当的比喻。

第三，泰山是一座融各方文明为一体的文化名山。

郭沫若曾说，泰山是中华民族文化的局部缩影。这句话的含义是，中华民族的世世代代都在泰山上留下了明显的痕迹，中华文明的方方面面几乎都可以在泰山上找到印记。古老的泰山就像一枚芯片，储存着中国传统

---

① 王雷亭：《“泰山—国山”命题的提出过程与意义》，《泰山学院学报》，2003年第4期。

② 王雷亭、汤贵仁、于世良、蒋铁生、陈伟军、周郢、高明国：《关于争取选定泰山为国山的研究与建议》，《山东省社会科学规划研究项目成果要报》，2003年第10期，此处有改动。

文化的各种信息。

第四，泰山是一个文化的符号。

“泰山”一词已经深深地融入中国的语言中，且至今仍活跃在人们的日常生活中。如“重于泰山”、“稳如泰山”、“泰山北斗”、“泰山压顶不弯腰”、“登泰山而小天下”、“泰山安则天下安”等，这些流传千古的话语充分表明了在长期的文明进程中，泰山已超越了具体的山岳形态、名称而成为民族心理中与天地并列的“山”的代称。从这一意义上来说，泰山已不仅仅是一座山，而是一个崇高的象征，一个文化的符号，一个民族的徽记。

季羡林认为：“泰山，在世界上没有哪座山能和她相比，其原因，就在于她博大精深的文化内涵。……泰山文化，体现了中华民族的传统文化，在东方文明史上占有重要地位，在世界文明史上也举足轻重。从远古到现在，人类进步的脚步，都能在泰山上反映出踪迹。”①

2005 年，泰山入选《中国国家地理》杂志中国最美的十大名山，而且是五岳中唯一入选的名山，该杂志将泰山定位为“泰山：华夏的图腾”。对泰山的评语为：“山不在高，在于文化积淀的厚重；泰山久参与社会，深入人心，超越观感，成为中华民族及其文化之地标。深具儒家风范者，首推泰山。”②

这一定位和评价与“泰山—国山”的价值判断异曲同工，深刻地揭示了泰山精神的核心价值。纵观历史，所有的统治形式几乎都以巨大的山岳或建筑作为其权力的隐喻，而一个文明往往也需要一座巨大的山岳或一群建筑来加冕，如欧洲的奥林匹斯山、日本的富士山、埃及的金字塔等，无不成为民族、国家的象征物。而在世界上唯一一个纵贯整个人类发展史的文明中，以一座与整个文明同龄的巨大的文化圣山来为我们的文明加冕，来标志我们的文明尺度是再合适不过的了。在中华民族丰富的文化符号体系中，山岳是极其重要的组成部分，宏伟的山岳景观，象征着国家的持久、稳固和尊严，是民族国家的宏大表征，是国家民族认同的对象。在华夏民族丰富的山岳体系中，泰山无疑是最具代表性的山体。

“圣山是世界遗产遗址，尊崇最高的肉体与精神价值观的地方。对许多人来说，看到远方山峰俯视低地，浮游云端，直指星空，就会精神复苏，感受到神秘

---

① 袁明瑛：《泰山石刻·季羡林序》，中华书局，2007 年 1 月第一版。

② 《中国国家地理》，2005 年第 10 期。

与光辉。"[1] "泰山是中国的奥林匹斯山,它是一列大山脉最高的一部分。在中国,从古以来,它一直占据着显著位置。它气势雄浑、庄严肃穆地盘踞在这个地区。……登上这座大山总是一种有意义的经历。"[2]

泰山"万国是瞻"、"九州待命"[3],在山岳中为首山,是中国文化的宏大载体,在与民族、国家的互动与建构中是内容最丰富和最有代表性的山体符号。借助于泰山宏伟的山岳景观,以泰山为国山,把泰山建构成民族认同的自然对象,通过其宏伟来象征国家的伟大,透过自然来象征国家的稳固恒久理所当然,从而完成"自然的国家化"与"国家的自然化"过程,泰山成为中华民族的精神家园,成为华夏民族的山岳图腾。

① 张德华:《石头,文化和时间》,第151页,中国对外翻译出版公司,2003年第一版。
② (德)卫礼贤:《中国心灵·圣山》,国际文化出版公司,1998年1月第一版。
③ 节选自岱庙正阳门前岱庙坊阴面对联。

第二章 泰山历史

早在华夏文明的初始阶段，泰山便已凸显于历史舞台中，此后历经数千载，几遭转折，文明传承始终未曾中断，故清代史家阮元有"史莫古于泰山"[①] 之说。如依各个时代不同的文化特征加以分断，泰山的历史文化发展历程大体可分为五大历史阶段：

一是先秦至秦汉时期。在这一时期，由于深受东部民族大山崇拜的影响，泰山逐渐与国家政权发生联系，由一座自然之山逐渐演变成一邦之镇、一国之尊，进而发展成为帝王封禅的告祭之所，成为宣示君权神授的政治舞台。自此，泰山成为历代王朝治乱兴衰的晴雨表。这一历史时期，可称"政治山"的形成期。

二是魏晋南北朝时期。从魏晋至南北朝，是中国各大宗教竞相勃发、传布的时期，此时，佛教、道教都进驻到泰山，促使泰山的原有信仰和新兴宗教相互融合，在社会上产生了深远的影响。这一历史时期，可称为"宗教山"的形成期。

三是隋唐宋金时期。唐宋是中国文学艺术与学术发展的一大顶峰，这在泰山文化上也有具体、明显的体现。以士为主体的文人群体竞相登上泰山，泼墨抒怀，留下了大量的诗文华章。特别是在盛唐与金末，泰山文学创作迎来了两度高峰，名家佳作频出，在中国文学史上留下了浓重的一笔。而宋代泰山书院与泰山学派的出现，更是在泰山文化史上留下了深远的影响。在这一时期，帝王与僧道虽然仍在泰山活动频繁，但文化主流却已经悄然转入文人群体。这一历史时期，可称为"文化山"的形成期。

四是元明清时期。泰山民间信仰起源很早，但普及到全国，则是从宋元时期开始的。在元明清三代，随着碧霞元君信仰在全国的广泛传播，一时涌现出

---

① (清)金棨：《泰山志·阮元序》。

一个到泰山进香的高潮。“每年祈赛云集，布幕连肆，百剧杂陈，肩摩趾错者数月”[①]，泰山文化舞台的主角转为下层民众，以致这时的帝王、文人的泰山活动也无不受到民间习俗的影响。这一历史时期，可称为“民俗山”的形成期。

五是近现代时期。民国以来，随着民族矛盾的加剧，国内关于泰山地位的论争不断出现，泰山对中华民族精神上的影响日益受到国人的重视，其精神层面的价值受到越来越多的关注。一些学者提出：泰山融汇五千年中国文化，堪称“中国文化史的一个局部缩影”[②]，与中华民族的情感、心理的形成关系密切，在民族精神的整合和构建中居功至伟，是民族文化的理想表征。20世纪中期与21世纪初期的两次波及全国的“国山”论争，则表明了国人对泰山文化的精神特质及其对民族精神的影响有了更为明晰的认识和更加深入的揭示。这一历史时期，可称为“精神山”的形成期。

以下我们以“五山”文化为主线，对五千年间泰山地区的兴替沿革，特别是泰山信仰的发展变迁，做一个简略的叙述。

第一节　先秦秦汉时期

岱宗之名，“昉于虞书”；封禅之典，“见诸周制”[③]。泰山文明，早在上古时期就揭开了序幕。

远古时期的泰山，气候温暖，草木繁茂，“生五谷桑麻，鱼盐出焉”[④]，成为先民繁衍生息的乐土，在当时拥有先进文化的东夷族便发祥于此。传说时期的远古部落帝王大都和泰山有着密切的联系。如被尊称为“人文始祖”的黄帝把龟作为部族的图腾，泰山以南的龟山便是黄帝氏族的一个地理标志。相传，黄帝还曾经封泰山、禅云云。黄帝是传说中的上古开启封禅大典的“七十二君”之一。其后的尧、舜、禹等帝君也都相继封禅泰山。尧、舜还曾建都于泰山之下。尧都平阳，据考就是今天的新泰；舜都都君，据考就是现今的肥城石横。夏朝开国之君大禹，史称其家出“崇山”，生于“石纽”，据考就是泰山的禹石汶。商朝之先世也活动于泰山附近，商汤的十一世祖相土曾在泰山下建立东都，《魏书·羊

① 唐仲冕：《岱览·岱庙》。
② 郭沫若：《读随园诗话札记》，作家出版社，1962年版。
③ 高怡：《泰山道里记·序》。
④ 刘安：《淮南子·坠形训》。

深传》所记博县商王村，或许就是其故都之所在。周族代商，在泰山南北分别建立齐、鲁两国，致使泰山地区的位置在此后的政治格局中日益显要。古部落的发祥、兴盛，古帝王的频繁活动，使泰山成为当时的政治、文化中心。现代史学家王献唐曾说："往古先民，生聚于斯，历代诸皇，建业于斯，……木本水源，血统所在，泰山巍然，同族仰镜"，所以，泰山周遭地区确实"为中华原始民族之策源地！"[①]

关于泰山的信仰也萌生于这个时期。东夷人最为崇拜的中央大山，便是雄峙于天东的泰山。泰山最早被称做"大山"，意即域内最大的山岳。从泰山的远古名称上，正可以看出古人对泰山的尊崇和敬仰。后来，随着中国国家雏形的日趋显现，泰山更以显赫的姿态凸显于史书。

夏商两朝的君主都继承上古遗规，东巡泰山，使泰山的声名得到更大的提升。周代立国后，在大一统政治观念的影响下，将"五岳"推展为"九镇"，就是将天下九州各确定一座名山为其镇山。《周礼·夏官·职方氏》所举九镇之一即为泰山："河东曰兖州，其山镇曰岱山。""镇"有安定之意，九镇乃是代天子镇守九州各地，是权威不可动摇、无比强大和神圣永恒的象征。[②] 泰山的政治地位这时已经得到确立。

周天子封诸侯时，泰山属齐、鲁之境（主峰在鲁国），因此泰山在鲁国赢得"独尊"的地位。惟有周天子与鲁公才享有泰山祭祀的特权。从《诗经·鲁颂·閟宫》所咏"泰山岩岩，鲁邦所詹"之辞中，可以看出鲁国人视泰山为一国之望的心态。据《公羊传》所载：鲁有三望之祭，三望分别指岱、河、海。鲁国三望以岱具首，说明泰山已取得国中首祀的非凡神位。

泰山在相邻的齐国也有巨大的影响。战国以还，齐地产生的五行学说又将泰山的信仰推上一个新高度。齐人邹衍等人结合齐地的原始宗教，由五行相生相克观念推论历史、政治，提出"五行始终论"。这一学说将五岳信仰也包纳在系统之中。东岳泰山在五行中属"木"德，代表了东方、春季、青色以及万物所生，于是泰山便有了一岁之首、万物之始的新含义，并自然引申为人的一生之始、家族相嗣的一代之始，乃至一个王朝的改朝换代之始。世俗"泰山主生"的观念便是由此推衍而来，而且后来成为封禅说的导源之一。可以说，五行说的出现奠定了泰山作为山岳之首的理论基础。

---

① 王献唐：《炎黄氏族文化考》，第63页，青岛出版社，2006年版。
② 何平立：《崇山理念与中华文化》，第62页，齐鲁书社，2001年版。

秦始皇一统六国，建立秦朝，在全国推行郡县制，在泰山附近也设立一级地方机构"济北郡"，显示了对这一区域的高度重视。古人认为："泰安之为郡、为州、为县，实以泰山故也。"① 这是最早依泰山而设立行政区划的举措。

泰山在秦代最大的历史事件，当属秦始皇封禅泰山。始皇二十八年(公元前221年)，秦始皇在建立秦王朝的当年即举行了封泰山、禅梁父的旷世大典。同时在岱顶竖立代表秦文化理念的石阙，设置专司泰山工程的泰山司空，并立石以颂秦德。泰山作为中国名山的代表，在大一统王朝中首次得到确认。

秦亡汉兴，在泰山地区设立泰山郡，属兖州。两汉时期，泰山的经济、文化都得到长足的发展，种植业、冶铁业日渐兴盛；汉武帝时大兴水利，汶河流域的农业得到较大开发；文化建设也引人注目，出现了胡毋生、高堂生等儒学大师。泰山一郡，成为两汉郡国中的重郡名区。

西汉关于泰山的崇祀经历了一番演变。汉王刘邦入据长安后，令祀"山川诸神当祠者"。汉廷立国，朝廷直接控制的地方仅有十五郡，"名山大川在诸侯"，故于山川祭祀采取了"其山川在诸侯者，以时祠之"②，"天子官不领"的做法。泰山先后隶属齐国、济北国，由诸侯国自行奉祠，并无特殊的地位。但到了汉武帝时期，随着诸侯势力的削弱、中央集权的加强，汉廷亟须利用五岳来增重君权，五岳地位日趋重要。"于是济北王以为天子且封禅，乃上书献太山及其旁邑，天子以他县偿之。然后五岳皆在天子之郡。"③ 泰山由诸侯国而直隶中央，其位置在当时政治格局中日渐隆崇。汉武帝为炫耀国力、震慑匈奴，遂携各国使节，前后八次封禅泰山，又割嬴、博二县置奉高县，以专祀泰山，随后又在此设立一级行政机构——泰山郡，并在山下建立国家政事堂——明堂。汉武帝还在博县创建泰山庙，把岳祭由坛壝而改置庙庭，开启了泰山庙祀的先河。汉武帝对泰山的崇祀之重，超越嬴秦，达到了前所未有的高度。

汉代山川祭祀形成制度化，是在汉宣帝时期。宣帝在神爵元年(公元前61年)以诏令的形式正式确定了五岳制度，其诏旨"令祠官以礼为岁事"，"自是五岳、四渎皆有常礼：东岳泰山于博，……皆使者持节侍祠。唯泰山与河岁五祠，江水四，其余皆一祷而三祠云。"④ 汉宣此诏，第一次以国家政令的形式，明确了泰山作为中国首山的神圣地位。

---

① 宋思仁：《泰山述记》卷一《疆域考》。
② 《汉华山庙碑》。
③ 司马迁：《史记·封禅书》。
④ 班固：《汉书·郊祀志》。

继王莽新朝而建的东汉，“虽说‘光复旧物’，但在文化上，……固已根本接收了王莽的学说。”[①] 王莽议定而未及行的封禅之礼，也在光武一朝最终实现。建武三十二年（公元56年），光武帝东封泰山、禅梁父、刻石纪功。其后嗣之君章帝、安帝也都效法先君，接踵东巡，致祭泰山。东汉帝君相继祀岱，有大量的外国使节随行，这使得泰山之名逐渐为域外所知。泰山庙祀也沿袭前汉的旧规，东汉应劭《风俗通义·山泽第十·五岳》载：“岱宗庙在博县西北三十里，山虞长守之。……皆太守自侍祠。”

泰山信仰在东汉时期还发生过一次巨大的变化，这就是“泰山治鬼说”的流行。清顾炎武《日知录》卷三十《泰山治鬼》条云：“尝考泰山之故，仙论起于周末，鬼论起于汉末。……然则鬼论之兴，其在东京之世乎？”现代考古发现，在汉代镇墓文中多有“生人属西长安，死人属东泰山”以及“生属长安，死属太山”之类的文辞，泰山神在这里显然是以地府之主的身份出现的。据学者研究，这一信仰的产生系由山川崇拜变异而来：“古人以为人死归赤山或是泰山，皆由对山川的崇拜而引起。……随着秦汉大一统帝国的建立，原来仅为齐鲁一隅所尊崇的泰山，受到秦皇、汉武的封祭。泰山地位转变了，就成为冥司机构最高的一级。”[②] 这一观念的流行，使泰山由官方祀典中的岳神转变为民间宗教中的阴神。虽然后来由于佛教的传入，阴府职位逐渐被阎罗王所取代，但泰山神仍作为阎罗的上司而受到尊崇。这一信仰在此后的千余年中，在民间产生了极为广泛的影响，使泰山由单纯朝廷主祀的国家神岳变为全民信奉的幽冥地府。

由于上述各种因素的作用，泰山在秦汉之际，开始成为中国影响最大的山岳。汉末学者应劭在《风俗通义》中首先揭示出泰山为五岳之首的观念：“东方泰山，诗云：‘泰山岩岩，鲁邦所瞻。’尊曰岱宗。岱者，长也，万物之始，阴阳交代，……故为五岳之长。”后世“五岳之宗”、“五岳独尊”及“天下名山第一”的说法，即起始于此。

第二节　魏晋南北朝时期

魏晋南北朝是中国历史上一个大分裂、大混战同时又是大融合的时期。泰

① 顾颉刚：《汉代学术史略》，第101页，东方出版社，1996年3月第一版。

② 吴荣曾：《镇墓文中所见到的东汉道巫关系》，《先秦两汉史研究》，第366－367页，中华书局，1995年6月第一版。

山在此前具有的巨大影响,使其在各个割据政权中,继续保有尊崇的地位;而少数民族涌入中原,建立政权,使原来仅限于汉族的泰山信仰,跨越了民族的鸿沟,成为多民族的信仰。因而在这一段历史上,虽然关于泰山的记载不多,却是泰山文化发展史上的一个重要时期。

汉末,曹操军事集团崛起,首先据有兖州,泰山被纳入其势力范围。魏黄初元年(公元220年),其子曹丕代汉,曹魏立国,于黄初二年(公元221年)六月,“初祀五岳、四渎,瘗沉珪璧”[①],完全继承了汉代崇祀泰山的制度,以此显示其政权的合法性。魏明帝还曾商议封禅泰山,后因为起草仪注的高堂隆猝逝而未能成行。

两晋时期,泰山士族崛起于政治舞台,如羊氏家族世代簪缨,侧身当时一流门第,在当时有着重大影响。

晋统一伊始,群臣便奏请晋武帝封禅泰山,但因故未能成行。不久,泰山地区便陷于五胡十六国的割据混战。东晋偏安江南一隅,但为显示仍对泰山等五岳享有主权,于明帝太宁三年(公元325年)命有司详议五岳四渎之礼,并于成帝咸和八年(公元333年)建五岳坛于覆舟山下。东晋的这一番举措,开启了在国都附近立坛遥祀泰山的先河,为其后历代王朝所沿袭,成为礼仪定制。

西晋末年,中国北方陷于五胡十六国的混战,泰山地区先后为前赵、后赵、前秦、后秦所领有。曾一度统一北方的氐族前秦充分吸纳汉文化,继承了祀岱的传统。据《十六国春秋辑补·前秦录》载:前秦建元十一年(公元375年),秦王苻坚“分遣侍臣祷河岳诸神”,为丞相王猛祈神消疾。鲜卑族南燕时期,也延续了泰山庙祀。这些史料充分说明,羯、氐、鲜卑等北方少数民族在进入中原后,都逐渐接受了汉民族的泰山信仰。

十六国及北朝时期,泰山一带兵戈不止,但宗教却得到空前发展。佛教自东晋传入泰山,此时出现了僧朗、佛驮跋陀罗、求那跋摩、僧明、法定等具有重要影响的高僧大德,泰山的朗公寺、衔草寺、云禅寺、神宝寺、灵岩寺等伽蓝禅宇也相继构建,同时还出现了泰山经石峪、徂徕映佛岩、东平洪顶山等著名刻经;泰山道家中也出现了张忠、由吾道荣等名道,声闻大内。这些使得宗教文化成为这一时代泰山文化的主流。

鲜卑族建立的北魏政权入主中原后,已逐步融合在汉文化中,五岳信仰也被鲜卑族较早地接纳。北魏泰常元年(公元416年),明元帝下诏“立五岳四渎庙

---

① 钱仪吉:《三国会要·礼上》。

于桑干水之阴”[①]。这是有史以来首次在京师附近建立五岳庙宇，所以元代吴澄称“五岳四渎立庙自拓跋氏始”[②]。这是鲜卑族对五岳信仰形式的一次拓展。泰山划入北朝版图后，北魏对泰山的崇祀日渐增重。太和十九年（公元495年）四月，锐意改制的孝文帝巡幸瑕丘（兖州），派遣使者以太牢祭祀泰山，并御制了《祭岱岳文》。孝文帝在祭文中展现了他力图全盘汉化、改革旧制、以“百王”后继者自居的真实心态。其中的“岱宗穹崇，梁甫盘崛”，充分肯定了泰山崇高齐天的政治神威。这篇文章不仅是现存的第一篇泰山祭文，而且出于鲜卑君主之手，这表明了泰山信仰已逐渐被少数民族政权所认同。

在这一时期，泰山在民间的影响也明显扩大。其中有两个现象尤其值得注意：一是佛教传入中国后，泰山神与冥司神合流。汉末安世高、三国康僧会与支谦、西晋竺法护、后秦竺佛念、东晋竺昙无兰、刘宋释宝云等，在译经中均用“太山”来译写梵文的“捺落迦”与“泥犁”（地狱），将泰山阴神信仰纳入到佛学体系。这一方法后来被汉传佛教所采用。由于这一时期佛教的迅速传播，泰山神作为冥府之主的形象更加深入人心。二是泰山从抽象模糊的山岳之神完成了神格拟人化的过程，从而使其崇拜进一步普及。从此，泰山神的神性日趋清晰且不断人格化、帝王化，为唐宋之后“东岳大帝”信仰的遍及海内奠定了基础。

第三节　唐宋时期

隋与唐宋时期，是泰山作为国中第一神山地位的正式确立期。在这一时期，泰山还赢得了文人阶层的高度礼赞，泰山诗文创作成为这一时期泰山文化中的亮点。

隋朝建国之后，把梁父、博、嬴等县改隶兖州，自此泰山开始隶属于兖州（主峰属博县），一直到宋代均没有变化。由于中西交通的日渐频繁，泰山之名这时开始为域外世界所知。公元六世纪初，东罗马史家席摩喀塔在《莫利斯皇帝大事记》中记称：“陶格司（Taugas，即‘大魏’或‘大汉’）国主号泰山（Taissan），犹言上帝之子也。”[③] 把泰山作为中国的帝王之号，显然是一个误解，但这恰恰说明了

① 魏收：《魏书·礼志》。
② 吴澄：《大都东岳仁圣宫碑》。
③ 张星烺编：《中西交通史料汇编》第一册，第89页，中华书局，1977年版。

由于封禅等活动，泰山与帝王关系非常密切，从而使遥远西方的学者们产生了这一有趣的误读。

唐代前期，统治者开创了空前的繁荣昌盛的局面，泰山文化也得到了充分发展。李白、杜甫等一批诗坛巨子莅临泰山，留下了大量开阖万端的颂岱诗篇，对泰山文学创作的发展起到了巨大的推进作用。从此历宋洎元，下及明清，泰山诗文创作如珠玉相缀，佳作不绝，泰山作为文学之山的历史地位从此奠定。

唐朝开国后，统治者于武德、贞观年间发布岳渎崇祀规定："五岳、四镇、四海、四渎，年别一祭，各以五郊迎气日祭之。东岳岱山，祭于兖州。……祀官以当界都督刺史充。"[①] 这一规定使泰山庙正式纳入唐代国家祭祀体系，成为由政府管理的祠宇。

隋代未能举行的泰山封禅也被提上唐廷的议事日程，唐太宗累次议封泰山而未果，后来他的儿子唐高宗与皇后武则天于乾封元年(公元666年)终于登封泰山，禅社首山。开元十三年(公元725年)，玄宗也封禅泰山，并封"泰山神为天齐王，礼秩加三公一等，近山十里，禁其樵采"[②]。唐玄宗还开启了遣使祭祀泰山的礼俗。《唐会要·岳渎》称："五岳……旧礼皆因郊祀望而祭之，天宝中始有遣使祈福之祀。"在唐玄宗封禅时刻于岱顶的《纪泰山铭》，首次以御制文告的形式确立了泰山首山的地位："其方处万物之始，故称岱焉，其位居五岳之伯，故称宗焉。"

唐代帝君的屡次封禅，使泰山的神威大为提升；而且朝廷对泰山加以封号，也显示了对民间泰山神人格化的一种变相认同，进一步促进了泰山信仰的传播。于是，自古以来只建于泰山的东岳庙，由泰山而向现在的山东全境，进而向山西、河南、河北、陕西、四川等地区扩展。正如后世史学家所说："东岳行宫者，泰山神之别祠也。自唐封禅，郡县咸有之。"[③] 泰山信仰在这一时期不仅遍传国内，而且还远及日本。在唐代，中日两国关系密切，遣唐使多次前来泰山参加封禅大典，此举加深了日本对泰山文化的了解，因而有泰山神东渡日本的历史趣话。唐大中元年(公元847年)，日本高僧圆仁从唐返回日本国时，携带了泰山府君造像，并在日本建祠以祀，从此泰山信仰遍传东瀛。

五代十国虽又是一个大分裂、大动荡的时期，但也是泰山信仰发展的一个

---

① 杜佑：《通典·礼六·山川》。
② 欧阳修、宋祁等编：《旧唐书·玄宗纪》。
③ 元孟淳：《长兴州修建东岳行宫记》。

重要阶段。泰山信仰还随着中原移民的南下，由中原腹地传布到东南沿海。

宋代建隆元年(公元960年)，赵匡胤代周称帝，建立北宋。宋代是泰山文化发展的重要时期。立国初期，宋太祖便诏令“祭泰山于兖州”，由县令兼任东岳庙令、县尉兼任庙丞，并下诏将乾封县治由旧治(今泰山区旧县村)迁至岱岳镇(今市区)，使泰安城初步形成山城一体的格局。宋代学术盛行，教育发达，著名学者孙复、石介都曾在泰山、徂徕山讲学，世称“泰山学派”，成为宋代理学的先声；宋代金石学的出现，也使泰山研究成为学界关注的内容。宋代泰山的工业、手工业也盛极一时，宋代朝廷在泰山以东设置的莱芜监，每年产铁近40万斤，是全国四大冶铁中心之一。“车徒八方至，尘坌百里内；牛马汗淋漓，绮纨声綷䌨。”这便是宋人苏辙对泰山地区繁荣景象的生动描述。

宋真宗为了“镇服四海，夸示外国”的政治需要，于大中祥符元年(公元1008年)举行了规模空前的泰山封禅。告成之后，对泰山益加崇祀，“诏加号泰山天齐王为仁圣天齐王，修饰庙宇，山四面七里内各禁樵采。”① 后来又再次改晋神号为“仁圣天齐帝”，封东岳夫人为“淑明后”，使泰山神阶达到了有史以来的最高一级。这时，由于受到东岳庙祀在各地兴起的影响，真宗还下诏在首都汴京为五岳修建了一座合庙，这就是《天齐仁圣帝碑》中所说的：“辟地经始，别建五岳帝宫，以申崇尚之礼焉。”泰山的东岳庙也不断增修，真宗朝“严饬庙貌，彰灼威灵，责大匠之职，议维新之制”，哲宗、徽宗两朝又相继增修，奠定了岱庙“俨若王者居”的宏大建筑格局。北宋对泰山无以复加的尊祀，标志着泰山作为域中第一山的官方地位最终确立。

由于官方祀典的日益隆盛，民间对泰山的崇祀也不断升温，从而使两者产生了互动。据北宋彭脩《湖州安吉县新建东岳天齐仁圣帝行宫碑》载：“我宋诞膺显命，……于时山川之载在祀典者，泰山为最尊贵，名号视上帝，且天下咸得祀之。虽穷山幽谷、要荒不毛之地，皆饰祠严奉之。”② 东岳行祠遍布北方州县。后来宋室南渡，带动了文化重心的南迁，东岳庙祀因此在江南地区也得到了进一步的发展。

民间广泛的崇祀群体、报赛活动的频繁举行，促进了东岳庙会的出现。东岳庙会当开始于北宋，地点应当就在泰山岳庙。据北宋元丰三年(公元1080年)《高里山相公庙新创长脚竿记》碑云：“古沛张平者，即长河之舟贾也。乃集社聚

---

① 马端临：《文献通考·郊社》。

② 阮元：《两浙金石志》卷七。

缗，岁赛于祠下。”古时候把酬神称为“赛”，碑中说“岁赛”，可见香社是每年定期举行的，这应该是泰山东岳庙会最早的记录。这一源起于泰山的风俗，由于两宋时候各地东岳行祠的广泛兴建，开始在全国流行起来。北宋政和年间魏邦哲《福山东岳庙记》中说：“每岁季春，岳灵诞日，旁郡人不远数百里，结社火，具舟车，赍香信，诣祠下致礼敬者。吹箫击鼓，揭号华旗，相属于道。”这一风俗一直延续到清末。东岳庙会的出现，使得泰山信仰深深地植根于社会的最基层。

宋朝时，有关泰山的另一个极为重要的事件是泰山玉女的信仰开始出现。泰山玉女一事最初源起于宋真宗封禅时在岱顶所置的玉女造像，此后逐渐被民众所神化并加以崇奉。嘉祐年间的王山在《盈盈传》中已经提到这一信仰风俗[①]，元祐年间的岱顶即出现玉女祠。到元、明时，碧霞元君已经成为泰山影响最大的女神，对扩展泰山在民间信仰中的影响起到了巨大的作用。

第四节　金元时期

女真族建立的金国和蒙古族建立的元朝先后入侵中原地区，改变了汉族文化的原有格局，泰山信仰也面临着自南北朝以来的一场规模空前的挑战。

北宋末年，崛起于东北地区的金国大举南侵，北宋灭亡，泰山一带被金兵攻陷。泰山先后爆发了姜博士及吴给、孙亿领导的抗金起义，起义坚持数年之久。泰山沦陷后，先隶属于刘豫齐国，刘齐设置了泰安军，这是历史上首次使用“泰安”一名；金初，泰山屡遭兵燹，一直到世宗朝后才有所恢复，灵岩寺、谷山寺相继重建，文人学士活动渐趋频繁。这时，泰山人物中还出现了一位“掌一代文柄”的文学名家——党怀英，党怀英在泰山上留下了许多重要碑刻，是古代文化名人中与泰山关系极为密切、在泰山活动较多的人物。

金朝建国之后，金世宗大力改制，使金国迅速适应了中原地区的文化、经济水平，民族隔阂日益淡化。在这种政治气候下，泰山被金朝正式列入祀典，从而恢复了自北宋灭亡后中断的“首山”地位。《金史·礼志》载，大定四年（公元1164年）诏：“祭东岳泰山于兖州，……其封爵并仍唐宋之旧。”大定十八年（公元1178年），泰安东岳庙火灾后，金世宗不仅下诏对庙庭做了大规模的复建，并且亲自裁定了修复后的庙殿名称。据《大金集礼》卷三四《岳镇海渎·杂录》记载，重修

① （宋）李献民编：《盈盈传》，《云斋广录》。

后“岳庙殿廊共八百五十四间”，这一规模已比北宋的“八百一十三楹”有所扩大，另外，金廷制定的“十余里”的泰山保护范围，设立岳庙巡防制度，也都是泰山崇祀历史上的创置之举。这表明统治中原的女真政权已广泛接受汉文化，成为充分汉化的封建政府。

蒙元之初，蒙古军不断发动对泰山的侵扰，金军节节败退，泰山附近豪强纷纷据险自保。投降蒙古的豪强严实入据东平后，泰山各支武装大多归顺于严氏麾下。严氏父子在称藩东平期间，一意求治，因此造成了相对安静的社会环境，泰山地区的经济、文化有所恢复。元好问、刘祁、王若虚等文坛宗师接踵登临泰山，使泰山文学继唐宋之后出现了又一个高峰。元代建国后，开通了会通河，泰山地区的经济日趋繁荣。元代中叶恢复科举后，泰山附近的州县学与书院陆续重建，尤其是东平府学盛极一时。而这时，泰安学者王祯的农学名著《农书》的出现，更是元代泰山文化的杰作。

蒙古部落在占领中原初期，大肆杀伐，并把原有的落后制度强加于汉人，使社会平添混乱，生产遭到很大破坏。由于落后的蒙古族对中原传统信仰难以理解，泰山文化也经受了一次前所未有的大灾难。“其宫卫，其辇辂，其祠宇，自经劫火（指蒙古攻金之役）之后，百不一存。”[①] 泰山在新生的“大蒙古国”中前景难测。因此，当一批“秀民贤士”在向蒙古统治者陈请实行汉法之时，也将恢复泰山崇祀列为内容之一。

忽必烈的幕僚郝经创作的《泰山赋》，对泰山所具有的象征意义做了全面论述。这篇赋通过铺陈扬厉的笔法，将泰山与海内诸山遍做比较，将泰山推为国中第一名山；更以“中华正朔，建极启元”的非凡之辞，将泰山视为中原文明的总体象征与具体代表，这是对泰山文化内涵的深入揭示。当历史命运面临巨大转折之际，郝经的这番言辞成为要求蒙古统治者保留中原固有传统的严正宣言。

忽必烈在击溃守旧势力夺取政权之后，在很大程度上采用汉法治国，所以泰山的崇祀在元代，并没有因为当政者是蒙古族而遭到废弃，而是作为“崇汉法”的一例，深得元代朝廷的尊崇。据《元典章》卷三《圣政》二“崇祭祀”门载：庚申年（公元 1260 年）四月——即忽必烈称帝的次月，忽必烈便发布诏令，命“五岳四渎、名山大川，载在祀典者，所在官司岁时致祭”。此后中统二年（公元 1261 年）忽必烈确定遣使致祭岳渎制度，其序列以泰山为首。至元二十八年（公元 1291 年），忽必烈再加泰山神封号，将其称为“天齐大生仁圣帝”——这是历代泰

① （元）杜仁杰：《泰安阜上张氏先茔记碑》。

山神封号中最长也最尊贵的一个名称，以致让后世感到无以复加。对泰山的遣祭活动，一直贯穿整个元王朝。

还有一个特别的事例体现出元朝对泰山的极端尊崇，这便是在元朝首都大都，出现了祭祀泰山的东岳仁圣帝宫。这是东岳庙首次在中华大一统帝国（北宋与辽、夏对峙，非大一统帝国）的首都出现，这为泰山信仰带来了巨大的推动力。于是在元代，各地出现了兴修东岳庙的热潮。泰山的信仰群体的民族成份，这时也有明显的扩大，信众已不仅仅局限于汉人，还增加了蒙古人与色目人。

自宋元以来的泰山崇祀还出现了一项重大变化，即朝拜的重心由朝廷而逐渐向民间转变。元至元二十八年（公元 1291 年），东平人赵天麟上书朝廷，称"倡优戏谑之流，货殖屠沽之子，每年春季，四方云聚，有不远千里，提挈全家而至者"，赵氏认为此风"干越邦典，渫渎神明，停废产业，糜损食货"，请加禁止[①]。这是首次动议官方力量禁止祭岱活动。皇庆二年（公元 1313 年），因泰安东岳庙会期间发生香客焚杀幼儿事件，于是朝廷借机下令严禁民间祭岱："泰山东岳，已有皇朝颁降祀典，岁时致祭，殊非细民谄渎之事，……令有司岁时致祭，民间一切赛祈，并宜禁绝。"[②] 不过，这时的泰山信仰已经成为时代的潮流，仅凭一纸公文很难从根本禁绝。信仰风俗愈演愈盛，到明清时候，碧霞元君崇拜又加入到民间崇祀的行列，信众遍布全国，最终强大的民间力量完全压倒了官方的专祀，成为泰山信仰中的主流。

第五节　明清时期

明太祖朱元璋推翻元朝，于洪武元年（公元 1368 年）建立明朝。明代三百年中，泰山文化留下了较多值得表述的成绩，首先是嘉靖年间《泰山志》的创修，开启了泰山志书编纂的先河，此后《泰山搜玉》、《岱史》、《泰山小史》等层出不穷，促进了泰山研究的繁兴。明代中叶，泰山学者李汝桂、宋焘继承泰山书院遗风，在岱下设立育英、青岩等书院，对传播文化作出了巨大贡献。在此期间，泰山名胜古迹还得到当时朝廷的重视，朝廷对其多次进行全面整修，盛极一时。朝鲜高

① 赵天麟：《太平金镜策》卷四《停淫祀》。
② 《元典章》卷五七《刑部》十九"禁投醮舍身烧死赛愿"。

僧满空浮海来华后，仰慕泰山盛名，登岱访谒古刹，并留住在泰山，直至圆寂，留下了一段中朝友谊的历史佳话。经济方面，正德年间首征泰山香税，使之成为国库的一项巨额收入；泰山煤矿业在明代也开始出现，至清代已经发展成为著名的煤田之一。

明太祖登基之初，便以民族解放者的姿态，宣示继承中华正统的政策。洪武元年（公元 1368 年）六月，他派遣使者祭祀域内名山大川，开启了祭岱之礼。自宋朝以来，一直有儒生对加封五岳帝号持有非议，这种意见被锐意革新礼制的明太祖采纳。洪武三年（公元 1370 年）五月，朝廷下诏去除泰山等神的封号，其诏称："夫岳镇海渎皆高山广水，自天地开辟，以至于今，英灵之气，萃而为神，必皆受命于上帝，幽微莫测，岂国家封号之所可加。"改称岱神号为"东岳泰山之神"。随后，明太祖又御制《岱山高文》（五岳中仅此一例），对泰山给予高度礼赞。在这些文告中，明廷一再强调泰山神位的尊崇，不是人君封号可以妄加的。因此，明代去封号的举措，不仅没有让泰山神的威仪为之减色，反而更加神秘、尊贵。所以，明人汪子卿在《泰山志·望典》中颂称："我高皇帝之于岳也，正名有制，郊望有坛，遣望有告，可谓秩之以礼，而度越唐、宋、胡元有以哉！"明代还延续了自唐朝以来的遣使致祭制度，而且致祭更加频繁，正所谓"朝廷有大典礼，大政务，则遣使告（泰山）焉"[①]。明一代祭祀泰山达百次之多。

明廷对泰山的崇祀，可以从泰山东岳庙屡次的重建碑记上略见一斑。弘治年间，明廷重修岳庙，由明孝宗御制碑文，这是第一位为岳庙撰立碑记的明代帝君，碑铭中称："巍巍泰山，高入云烟，群岳宗之，靡或与肩。……神心鉴悦，降福绵延，奉我胤祚，光我化甄。荡荡平平，亿万斯年。"天顺时，大臣薛瑄也在重修岱庙碑中说："惟此泰山，造化钟萃。巃嵸太虚，磅礴厚地。匪鲁邦瞻，实众岳最。"君臣一唱一和，都明确把泰山奉为大明帝国的第一神山。

在民间崇祀泰山方面，明代也有新的发展。首先是泰山信仰继续向边疆地区推进。明代正式将各地东岳庙列入官方祀典，比如北京的东岳庙，"国朝（明）正统中益恢崇之，岁遣太常致祭，暵则致祷焉。"[②] 因此，各地的东岳庙取得了法定地位，崇祀更加盛行，且不断向边远地区辐射。所以，明孝宗在《重修东岳庙碑》中说："东岳之庙，今遍于天下。"其次是碧霞元君信仰的普及。元君信仰源起于北宋，金元之时逐渐在民间流行，到明代时已经是影响很大的神祇，影响力

① （明）薛瑄：《重修泰山神庙碑》。
② （明）张居正：《敕修东岳庙碑文》。

逐渐超过了泰山神，大有取代之势。正如明代谢肇淛所说："古之祠泰山为岳也，而今之祠泰山者为元君也。"[①] 相比仪态威严的泰山神，以女性身份出现的碧霞元君身上似乎更具人间情味，因此赢得上至皇室、下至黎庶的尊崇。专祀元君的岱顶碧霞宫也得到不断的扩展和修葺。于是出现了"自碧霞宫兴，而世之香火东岳者咸奔走元君，……香火视他岳盛矣"[②] 的局面。自此以后，在整个北中国，出现了为数很多的泰山娘娘行祠（亦称泰山行宫、元君庙、娘娘庙等），几乎与祭祀泰山神的东岳庙相抗衡。碧霞元君信仰对泰山更加深入人心起到了推波助澜的作用。

清顺治元年（公元1644年），清朝定鼎北京，首先夺取山东，泰山地区遂入清之版图。清初，泰山地区分属济南府泰安州与兖州府东平州，至雍正十三年（公元1735年）创置泰安府，下辖泰安、新泰、莱芜、肥城、东阿、平阴六县及东平一州，将泰山地区置于一个统一的行政建制之内。清初，清廷开通九省御道，泰安作为交通要衢，地位日趋重要，康、乾两帝南巡，均取道泰安。明末饱受创伤的泰安经济，入清后也得到一定的复苏和发展。雍正末年香税制度的废除，进一步促进了泰山进香的繁盛。同时，泰安官吏和有识之士均十分注重文化教育的建设，陆续设立青岩、泰山、岱麓等书院，使泰山文风日盛。清代朴学盛行，泰山文化为当时的学者所瞩目，研论记述之作迭见层出，先后出现了《泰山纪胜》、《泰山道里记》、《泰山图志》、《泰山述记》、《岱览》、《泰山志》等重要著述，为泰山研究留下了宝贵的文献。清代后期，社会巨变，泰安地区灾荒、战乱不断，太平天国北伐、捻军起义、义和团运动都曾波及泰山地区。

满族入主中原后，统治者面临着如何面对汉文化这一严峻抉择，作为汉族传统文化的一个重要方面，泰山信仰便凸显在满族帝君的面前。清室始入北京，便建立起祭祀泰山的制度："岳镇海渎所在地方，有司以春秋仲月诹日致祭，祭东岳泰山于泰安州。"[③] 顺治帝亲政当年（公元1651年），即宣布恢复自明亡以来中断的遣使致祭制度。"天门挺秀，日观昭灵"，顺治告文中对泰山神的这番颂词，显示了满族帝王对泰山崇高地位的认同。到康熙一朝，原来十分尖锐的满汉民族矛盾已经渐趋缓和，康熙更是在政治上宣称"朕于满洲、蒙古、汉军、汉人视同一体"，从政治上强化对汉族文化的认同。康熙刚刚继位，就派遣使者致

① （明）谢肇淛：《五杂俎》卷四《地部二》。
② （明）王锡爵：《东岳碧霞宫碑》。
③ 嵇璜、刘墉：《清朝通典·礼·山川》。

祭泰山，后又于康熙二十三年(公元1684年)十月、二十八年(公元1689年)正月、四十二年(公元1703年)正月三次南巡泰山。康熙不仅在祭岳告文中称颂泰山神“屹峙东方，育成庶类。天齐巨镇，功开成物之先；日观崇标，尊为万灵之府”，而且亲自在岳庙举行祭祀仪式，行二跪六叩之礼。正如泰山研究者所指出的：“康熙帝如此隆重的礼仪亲祀泰山神，这是史无先例的，泰山蒙此殊荣，政治地位更为提高。”①

由于泰山信仰(官方的东岳和民间的碧霞)获得清廷的认可，所以在清代初期，泰山信仰并没有因为满族入主而衰败，而是得到进一步的发展，更加兴盛。不仅北京东岳庙与妙峰山碧霞庙恢复了往日的繁盛，而且泰山信仰迅速蔓延到满洲腹地。据《钦定盛京通志·祠祀》记载，奉天、辽阳、复州、锦县、广宁、宁古塔、吉林等地均建起过东岳庙(或名天齐庙)。在同一时期，泰山庙祀还传入台湾。南明永历二十七年(康熙十一年，公元1672年)，延平郡王郑经在东宁省城(今台湾台南)创建东岳庙。台湾入清之后，仍庙祀不绝。此后，随着清朝疆域的不断开拓，泰山信仰还先后传入新疆、西藏、青海等边疆地区。

不过，满汉毕竟是两支源流不同的民族，在文化上更存在着巨大的差异性，虽然处于不断融合之中，也难免发生种种碰撞和冲突。汉族的泰山信仰与满洲的长白信仰即不相合楔，进而发展到祀典上的尊卑之争，成为一个长期困扰清廷的难题。如何在不触动既定祀典的前提下，协调两个民族的传统信仰，统一思想认识，并取得满汉双方心理上的认可，已成为康熙在日理万机之中必须予以解决的要务之一。康熙在《泰山龙脉论》中提出的“泰山山脉来自长白”的创论，便是在这种历史局势下的产物。康熙的这一论断，绝不是着眼于地理考查，而是出于政治和文化需要的结果。汉文化最重追根溯源，所以康熙即“考明”泰山并非自中干而来，而是发脉于长白山。因此，从地缘上来说，满汉实际上是一体的，即有着共同的文化根源。长白山、泰山既然是同一个山脉，当然也就同属于第一神山，不必区分彼此的高低主次。所以，“泰山龙脉”的命题，不仅仅为满族入主中原找到了地理上的根源，同时也为康熙在政治上破除两个民族的隔阂、实行“满汉一视”找到了理论上的依据。康熙的论断一经抛出，便受到满、汉臣工，尤其是汉族官僚士人的积极拥护，有关泰山的地位之争遂告一段落。

延至清朝中期，满族统治者不仅在姿态上，而且在心理上也较多地接受了泰山文化。乾隆皇帝一生十次巡幸泰安，其中六次登临岱顶，创下了帝王登岱

① 赵桂芝：《康熙皇帝东巡朝泰山》，《泰山研究论丛》第三集，第127页。

的最高纪录，所作泰山诗文更是多达一百余篇（首）。他的《重修岱庙记碑》中称："泰岱位长群岳，称宗最古，表望最尊。"又称："维岱大生，秉苍精化醇之气，用克推演鸿厘，绥祚我皇极。"泰山的各座庙庭这时也得到了较大的扩建。乾嘉时期遂成为泰山文化发展的又一高峰期。

第六节 "中华民国"时期

辛亥革命推翻清朝，建立共和体制国家——中华民国。民国时期的泰山历经四个阶段：

一是北洋政府统治时期。民初，北洋内务部先后颁布《管理寺庙条例》和《保存古物暂行办法》，泰山文物古迹暂时得到维护，此后当局重修部分庙宇，泰山西路景区得到初步开发。但不久即爆发军阀混战，泰山附近成为主战场之一，豫鲁战争、北伐战争等均在泰安展开决战。民国十七年（1928年）五月，南京国民政府所统领的北伐军攻克泰安，北洋政府对泰山地区的统治结束。

二是国民政府统治时期。国民革命军进入山东后，一度在泰安建立省政府（后移济南）。以孙良诚为首的省府在驻泰期间，将岱庙辟为市场和公园，先后撤除神像，砸毁石碑，严重破坏了泰山文物。民国王价藩《兵事日记》对当时的情景有明确记载："遥参亭被人抬出神像捣毁，将道士驱逐。……岱庙配天门下大像用巨绳拉倒，两配殿神像抬出。""岱庙四角楼拆毁，峻极殿匾上换字。……炳灵宫大殿拆毁，……告祭碑全行推倒，……抚今追昔，殊可惨目。"尔后发生的中原大战，蒋阎军队争夺泰安，阎锡山军与蒋军马鸿逵部"毁坏古迹、石刻、风景、庙宇不可胜计"。战后，在地方人士的奔走呼吁下，成立了泰山文物管理机构，泰山胜迹得到初步修整，泰安学者赵新儒不辞辛劳，主持"以工代赈"，先后修复岱庙、五贤祠及"中天门至南天门一段"景区，使泰山景区复现旧观。国民党将领冯玉祥寓居泰山期间，倡修大众桥，兴建科学馆，为泰山建设做出了突出贡献。

三是日伪政府统治时期。"七七"事变后，日军南侵山东，泰安于民国二十六年（1937年）底沦陷。泰山学者王亨豫在《茹荠秘记》中记称："岱下经此（日军）浩劫，损失不知凡几，………学校、公寓、庙宇、名胜悉为贼军暴民掠夺拆毁。"日伪在泰山地区施行残酷统治，并乘机掠夺泰山文物，岱庙珍藏的黄瓷葫芦便于此时一度被盗，成为一时公案，徂徕山上众多古迹也毁于日军的"清乡"。

四是三年内战时期。抗战胜利，泰山光复。不久内战再起，泰山附近处于国民党与共产党反复争夺之地区，政区变更不一。内战使泰山再遭浩劫，泰安城周的各处祠宇尽数毁于兵燹，岱庙也成为战区，受损惨重。在历次兵祸中，泰山植被受到严重破坏，1946年，国民党泰兖警备司令宁春霖以燃料不足为借口，对泰山古树大加砍伐，即其一例。至新中国建立前夕，泰山上下森林植被破坏殆尽，众多文物惨遭焚掠，荒山秃岭，疮痍满目，景象之惨实为“自开辟以来所未之有”。

民国时期，人们的泰山观念发生了巨大的变化。近代西方科学的输入，改变了中国人固有的自然观念，延续千年的泰山信仰受到时代的挑战。首先是革命派学者起而对封建统治者所加予泰山的神化加以猛烈抨击，国学大师章太炎致函地理学家张相文，批驳了清廷泰山发脉长白之说：“清主所论，实属妄谈。盖时犹信堪舆之说，欲举中国孔颜诸圣，悉谓之长白山灵所生，以此夸耀我耳。”① 泰安进步学者王连儒在《泰山游览志》中也对统治者利用泰山神道设教、愚弄人民的行径予以揭露：“（泰山）迷信有碍进化”，若玉女修真诸事，“假神教等口吻，助长愚民政策之残焰，虚诞之说，贻误非轻。”对泰山神权的批判逐渐演变成对泰山信仰、泰山文化的全面否定，他们认为泰山为迷信滋生之地、封建毒素集聚之所，与故宫一样，都是封建王朝专制的代表。虽然这时泰山信仰还在部分农村得以保存，但总体来说，已尽失往日的尊荣。

因此，民国成立后，包括泰山祀典在内的自然神崇拜被政府废除，国民党夺取全国政权后，更进一步推行其破除迷信的政策。民国十九年（1930年）四月，国民党中央执行委员会秘书处给各级党部发放了《神祠存废标准》，大规模地进行神祠废止活动。《标准》中列“山川土地之神”称：“五岳四渎：古者天子祭山川社稷之神，山以五岳为尊，川以四渎为大。秦汉以后，帝王封泰山，禅梁父，大都祝其安谧，无为民害。今者地理之学，日有进步，旧日五岳等山，在中国各山中，比之葱岭、天山、阿尔泰山、昆仑山等，已觉渺乎其小。……故五岳四渎，均在废止之列。”② 在以下所列废祀之神名目中，首位便是东岳大帝。这一政令得到广泛的推行，对淡化传统的泰山神信仰起到了重大作用。

---

① 张海珊辑：《章太炎、张相文关于泰山的通信》，《天津师范大学学报》，1984年第1期。

② 《中华民国史档案资料汇编》第五辑第一编《文化》一，江苏古籍出版社，1994年第一版。

第七节　中华人民共和国时期

新中国建立后50年的泰山历史,大致可分为三个阶段:

自1949年10月至1965年为第一阶段。泰山历百年风云,战乱频频,遍体鳞伤,百废待兴。共和国建立伊始,中国共产党和人民政府即把泰山作为重点单位加以保护,建立了泰山管理机构,开展了规模宏大的植树造林活动,泰山名胜古迹也得以陆续维修。特别是1955年后,随着社会经济的复苏,对泰山上下的整修全面展开,经过连续十几年的努力,使泰山初步重现了往日的雄姿。

自1966年至1976年为第二阶段。在"文化大革命"十年中,泰山遭受了空前劫难。此前在"四清"运动中,泰山管理处便以"破旧立新"名义,报请省政府同意,拆除了9处庙宇、95尊神像并捣毁38通碑石。"文革"开始后,泰山管理机构一度被撤销,山林与文物古迹均遭到严重的破坏。如红卫兵砸毁岱庙神像及明清告祭碑多方,各处寺庙匾联题榜悉被焚毁。而就在动荡岁月中,党和国家领导人及一些有识之士仍致力于对泰山的保护,国务院总理周恩来多次就泰山保护做过批示,在一定程度上制止了滥伐林木、乱炸山石和破坏文物的狂潮。1970年恢复设立泰山管理局,逐步加强对泰山的管理与建设,并开展文物普查和保护活动,如将散置各地的碑刻集中移存岱庙,拆除陈列于岱庙大殿内的展览,一些重要古建筑陆续修缮。

自1977至2001年为第三阶段。改革开放以来,泰山的保护、建设等工作日益引起各级政府的高度重视,为此政府改革了管理体制,把泰山纳入了统一管理的轨道,投入了大量的人力、物力和财力,进行了一系列的保护与建设,使泰山面貌比历史上任何一个时期都更加壮丽、更加辉煌!

第三章　泰山封禅

“封禅”一词,始见于《史记》。《史记》中的《封禅书》和《齐太公世家》都有“封禅”事。《封禅书》说《管子》一书中有《封禅篇》,然检今本《管子》却并无此篇。或许司马迁父子曾见《管子》中有《封禅篇》,后在流传中亡佚。此外,司马相如有《封禅文》。据史料推测,《封禅文》的写作时间当在《封禅书》之前。两篇文章中,《封禅文》简约,《封禅书》详赡。这两篇文字是中国古代典籍中保留下来的最早的封禅著述。据《史记·封禅书》载,秦之前有七十二帝封禅,而司马迁所引亦不过十二帝,且语焉不详。但自秦以后,据正史所载,秦汉唐宋皆有帝王封禅。明清两代,虽不称封禅,然帝王亦礼祀泰山,或遣官员代祭,或亲自登山拜祭,不断地给泰山带来“轰动效应”,使泰山名震遐迩。

第一节　封禅的起因

作为一种祭祀仪式,封禅是中国古代帝王在五岳中的嵩山和泰山上举行的祭祀天地神祇的一种宗教式的活动,其中以在泰山举行的封禅仪式次数最多,影响最大。唐代张守节在为《史记·封禅书》所作解释中,对“封禅”一词的含义做了简要的解释。他说:

> 在泰山上筑土为坛以祭天,报天之功,故曰“封”。在泰山下小山上除地,报地之功,故曰“禅”。言“禅”者,神之也。《白虎通》云:“或曰封者,金泥银绳,或曰石泥金绳,封之印玺也。”《五经通义》云:“易姓而王,致太平,必封泰山禅梁父,何? 天命以为王,使理群生,告太平于天,报群神之功。”

张守节的解释点明了两个问题:一是封禅的方式,即在泰山上祭天和在泰山下小山上祭地;二是封禅的目的,乃“报天之功”、“报地之功”。而且张守节还引用了《五经通义》“天命以为王,使理群生,告太平于天,报群神之功”作为他封禅目的论的证据。从社会历史的角度看，强调封禅目的的二重性是合理的，因为历代帝王特别是有成就的帝王，他们的政治目的性是十分强烈的，他们的行为大多带有鲜明的政治色彩。所以，张守节和《五经通义》的作者在阐释封禅目的时，既注意了崇拜与迷信的一面，也重视了帝王行为的政治功利性的一面。至于《白虎通》所言"金泥银绳"和"石泥金绳"、"封之印玺"等，也只能是封禅仪式中一个局部性的道具而已。相传秦皇、汉武都搞过"玉检金泥"之类的东西，后来，唐代高宗、玄宗也都有玉牒文，即将文字刻在玉片上，装在石匣中埋于地下。将此类个别用品称为"封禅"之"封"，大抵只能聊备一说，因为这种解释和"禅"无法关联。因此，就整体而言，张守节的解释大体符合历代封禅的实际。

泰山封禅是一项规模盛大的祭祀典礼，其隆重程度甚至超过了历代帝王的登基仪式。任何一位皇帝都有即位登基的仪式，但并不是每位皇帝都可以在泰山举行封禅典礼。按照司马迁的说法，自古帝王即位都想上泰山封禅，然而想封禅是一回事，能否封禅则是另一回事，因为封禅尚需具备一定的条件，按《史记·封禅书》的说法就是：

每世之隆，则封禅答焉，及衰而息。

由此可见，帝王要上泰山封禅，一定要有突出的政绩。当然，政绩不在主观的夸饰，而在于客观的认可。因为封禅是盛世明时的标志，历来为政治家所注目。秦始皇封禅是在兼并六国之后，汉武帝则是结束了有汉以来七十年的边患，唐高宗有"永徽之治"，唐玄宗有"开元之治"，等等。一句话，封禅须有成功可以敬告上苍，有德政可以宣扬于天下。

令人困扰的是司马迁在《封禅书》中还提出了"符瑞"这一条件。这种说法有迷信之嫌，但也是封建政治的变相表现，是将社会政治神秘化了的说法。中国古代思想史上一直有"天人感应"的说法，认为人的社会行为和自然天象有着某种神秘的联系，天象是人世盛衰的表征，因此封建社会修史书，都要记载天象。按照这一理论，人间社会政通人和，天象即呈太平景象，风调雨顺、五谷丰登。"一禾数穗"、"海晏河清"之类的现象，则被视为是天对人间盛世的肯定性表达，乃祥瑞之兆；若社会政治昏暗腐败，人民不堪其苦，社会则呈衰败景象，上天则以异常灾难的天象以示惩戒，如暴雷淫雨、山崩地裂等。按古人的说法就是"国家将兴，必有祯祥；国家将亡，必有妖孽"①。其实细加考证，"祯祥"和"妖孽"都没有质的规定性，因此"天人感应"说在理论和实际之间就呈现出极复杂

① 《中庸》第 24 章。

的情况。司马迁所说的“符瑞”以及后世帝王封禅时所指陈的“祥瑞”，有的与人类社会政治状态相关，例如吏治腐败、肆意妄为、违背规律导致的人为的自然灾难；有的则与人类社会政治状态无关，例如地震、干旱、暴风雨等纯自然现象等。不过，司马迁所指的“符瑞”，实际上是要求帝王创造政治实绩，也起到了制约帝王实行善政的作用。因为按照“天人感应”学说，只有帝王贤明才能天下太平，只有天下太平才会有“符瑞”出现。

第二节　秦汉封禅

中国古代正史有确切记载、泰山有文物可寻的最早的泰山封禅，当推秦始皇嬴政。在秦汉两代中，影响深远的泰山封禅是秦始皇、西汉武帝和东汉光武帝。东汉的章帝和安帝虽也东巡泰山，举行了祭祀活动，也称封禅，但其影响远不能与秦皇汉武相比。

据《史记》载，秦始皇帝嬴政（公元前259年—公元前210年）灭六国，建立统一封建帝国时，秦的疆域“地东至海暨朝鲜，西至临洮、羌中，南至北向户，北据河为塞，并阴山至辽东”。

由于秦王朝建立在灭亡东方六国的基础之上，因此秦始皇始终对东方的大片土地不很放心，一生都在关注着东方问题。他从公元前219年开始东巡，第一件事就是封禅泰山：

> 二十八年，始皇东行郡县，上邹峄山。立石，与鲁诸生议，刻石颂秦德，议封禅望祭山川之事。乃遂上泰山，立石，封，祠祀。下，风雨暴至，休于树下，因封其树为五大夫。禅梁父。刻所立石。①

> 即帝位三年，东巡郡县，祠邹峄山，颂秦功业。于是征从齐鲁之儒生博士七十人，至乎泰山下。诸儒生或议曰：“古者封禅为蒲车，恶伤山之土石草木；扫地而祭，席用葅秸，言其易遵也。”始皇闻此议各乖异，难施用，由此绌儒生。而遂除车道，上自泰山阳至颠，立石颂秦始皇帝德，明其得封也。从阴道下，禅于梁父。其礼颇采太祝之祀雍上帝所用，而封藏皆秘之，世不得而记也。

① 司马迁：《史记·秦始皇本纪》。

始皇之上泰山，中阪遇暴风雨，休于大树下。诸儒生既绌，不得与用于封事之礼，闻始皇遇风雨，则讥之。[1]

这是我们目前所能见到的最早的关于秦始皇封禅泰山的权威性记载。但是，这两段材料又给我们留下了一些疑窦。首先，秦始皇上、下泰山的路线不清楚。按《封禅书》所言是阳上阴下，即从山南上山，从山北下山。《秦始皇本纪》则不说上、下路线。如果《封禅书》正确，则"上泰山，中阪遇暴风雨"，"休于大树下"的大树在山之南。那么，《本纪》中的"下，风雨暴至，休于树下，因封其树为五大夫"中的树，则当在泰山之北。然而，历代记载的"秦松挺秀"皆在泰山之南，"树"也成为"松"。如此，《封禅书》和《本纪》在秦始皇上泰山的线路上，必有一误。较大的可能是，《本纪》中的"下，风雨暴至"之"下"乃后世误刻。其次，"立石"也语焉不详。按，《本纪》将"立石"和"刻所立石"分写，甚至"刻所立石"一句在禅梁父后，很容易被读者认为在泰山"立石"，而在梁父山"刻所立石"。而按《封禅书》，"上自泰山阳至颠，立石颂秦皇帝德，明其得封也"，则当是在山顶立石刻字。那么，秦始皇是在泰山上既立石又刻石呢，还是立石和刻石是一回事？有趣的是，今泰山上既有立石（即无字碑，传为秦始皇所立），又有刻石（即秦刻石，已废，今人据拓本重刻）。

顾炎武在《日知录·泰山立石》中说：

岳顶无字碑，世传为秦始皇立。按，秦碑在玉女池上，李斯篆书，高不过五尺，而铭文并二世诏书咸具。不当又立此大碑也。考之宋以前，亦无此说。因取《史记》反复读之，知为汉武帝所立也。《史记·秦始皇本纪》云："上泰山，立石，封，祠祀。"其下云："刻所立石"。是秦石有文字之证。今李斯碑是也。《封禅书》云："东上泰山，泰山之草木叶未生，乃令人上石立之泰山巅。上（按，汉武帝刘彻）遂东巡海上。……四月，还至奉高"，上泰山封，而不言刻石。是汉石无文字之证。今碑是也。《续汉书·祭祀志》亦云："上东上泰山，乃上石立之泰山巅。"然则，此无字碑明为汉武帝所立，而后世之不读史者，误以为秦耳。

顾炎武的推论颇有说服力。他还在同书中从秦始皇东巡刻石的体制和史家文字之严密，进一步证明泰山极顶之无字碑非秦物，而是汉物：

始皇刻石之处凡六，《史记》书之甚明。于邹峄山，则上云"立石"，下云"刻石颂秦德"；于泰山，则上云"立石"，下云"刻所立石"；于之罘，则二十八

① 司马迁：《史记·封禅书》。

年云"立石",二十九年云"刻石";于瑯琊,则云"立石,刻颂秦德";于会稽,则云"立石,刻颂秦德",无不先言"立",后言"刻"者。惟于碣石,则云"刻碣石门也"。门自是石,不须"立"也。古人作史,文字之密如此。使秦始皇别立此石,秦史焉得不记?使汉武有刻石,汉史又安敢不录乎?

《史记》一书所载东巡刻石共7块,实际收文6则:

泰山刻石

琅琊刻石

之罘刻石

(附《东观》一则)

碣石门刻石

会稽刻石

泰山刻石辞如下:

皇帝临位,作制明法,臣下修饬。廿有六年,初并天下,罔不宾服。亲巡远方黎民,登兹泰山,周览东极。从臣思迹,本原事业,祗诵功德。治道运行,诸产得宜,皆有法式。大义休明,垂于后世,顺乘勿革。皇帝躬圣,既平天下,不懈于治。夙兴夜寐,建设长利,专隆教诲。训经宣达,远近毕理,咸乘圣志。贵贱分明,男女礼顺,慎遵职事。昭隔内外,靡不清净,施于后嗣。化及无穷,遵奉遗诏,永承重戒。[①]

刻辞的政治性很强,是秦始皇的政治文告。秦始皇十分崇信法家学说,他以为,充足的军队加上他的政治文告,天下臣民将会"罔不宾服",只要"大义休明,垂于后世,顺乘勿革",就一定能"化及无穷",长治久安。他不断东巡视察,不断发布永久性的政治文告,就是为了消除东南的"天子气",确保秦氏王朝太平。相传秦始皇东巡到今南京附近时,人称南京以南之稼陵关有"天子气",便下令掘地开沟予以破除。

在意识形态上,秦始皇确有令人遗憾的地方。《汉书·郊祀志》说:"齐人邹子之徒,论著终始五德之运,始皇采用。"五德说和五行说是一致的,所谓"五德终始",就是五行之德终始相递传。五行说,又称"阴阳五行",是战国时期的一个哲学学派,其代表人物是邹衍。《史记·孟子荀卿列传》介绍邹衍及其学说,称:

邹衍睹有国者益淫侈,不能尚德,若《大雅》整之于身,施及黎庶矣。乃

① 司马迁:《史记·秦始皇本纪》。

深观阴阳消息而作怪迂之变,《终始》、《大圣》之篇十余万言。其语闳大不经,必先验小物,推而大之,至于无垠。先序今以上至黄帝,学者所共术,大并世盛衰,因载其吉祥度制,推而远之,至天地未生,窈冥不可考而原也。先列中国名山大川,通谷禽兽,水土所殖,物类所珍,因而推之,及海外人之所不能睹。称引天地剖判以来,五德转移,治各有宜,而符应若兹。

这一段记载最为重要的两句话是:“深观明阳消息而作怪迂之变”,“称引天地剖判以来,五德转移,治各有宜。”古人认为,阴阳是事物正反两个方面,向日为阳,背日为阴,暖为阳,冷为阴,因此阴阳是一对哲学范畴。阴阳的集合、消长形成事物的发生、发展和变化。阴阳之说,又充实以五行。所谓五行,就是金、木、水、火、土。中国古代流传五行相生相克观念,说“木生火,火生土,土生金,金生水,水生木”,“水克火,火克金,金克木,木克土,土克水”。相生相克说明事物之间的关系,或相互促进,或相互排斥。所谓五德,就是金、木、水、火、土。这一派学人将阴阳五行和人类社会政治伦理联系在一起,金德、木德、水德、火德、土德不仅周而复始地转移,而且是一个王朝运作的特殊标志,将神秘的天人合一或神道设教搞到政治生活中来。秦始皇“推始终五德之传”,说周朝是火德,秦代周,自然是水德,因为按五行说,水克火。于是改十月为正月,因为从十月开始为冬季,冬是水的标志。此外,旗旄尚黑,黑是水的标志。水主阴,阴则刑杀,所以“刻削毋仁恩和义”,才合乎水德的要求。凡此等等,说明秦始皇虽然崇尚着法家学说,但内心深处却又深刻地受着“天人感应”、“神道设教”等迷信思想的影响。

秦始皇的东巡和封禅,除了前边阐述的社会政治因素而外,还包括迷信的因素。《秦始皇本纪》云:

既已,齐人徐市等上书,言海中有三神仙,名曰蓬莱、方丈、瀛洲,仙人居之。请得斋戒,与童男女求之。于是遣徐市发童男女数千人,入海求仙人。

卢生说秦始皇曰:“臣等求芝奇药仙者常弗遇,类物有害之者。方中,人主时为微行以辟恶鬼,恶鬼辟,真人至。人主所居而人臣知之,则害于神。真人者,入水不濡,入火不爇,陵云气,与天地久长。今上治天下,未能恬倓。愿上所居宫毋令人知,然后不死之药殆可得也。”于是始皇曰:“吾慕真人,自谓‘真人’,不称‘朕’。”

这两条记载说明了秦始皇的精神状态。就个人而言,秦始皇在建立统一政权之后,个人欲望膨胀,精神状态开始转变。享乐、长生、权势等要求越来越强烈，甚至到了变态的地步。他派徐市去求仙，派卢生求不死之药，就是这种变态心理的反映。另外，秦始皇还为求仙、求长生做了很多极荒唐的事。当卢生等人说“人主所居而人臣知之，则害于神”和“愿上所居宫毋令人知，然后不死之药殆可得”的话后，他居然宣布有言其住处者“死罪”。一次，他在东巡中对丞相车从过多表示不满，第二天发现丞相减少了车从。秦始皇顿生疑窦，以为“此中人泄吾语”，将当时在旁的人统统杀掉。可见他欲做“真人”和求不死之药到了何等疯狂的地步。就社会环境而言，神仙迷信之说由来已久。西周末年，就有成仙之说，前文引述的徐市、卢生以及见于史书的韩终、侯公、石生等，皆以求仙、求不死之药以干谒帝王，倘非当时社会迷信之风盛行，焉能有此等现象？《史记》说秦始皇封禅泰山时“封藏皆秘之，世不得而已”，或许就是秦始皇有求长寿成仙之请，故而如此。

总之，秦始皇封禅泰山，主要是当时政治的需要。他东巡的目的是维护政权的统一，当然也包含着消除东方人民反抗情绪的动机。可以说，他终身的憾事是没有正确地解决东方问题。为他殉葬的兵马俑面向东方，严阵以待，可见东方问题是他死不瞑目的情结。秦始皇尚不懂得，以武力得天下后，须以文治继之，一味实行严刑峻法，将武力攻伐延长为治国之道是难以长久的；秦始皇更不懂得，个人的欲望和消费必须与社会和百姓的承载力相适应，穷奢极欲、残民以逞必然导致社会的动荡和政权的崩溃；秦始皇也不明白，六国的灭亡、统一大帝国的形成是一次社会结构的大改变，大变动必伴之大稳定。质言之，要变动六国政权，必须稳定六国人民，否则，不加区别，将六国的政治力量和六国的生产力量一起改变，社会必然陷入动荡和混乱。因此，秦始皇不在政策上加以调整和部署，而企图以政治文告宣扬自身功德和神道设教的封禅来解决社会问题，只能是缘木求鱼，毫无结果。秦立国仅 12 年即在农民起义的怒涛中灭亡，绝非偶然。当然，他封禅泰山，不仅留下了李斯小篆碑让后人赞赏，留下了五大夫的遗迹让人流连忘返、发怀古之幽情，更为重要的是，他开创了有正史记载的帝王封禅泰山的先河，使后世有名望的帝王对泰山咸心向往之，将泰山正式引入帝王生活的政治圈，在历代王朝的历史上起到了不大不小的作用，留下了引人注目的一页，使泰山的名望随着历史的发展而发展，随着历史的绵延而绵延！

汉武帝刘彻(公元前 156 年—公元前 87 年)，西汉第六位皇帝。公元前 140 年即帝位，时年 17 岁。在位 54 年，史家有“雄才大略”之誉。

据《史记·孝武本纪》说，汉武帝甫一即位，即有人主张封禅，以为“天下乂安”，可以通过封禅来改正一下国家的制度。汉武帝好儒术，通过赵绾、王臧等人的议论，准备立明堂朝见诸侯，并且起草巡狩、封禅、改历法、服色等制度。但是，此时汉武帝尚年轻，窦太后还掌握着部分权力，而窦太后不喜儒术，崇尚黄老，因此对赵绾、王臧不满，结果赵、王二人自杀，封禅之事被搁置。本来，喜儒尚老是一个意识形态问题，但在政治圈内，意识形态常常被认为是政治问题。到了元狩元年(公元前122年)，济北王以为汉武帝要封禅，上书献泰山及其附近地域，汉武帝接受，并以其他地方偿还济北王。汉武帝正式封禅泰山，是在元封元年(公元前110年)。正式封禅之前，君臣之间有一番议论，《汉书·郊祀志》有所记载：

自得宝鼎，上与公卿诸生议封禅。封禅用希旷绝，莫知其仪体，而群儒采封禅《尚书》、《周官》、《王制》之望祀射牛事。齐人丁公年九十余，曰："封禅者，古不死之名也。秦皇帝不得上封。陛下必欲上，稍上即无风雨，遂上封矣。"上于是乃令诸儒习射牛，草封禅仪。数年，至且行。天子既闻公孙卿及方士之言，黄帝以上封禅皆致怪物与神通，欲放黄帝以接神人蓬莱，高世比德于九皇，而颇采儒术以文之，群儒既已不能辩明封禅事，又拘于《诗》《书》古文而不敢骋。上为封祠器示群儒，群儒或曰"不与古同"，徐偃又曰"太常诸生行礼不如鲁善"，周霸属图封事，于是上黜偃、霸，而尽罢诸儒弗用。

由引文可知，所谓封禅，就是一个不规则的活动，历史上既无成说可循，现实中又众说纷纭、莫衷一是。唯一的办法是自行其是。汉武帝刘彻在元封元年三月，东幸河南，登中岳嵩山，随从人员称，在山上听到有喊"万岁"的声音。"问上，上不言；问下，下不言"，算是大家默认。汉武帝以此为祥瑞，下令："祠官加增太室祠，禁毋伐其山木，以山下户凡三百封嵩高，为之奉邑。"于是，他兴致勃勃，东上泰山。到达泰山时，泰山草木未生，他就派人上石立泰山之巅，自己去巡行东海。到四月，他方返回泰山举行封禅仪式。关于汉武帝的封禅经过，《汉书·郊祀志》有简要叙述：

四月，还至奉高。上念诸儒及方士言封禅人殊，不经，难施行。天子至梁父，礼祠地主。至乙卯，令侍中儒者及皮弁缙绅，射牛行事。封泰山下东方，如郊祠泰一之礼。封广丈二尺，高九尺，其下则有玉牒书，书秘。礼毕，天子独与侍中奉车子侯上泰山，亦有封。其事皆禁。明日，下阴道。丙辰，禅泰山下址东北肃然山，如祭后土礼。天子皆亲拜见，衣上黄而尽用乐焉。江淮间一茅三脊为神藉。五色土益杂封。纵远方奇兽飞禽及白雉诸物，颇以加祠。兕牛象犀之属不用。皆至泰山，然后去。封禅祠，其夜若有光，昼有白云出封中。

从这一段记事中，我们得知如下信息：祭祀泰山，有“射牛行事”，“衣上黄而尽用乐”，以“江淮间一茅三脊为神藉”，用“五色土益杂封”，“纵远方奇兽飞禽及白雉”。与《史记》记秦始皇封禅相比，《汉书》要具体得多。《郊祀志》还提到“玉牒书”，可能是在玉石片上刻祷辞。因为事出诡秘，故不公开宣布。奉车子侯，就是霍去病的儿子霍嬗，汉武帝特别赏识年轻的将领霍去病。霍去病死后，汉武帝又看重霍去病的儿子霍嬗。史称“上爱之，幸其壮而将之”。嬗字子侯，后为奉车都尉，从封泰山。遗憾的是，从封泰山之后，霍嬗随汉武帝去东海寻蓬莱诸神，暴病而死。

汉武帝封禅泰山还有几件事值得记述：

第一，东封泰山，下令改元，更年号为元封。汉武帝从即位起，建号为“建元”，至“元封”共6个年号，每个年号皆6年。“元封”的“封”，自然是封禅的标志。需要指出的是，本年的封禅，汉武帝刘彻两到泰山，一次是三月，当时泰山草木未萌，于是派人在泰山“立石”，自己却东巡海上。到四月，泰山草木一派生机，他方回到泰山举行封禅。有人说刘彻九到泰山。依《汉书·武帝纪》，按年份，应为八次，将本年视为一次。他两到泰山，封禅一次而已。

第二，东封泰山，令诸侯在泰山建房舍。汉武帝说：“古者天子五载一巡狩，用事泰山，诸侯有朝宿地。其令诸侯各治邸泰山下。”将汉代有封爵的人和泰山联系在一起，增加了泰山的影响。是所谓地以人名，人以地名。

第三，在泰山筑明堂。明堂是古代天子朝见大臣、议论政事的地方。原来泰山下有明堂，汉武帝嫌其不敞，重建。这在当时，被认为是重大事件：

> 初，天子封泰山，泰山东北址古时有明堂处，处险不敞。上欲治明堂奉高旁，未晓其制度。济南人公王带上黄帝时明堂图。明堂中有一殿，四面无壁，以茅盖，通水，水环宫垣，为复道，上有楼，从西南入，名曰昆仑。天子从之入，以拜祀上帝焉。于是上令奉高作明堂汶上，如带图。及是岁修封，则祠泰一、五帝于明堂上坐，合高皇帝祠坐对之。祠后土于下房，以二十太牢。天子从昆仑道入，始拜明堂如郊礼。毕，燎堂下。而上又上泰山，自有秘祠其颠。而泰山下祠五帝，各如其方，黄帝并赤帝所，有司侍祠焉。山上举火，下悉应之。①

检《汉书·孝武本纪》，修建明堂是在元封二年第二次封禅泰山时。

---

① 班固：《汉书·郊祀志》。

从元封元年至武帝去世前两年，短短22年间，汉武帝到泰山举行封禅、祭祀达八次，平均不足三年一次，实在引人注目。

武帝热衷封禅泰山，一个重要的原因是他"尤敬鬼神之祀"。汉王朝自其开国皇帝刘邦起即擅长以鬼神之事造势，这在《高祖本纪》里有许多滑稽的记载。汉武在这一点上可谓继承了他祖上的"优良"传统，不仅广罗天下方士，大造柏梁台、铜柱、承露仙人掌等，欲求不老长生之术，而且迷恋仙家，热衷祭祀鬼神，就连据说病死后曾经向妯娌显灵的普通女子也作为女神加以祭祀。如果说刘邦之事大多是为神化其本人而编造的故事，汉武却是实实在在地迷信鬼神。这从绍翁召李夫人事以及他从巫言中祛病一事可以得到印证。检索《史记》和《汉书》，汉武此类"鬼神之祀"实在书不胜书，可以说，武帝是一位宗教迷信的虔诚信奉者。他封禅泰山，是否有个人秘请的因素，史无明文，不好妄加猜测，但其中带有浓重的原始宗教迷信色彩却是实情。

汉武帝封禅泰山和战争也存在着某种关系。封禅刻石，也就是说举行一定的祭祀天地神祇的仪式并刻石纪念，似乎是秦始皇以来的一种社会习尚。元狩四年(公元前119年)，卫青、霍去病击败匈奴后，霍去病就曾"封狼居胥山，禅于姑衍"。汉武帝即位三十年后始封禅泰山，这三十年里他的主要精力放在边境上，却匈奴、通西域、结好西南，是他的主要功绩，确乎功盖开国之君。元鼎元年(公元前116年)，汉武帝于汾水得宝鼎，随后大臣们议论封禅，齐人公孙卿认为武帝得宝鼎与古代黄帝得宝鼎是一样的祥瑞，而黄帝封禅的方式乃是"黄帝且战且学仙"，这对尤敬鬼神的武帝来说无疑有着极大的影响。因此，就在元封元年，汉武帝封禅泰山的当年，他下诏书云："南越、东瓯咸伏其辜，西蛮北夷颇未辑睦，朕将巡边陲，择兵振旅，躬秉武节，置十二部将军，亲帅师焉。"随后，他亲自勒兵18万骑，旌旗经千余里，自云阳，经上郡、西河、五原，出长城，北登禅于台，至朔方，临北河，威震匈奴。

汉武帝在封禅泰山的仪式结束之后，发表了文告：

> 朕以眇身承至尊，兢兢焉惟德菲薄，不明于礼乐，故用事八神，遭天地况施，著见景象，屑然如有闻。震于怪物，欲止不敢，遂登封泰山，至于梁父，然后升禮肃然。自新，嘉与士大夫更始，其以十月为元封元年。行所巡至，博、奉高、蛇丘、历城、梁父，民田租逋赋贷，已除。加年七十以上孤寡帛，人二匹。四县无出今年算。赐天下民爵一级，女子百户牛酒。①

① 班固：《汉书·武帝纪》。

汉武帝的封禅诏书和秦始皇的泰山刻辞相比，始皇态度严厉，以为以至高无上的权威告示臣民，迫使臣民遵循秦王朝的法律制度，就会天下太平。武帝的态度则与始皇相反，他以一种谦虚、虔诚的态度，小心翼翼地说明心迹，表示自己将努力自新，以求更好的未来，并且向人民遍施恩泽。秦汉两朝之所以有这种区别，是因为秦亡之后，汉代许多政治家、思想家都曾经研究过秦失败的教训，结论是秦威严过苛、仁义不施之故[①]，所以汉代统治者接受教训，以谦恭仁义的态度对待臣民。这个变化富有戏剧性，但也富于启迪性。

东汉光武帝刘秀（公元前6年—公元57年），字文叔，南阳蔡阳（今湖北省枣阳县西南）人，史称“高祖九世之孙”。他经历数代，由嫡系转而为旁系，只能说是西汉王朝的宗室。他是东汉的第一位皇帝，以维护刘氏皇权正统起家，也以维持刘氏正统而即帝位，又以维护刘氏正统而终。总其一生，他生于末世，以种种权术平乱世，兴一统，以旁系而继嫡系正统，也算得上政治圈中善于纵横捭阖的人物。

光武帝建立政权之后，确也做过一些有益于社会的事。一是曾九次下令释放奴婢并禁止杀害奴婢；二是减轻赋税，由十税其一改为三十税一；三是安定边陲，他善于使用优秀将领，对化解西北和西南边境的军事纷争、维护一统的局面起了积极作用。

刘秀封禅泰山有一个戏剧性的变化。据《后汉书·张纯传》记载，建武三十年（公元54年），张纯曾建议光武帝封禅泰山：

> 自古受命而帝，治世之隆，必有封禅，以告成功焉。《乐动声仪》曰：“以《雅》治人，《风》成于《颂》。”有周之盛，成康之间，郊配封禅，皆可见也。《书》曰“岁二月，东巡狩，至于岱宗，柴”，则封禅之义也。臣伏见陛下受中兴之命，平海内之乱，修复祖宗，抚存万姓，天下旷然，咸蒙更生，恩德云行，惠泽雨施，黎元安宁，夷狄慕义。《诗》云：“受天之祜，四方来贺。”今摄提之岁，苍龙甲寅，德在东宫。宜及嘉时，遵唐帝之典，继孝武之业，以二月东巡狩，封于岱宗，明中兴，勒功勋，复祖统，报天神，禅梁父，祀地祇，传祚子孙，万世之基也。

张纯的奏折，较之秦皇汉武以来的儒生之论，更具有政治伦理价值。首先，他提出“治世之隆，必有封禅，以告成功”的命题。秦始皇刻石是对臣下、百姓而言，是告民书，不是告天书；武帝的封禅诏书，也是对臣下说的，虽然有对天说话

① 贾谊：《过秦论》。

的含意，但意在检讨，而不是“告成功”。张纯以为，封禅虽然是“告成功于天”，但对人世之治有极大的益处。他引《乐动声仪》的“《雅》治人，《风》成于《颂》”作为证据。因此，他要求光武帝“告成功于天”。既然“告成功于天”，那就应该有“成”、有“功”。于是，张纯提出第二点，即光武帝的“成”与“功”。“受中兴之命”是说刘秀振兴汉王朝，维持汉王朝刘姓血统。这种正统观念在当时很有影响。光武帝在王莽改制和群雄纷争的条件下，完成一统大业，又兼承刘家正统，自然被人视为英雄。所以，“受中兴之命”必然与“平海内之乱”和“修复祖宗”相联系。至于“抚存万姓，天下旷然”，则是说刘秀治世有方，于人民有恩德。两者相加，他自然有“成”、有“功”。但更为重要的是，张纯提出了皇位继承问题，所谓“今摄提之岁，苍龙甲寅，德在东宫”，就是太子问题。一般说来，古代太子居东宫。据《尔雅》，太岁在寅日摄提格。建武三十年，太岁在东，所以说“德在东宫”。张纯以为，趁着这个时候，就光武帝本人而言，是“明中兴，勒功勋，复祖统，报天神”的大好机会；就光武帝的下一代而言，是“祀地祇，传祚子孙，万世之基”的政治准备。可以说是两全其美、完美无缺。但是，张纯万万没有想到，光武帝却拒绝了他及其同僚们的建议。刘秀说：

> 即位三十年，百姓怨气满腹，吾谁欺，欺天乎？曾谓泰山不如林放，何事污七十二代之编录！桓公欲封，管仲非之。若郡县远遣吏上寿，盛称虚美，必髡，兼令屯田。①

光武帝刘秀的断然拒绝，实出张纯等人意料。个中原因倒不是刘秀有什么自知之明，而是内心中有难以言说的隐衷。建武三十年，刘秀已57岁，是死前四年，衰老的征兆应该昭然可见。而大臣们说“今摄提之岁，苍龙甲寅，德在东宫”，岂不有点犯讳？因此，上泰山封禅只有改日再行。这个推理是有根据的。刘秀在否决了张纯及大臣们的封禅建议后，立即东巡幸鲁，“过泰山，告太守以上过故，承诏祭山及梁父。”这其间的复杂心态，是完全可以理解的。57岁的刘秀虽有衰老的征兆，但还没有死亡的威胁，两年之后，大约真的到了必须安排后事的时候，他才开始想到泰山封禅。

由于刘秀以坚决的态度驳回了张纯等人的意见，因此不会再有人冒受割发和劳改的风险来建议封禅了。因此，光武帝不得不亲自下手寻找封禅的理由：

> 三十二年正月，上斋，夜读《河图会昌符》，曰“赤刘之九，会命岱宗。不慎克用，何益于承。诚善用之，奸伪不萌”。感此文，乃诏松等复案索《河》、

---

① 范晔：《后汉书·祭祀志》。

《洛》谶文言九世封禅事者。松等列奏，乃许焉。[1]

我们说过，谶纬是符咒式的预言迷信，是好事者编造出来欺骗社会舆论以达到某种目的的手段。《河图会昌符》显然是这一类的书。"赤刘之九"，指的就是刘秀。按汉代传说，刘邦是赤帝子化身，赤刘，即刘邦。刘秀说是刘邦的九世孙，"赤刘之九"，显然即刘邦九世孙刘秀。这个符咒的整体之意是刘秀应该上泰山封禅，如不利用这个机会，则于皇位继承无益。若能认真利用，一切奸谋都可以防止。由此可见，刘秀上泰山封禅，是和他维护刘氏正统的牢固性密切相关的。

中元元年正月二十八日，刘秀的车驾从洛阳出发，二月九日到达山东曲阜，十一日从曲阜出发，十二日到达泰山奉高。刘秀来泰山封禅，随从的贵族、官员甚多。大家在山下斋戒的同时，也做好了封禅的准备：增加山上庙观中的道士，准备石刻，安置封禅坛。关于封禅石料，梁松（光武帝女婿，任黄门郎）有一个长长的账单子，刘秀以为"用石功难"，梁松不同意，坚持用新开的石料。据马第伯《封禅仪记》说，石料计有：

石二枚，状博平，圆九尺，此坛上石也。其一石，武帝时石也。时用五车不能上也，因置山下为屋，号五车石。四维距石长丈二尺，广二尺，厚尺半所，四枚。检石长三尺，广六寸，状如封箧。长检十枚。一纪号石，高丈二尺，广三尺，厚二寸，名曰立石。一枚，刻文字，纪功德。[2]

这些是马第伯亲自观察到的封禅用的石料。记下这些东西，目的是让后人了解封禅坛和封禅过程的某些形式。细读历代的封禅议论，各代对于封禅祭坛的体制格式众说纷纭，而我们今天又见不到一个完整的遗物和图式，因而只能望书兴叹。

刘秀和他的大臣们经过认真的准备和虔诚的斋戒之后，终于开始举行封禅大典。这次封禅的仪式先在山下，后在山上，颇为别致。《后汉书·祭祀志》有简要的记载：

二十二日辛卯晨，燎祭天于泰山下南方，群神皆从，用乐如南郊。诸王、王者后二公、孔子后褒成君，皆助祭位事也。事毕，将升封。或曰："泰山虽已从食于柴祭，今亲升告功，宜有礼祭。"于是使谒者以一特牲于常祠泰山处，告祠泰山，如亲耕、貙刘、先祠、先农、先虞故事。至食时，御辇升山，日

① 范晔：《后汉书·祭祀志》。

② 范晔：《后汉书·祭祀志》。

中后到山上更衣，早晡时即位于坛，北面。群臣以次陈后，西上，毕位升坛。尚书令奉玉牒检，皇帝以寸二分玺亲封之，讫，太常命人发坛上石，尚书令藏玉牒已，复石覆讫，尚书令以五寸印封石检。事毕，皇帝再拜，群臣称万岁。命人立所刻石碑，乃复道下。

鉴于秦始皇、汉武帝在泰山上封禅的仪式皆秘而不闻，史书失于记载。光武帝刘秀上泰山，随从大大增多，其仪式在史书中有所记载，使我们得窥大概。其一，在山下"燎祭"，其仪式如皇帝通常举行的郊祀；其二，上山之前用"一特牲"(古代用一牛或一猪祭祀)告祠泰山；其三，登山祭祀，更衣，升坛，尚书奉玉牒，皇帝亲封，发坛石，藏玉牒，覆盖，封石检；其四，礼成，皇帝再拜，群臣称万岁；其五，立刻石碑。这其中，最关键的事物是石检、玉牒。所谓石检，大概就是石函，可放玉牒。所谓玉牒，大概就是玉石薄片，上刻皇帝祈祷文字，后世称玉牒文。玉牒放在石检中，封好埋藏于山顶祭坛之中。后世人所说的"玉检金泥"中的"金泥"当是封糊石检盖口的东西。这一段文字是记载封禅仪式中超过秦皇汉武的地方。

光武帝刘秀封禅泰山亦有刻石文。其中收录了多条谶纬文，这些文字十分粗糙，大概是文化水平不高的方士所编。有趣的是，文化层次很高的东汉王朝却广为搜集，奉为经典，并将其镌刻在纪念封禅大典的石碑上！这些符咒式的语言，内容不外宣扬刘秀是刘汉王朝的正统。所谓封禅泰山，亦只不过确认这个传统而已！

随后，光武帝在封禅泰山刻石文中叙述西汉末年的社会危机。在西汉政权被王莽篡夺，统治被破坏，连祖宗也不能被祭祀的情况下，刘秀以天下为己任，以光复汉统为己任，毅然起兵，平息天下叛乱，恢复汉统，实现了天下统一的局面：

王莽以舅后之家，三司鼎足冢宰之权势，依托周公、霍光辅幼归政之义，遂以篡叛，僭号自立。宗庙堕坏，社稷丧亡，不得血食，十有八年。杨、徐、青三州首乱，兵革横行，延及荆州，豪杰并兼，百里屯聚，往往僭号。北夷作寇，千里无烟，无鸡鸣狗吠之声。皇天睠顾皇帝，以匹庶受命中兴，年二十八载兴兵，以次诛讨，十有余年，罪人斯得。黎庶得居尔田，安尔宅。书同文，车同轨，人同伦。舟舆所通，人迹所至，靡不贡职。建明堂，立辟雍，起灵台，设庠序。同律、度、量、衡。修五礼，五玉，三帛，二牲，一死，贽。吏各修职,复于旧典。①

这一段文字虽然有些地方夸张,但基本属实。我们将碑文中的"黎庶得居尔田,安尔宅"与刘秀两年前诏书中的"即位三十年,百姓怨气满腹"相比较,应该说,刘秀两年前说的是真话、实话。

东汉光武帝刘秀封禅泰山,从臣马第伯写了一篇《封禅仪记》,有人说,这是中国最早的游记散文。其题目是《封禅仪记》,但内容属于封禅仪式的却不多,所记风俗有较高的参考价值。时至今日,崇尚神佛的善男信女,每于求神拜佛之际,或投钱,或供果,以求福祉。据说,若求神拜佛之时不投钱,不供果,则神不灵,佛亦不佑。观《封禅仪记》,知此风俗习惯由来已久。又,文中言"始皇立石及阙在南方,汉武在其北",则确知今日玉皇顶之立石为汉武所立无疑。因为秦始皇立石确在今碧霞祠西北角之玉女洗头盆附近,与山上汉武立石一南一北。清代的顾炎武虽未提及《后汉书》中马第伯此文,但他的判断却是完全正确的。

第三节　唐代封禅

中国地主阶级的政权体制发展到唐代已经成熟,它的效能也发挥到了光辉的顶点。这个特点在唐代帝王政治生活的各个方面都有明确的展示。就封禅而言,个人的迷信色彩已经明显淡化,关心国事的成败成为明确的主张。泰山封禅,国事成则行,不成则止,显示了杰出政治家的风范。虽然有显号扬名、扩大自身影响的因素,但他们毕竟是一代成功之主,有功可夸、有德可扬。他们举行封禅大典,公开提出"为民祈福","名非从欲,道在观政"的口号,令人瞩目。他们用自己的功德展示内外,凝聚人心,维护封建大一统。

唐代最早有封禅动议的是唐太宗李世民,然而由于种种变故以及诤臣魏征等人的谏阻,他最终未能成行。李世民封禅未果对泰山来说似乎留有一些遗憾,但在当时,于国于民却都是幸事。从客观的成就来看,作为中国封建社会最著名的明君,李世民无疑是最有资格封禅泰山的帝王;从主观的想法来看,李世民确也多次有封禅的动议,甚至有时已经近乎成行,然终究未能实施的根本原因,我们认为还是李世民的清醒和务实。魏征等人的谏阻虽有作用,但并不是决定性的力量,李世民的想法才是最终的决定。他对魏征的谏阻虽然也颇有不

① 范晔:《后汉书·祭祀志》。

满，甚至与魏征为此发生了激烈的争论，但最终他没有一意孤行，而是权衡利弊，取消了封禅的安排，这也许就是李世民为后人所赞誉的地方吧！

唐代第一个上泰山封禅的是高宗李治。李治（公元628年—公元683年），长孙皇后第三子，在太宗十四子中排第九。李治性情平易，为人仁厚，生活俭朴。虽然才能碌碌，但也有知人之明，他身边诸多贤臣，如辛茂将、卢承庆、许圉师、杜正伦、薛元超、韦思谦、张文瓘、魏元忠等，大多是自己亲自提拔的，其中韦思谦曾受褚遂良打击，杜正伦也被李世民冷落。他在位前期，唐代的领土最大，史称“永徽之治”。他终其一生，并无大过，而且承接贞观之治的余绪，为后来的“开元盛世”打下了良好的基础。

高宗封禅泰山，最大的特色是他带上了皇后武则天，并且允许武则天参与祭祀典礼活动。这一举措前无古人，后无来者，天地悠悠，一大创举。

李治封禅泰山的随从队伍十分庞大，他曾命令各地重要官员聚集泰山，参加盛典，为此还特发诏书。本次封禅和历代帝王封禅一样，事前做了充分准备，特别是礼仪制度上的研讨。本次封禅仪注对斋戒有较详细的记叙：

> 有司于乾封元年正月戊辰朔。先是，有司斋戒。于前祀七日平旦，太尉誓百官于行从中台，云：“来月一日封祀，二日登封泰山，三日禅社首。各扬其职，不供其事，国有常刑。”上斋于行宫四日，致斋三日。近侍之官应从升者，及从事群官、诸方客使，各本司公馆清斋一宿。前祀一日，诸卫令共属：未后一刻。设黄麾半仗于外壝之外，与乐工人俱清斋一宿。①

中国古代，“斋”和“斋戒”的内容大体一致，是指祭祀、典礼之前的清心洁身，例如沐浴更衣，不吃荤菜，不饮酒，清心寡欲，戒除妄念，以示虔诚。各种宗教于祭祀仪式的典礼要求，具体细节并不相同，但是身心清洁、诚心诚意却是一致的。从上述文字看，李治封禅泰山，所有参与的官员、侍从、使节都必须进行斋戒，可见其虔诚程度。

麟德二年十月，李治从洛阳出发，赴泰山进行封禅：

> 上发东都，从驾文武仪仗，数百里不绝。列营置幕，弥亘原野。东自高丽，西至波斯、乌长诸国朝会者，各帅其属扈从，穹庐毳幕，牛羊驼马，填咽道路。时比岁丰稔，米斗至五钱，麦、豆不列于市。②

这段文字提供了许多背景材料：李治封禅，连年丰收，斗米值五钱，天下丰

---

① 刘昫：《旧唐书·礼仪志》。
② 司马光：《资治通鉴》卷二〇一。

裕。在封闭性的自然经济条件下,粮价低贱,说明粮食充足;粮食充足,就天下太平。因此,李治封禅,就经济条件而言,是天下富足而安定。“东自高丽,西至波斯、乌长”的朝会使者,各率领下属随李治封禅泰山。高丽,今朝鲜;波斯,今伊朗;乌长,亦作乌苌,今印度。在如此广大的范围,它们或属于归顺唐王朝的独立国家,或属于与唐王朝交往密切的友好国家,一言以蔽之,这个事实说明当时唐王朝在政治上和经济上十分强大,在周边国家中有积极而深刻的影响。

据史书记载,高宗李治在到泰山的路程中十分愉快。当他到达濮阳(今河南县名)时,问窦德玄:“濮阳人称‘帝丘’,为什么?”窦德玄不知究竟,无言可对。许敬宗回答说:“古时颛顼住在这里,所以称为帝丘。”李治听了十分高兴。许敬宗走了之后,李治说:“当大臣不可以没有学问。我看窦德玄回答不了我的问题,内心里替他羞愧。”窦德玄听了这话不服气,进行反驳,说:“人有能,有不能,我不知道,不勉强回答,这正是我的优点。”李勣做总结说,许敬宗知道得多,很好,窦德玄的话也十分有理。这一则故事说明李治和大臣在路上心情轻松、十分愉快。李治在路上办的另一件事是给寿张张公艺祝贺:

> 寿张人张公艺九世同居,齐、隋、唐皆旌表其门。上过寿张,幸其宅,问所以能共居之故,公艺书“忍”字百余以进。上善之,赐以缣帛。[1]

寿张是山东县名。张公艺“九世同居”,靠的是一个“忍”字。张公艺说的也许是实话,“九世同居”,靠“忍”字维持,确乎艰难不易。众所周知,为了维系家庭关系,人们可能有许多办法,但说到底,家庭的命根子是经济。有共同的经济利益,家庭就可以维持,丧失共同的经济利益,家庭就解体,父子、夫妻概莫能免。张公艺抛开其他因素,突出一个“忍”字,十分新鲜。李治对乃父与叔伯父之间的关系,自身与兄长李承乾、李泰之间的关系深为了解,深感能“九世同居”之不易,所以他感慨良多,对张公艺大加称道,并“赐以缣帛”。

《旧唐书》卷二三记载唐高宗李治封禅泰山,用取水火之器取火于日,取水于月,甚为新鲜。秦汉封禅,未见此举。兹抄录如下:

> 丙辰,前罗文府果毅李敬贞论封禅须明水实樽:“《淮南子》云:‘方诸见月,则津而为水。’高诱注云:‘方诸,阴燧,大蛤也。熟摩拭令热,以向月,则水生。以铜盘受之,下数石。’王充《论衡》云:‘阳燧取火于日,方诸取水于月,相去甚远,而火至水来者,气感之验也。’《汉旧仪》云:‘八月饮酎,车驾夕牲,以鉴诸取水于月,以阳燧取火于日。’《周礼·考工记》云:‘金有六齐。金

---

① 司马光:《资治通鉴》卷二〇一。

锡半,谓之鉴燧之齐。'郑玄注云:'鉴燧,取水火于日月之器也。'准郑此注,则水火之器,皆以金锡为之。今司宰有阳燧,形如圆镜,以取明火;阴鉴形如方镜,以取明水。但比年祠祭,皆用阳燧取火,应时得;以阴鉴取水,未有得者,常用井水替明水之处。"奉敕令礼司研究。敬贞因说先儒是非,言及明水,乃云:"《周礼》金锡相半,自是造阳燧法,郑玄错解,以为阴鉴之制。仍古取明水法,合用方诸,引《淮南子》等书,用大蛤也。"又称:"敬贞曾八九月中,取蛤一尺二寸者依法试之,自人定至夜半,得水四五斗。"奉常奏曰:"封禅祭祀,即须明水实樽。敬贞所陈,检有故实。"又称:"先经试验确执,望请差敬贞自取蚌蛤,便赴太山与所司对试。"

这一段文字叙述冗长,其实很简单。封禅泰山,举行祭祀,需用水、火,但水、火不是人间通常的水、火,必须是明水、明火。所谓明水、明火,即今日之天水、天火。取天火之法是阳燧,即以金锡各半制成圆镜形器具,聚焦成火,所以说"取火于日"。这个圆镜形器具,人称"阳燧"。同理,古人称有阴燧,亦用同样材料制方形镜器具,但试验之后却不得水。于是查考古书,郑玄注释错误,应该改从《淮南子》的说法,不用金锡各半制成的阴燧,而用大蛤。试验后果然得水。于是,向高宗李治建议,不用郑玄说的"阴燧",改用《淮南子》上说的"方诸"。"方诸"就是大蛤。郑玄是东汉的大儒,他的《五经注》被后世儒生奉为经典性的解释,要改变,要纠正,自然要费很大的周折。对于这件事,高宗李治下了一道很开明的诏书:

古今典制,文质不同,至于制度,随世代沿革,唯祀天地,独不改张,斯乃自处于厚,奉天以薄。又今封禅,即用玉牒金绳,器物之间,复有瓦罇秸席,一时行礼,文质顿乖,驳而不伦,深为未惬。其封祀、降禅所设上帝、后土位,先设贴秸。瓦甒、瓢杯等物,并宜改用裀褥罍爵,每事从文。其诸郊祀,亦宜准此。①

从字面上看,这个诏书并不是针对前边说的明水、明火问题,也不是针对阳燧和方诸问题,而是针对封禅典礼的仪式,但是《旧唐书》的作者在《礼仪志》中确实将它放在明水问题之后,并且以"是日"相连接。因此,我们以为封禅之前高宗李治研究的问题甚多,诏书从简,只涉及"瓦蹲秸席"之类,其精神实质是不必一切从古,今人不用"瓦罇",而用"罍爵"。不言而喻,阴燧或阴鉴不能取明水,用方诸才能取明水,那就不用阴燧或阴鉴,改用方诸,本属正常。但是,秦汉之

① 刘昫:《旧唐书·礼仪志三》。

际，儒生往往食古不化，不敢按实际情况便宜行事，一味信古崇古，甚至引经据典、议论纷繁、莫衷一是。所以，秦皇、汉武皆不用儒生之论。唐太宗李世民虽用儒生研究问题，但决定问题，只由少数人拍板。李治更是提出"古今典制，文质不同，至于制度，随世代沿革"的观念，并且进一步指出，不随时代的进步而改革是不对的，是"自处于厚，奉天以薄"，是不尊敬天地神祇的行为。所以，高宗李治虽然仁厚少能，却能因时适势，不固执偏见，这也是个优点。

关于封禅泰山的过程，《资治通鉴》的描述清楚而简洁。麟德二年十二月，"车驾至齐州，留十日。丙辰，发灵岩顿，至泰山下，有司于山南为圆坛，山上为登封坛，社首山上为降禅方坛。"至此，似乎万事俱备，只待举行正式的封禅祭天祀地大典：

> 春，正月，戊辰朔，上祀昊天上帝于泰山南。己巳，登泰山，封玉牒，上帝册藏以玉匮，配帝册藏以金匮，皆缠以金绳，封以金泥，印以玉玺，藏以石磁。庚午，降禅于社首，祭皇地祇。上初献毕，执事者皆趋下。宦者执帷，皇后升坛亚献，帷帟皆以锦绣为之；酌酒，实俎豆，登歌，皆用宫人。壬申，上御朝觐坛，受朝贺；赦天下，改元。文武官三品以上赐爵一等，四品已下加一阶。先是阶无泛加，皆以劳考叙进，至五品三品，仍奏取进止，至是始有泛阶；比及末年，服绯者满朝矣。①

这里讲了三件事。一是封禅泰山典礼的全过程；二是皇后武则天参加降禅社首的仪式，程序列为"亚献"。采取的措施是以宦者执锦绣帷帟以阻隔内外，皇后在帷帟之内，大臣随从在帷帟之外。《新唐书·礼乐志》说，当武则天在帷帟之内举行祭祀亚献时，"群臣瞻望，多窃笑之。"三是随从封禅泰山的官员，皆加官晋爵。

高宗李治与武则天封禅，与秦皇、汉武相比，虽然在个人功业上难以与之抗衡，但在思想境界和文化心态上却大大前进了一步。秦皇、汉武的封禅泰山，除了政治因素而外，毋庸讳言，他们个人心灵深处都有迷信神仙、祈求长生的因素，而李治和武则天，除了政治企图相同之外，在个人心态上虽不无迷信的成分，但主要还是利用封禅追求个人的政治目的。在李治，是通过封禅"告成功于天"来"显号"、"觊名"；在武则天，则是通过封禅祭天来提高自身的社会影响和地位，为走向皇帝宝座做舆论准备。这和她利用佛教《大云经》的做法是一致的。当有人发现《大云经》中有女性佛时，她兴奋备至。女性的地位提高，武则

---

① 司马光：《资治通鉴》卷二〇一。

天的地位也提高；女性可以成佛，武则天当然也可以做皇帝。只是武则天的愿望无法写在封禅祭祀的《玉牒文》里，不过高宗李治的愿望却明明白白写在里面。秦皇、汉武求长生不死，是个人秘请，所以《玉牒文》不便公开，只好隐秘。高宗李治的"显号"、"觊名"，是通过宣扬祖宗的功德和个人政绩来进行的，正大光明，所以就敢于公开。公开《玉牒文》是高宗李治封禅泰山的一大特色，值得一记：

> 嗣天子臣治，敢昭告于昊天上帝：有隋运属颠危，数穷否塞，生灵涂炭，鼎祚沦亡。高祖仗黄钺而救黎元，锡元圭而拯沉溺。太宗功宏炼石，定区宇于再麾，业壮断鳌，饮沧溟而一息。臣忝奉余绪，恭承积庆，遂得昆山寝燎，炎海澄波，虽业茂宗祧，实降灵穹昊。今谨告成东岳，归功上元。大宝克隆，鸿基永固。凝薰万姓，陶化八纮。[①]

《玉牒文》是专指封禅祭天时刻在玉石片上的祈祷性的文字。这种文章一要简短，二要明确，三要句式整齐。高宗李治的《泰山玉牒文》主要称颂高祖李渊灭隋建唐有功，太宗李世民治世有绩。至于他本人，叙述倒也客观，"忝奉余绪，承威积庆。"李治确乎能承先人之余绪，不是败家之子。高宗李治的愿望是四句话："大宝克隆，鸿基永固；凝薰万代，陶化八绂。"前两句说李唐王朝的皇运兴隆，江山永固，社稷永保。后两句说李唐王朝的恩泽遍布天下，施及万姓。就一般性而言，高宗李治的这个愿望比起秦皇、汉武的个人秘请来，似乎光明磊落得多。

李治封禅泰山，将封祀坛命名为"舞鹤台"，将登封坛命名为"万岁台"，将降禅坛命名为"景云台"，以纪祥瑞。今天保存下来的文物有"双束碑"一通。双束碑全称《岱岳观造像记碑》，为唐高宗显庆六年（公元661年）道士郭行真所立。碑身四面均刻有文字，"每面刻文4—5层不等，记事30余则，间有宋代刻辞4则，余皆唐刻。"[②] 唐刻记载了唐代自高宗起六帝一后的斋醮造像之事20余则。

原碑文是：

> 显庆六年二月廿二日，敕使东岳先生郭兴真，弟子陈兰茂、杜知古、马知止奉为皇帝、皇后七日行道，并造素像一躯，二真人夹侍。[③]

唐玄宗李隆基的封禅泰山是开元十三年进行的，此时的李隆基正在"开元

---

① 董诰：《全唐文·泰山玉牒文》。

② 刘慧：《泰山岱庙考》，第172页，齐鲁书社，2003年第一版。

③ 姜丰荣：《泰山历代石刻选注》，青岛海洋大学出版社1993年10月第一版。

盛世"的巅峰上,距离令人伤感的"安史之乱"还有三分之一个世纪的路程。所以,我们对李隆基封禅泰山的政治文化心态,主要是依据他开元前期的政治、经济、文化方面的政策和成就来描述的。

唐玄宗李隆基早年聪明精干。开元十二年(公元724年)底,许多大臣认为李隆基治世有功,应该封禅泰山,以告成功于天,但被李隆基搁置,直到第四次请求,才被应允。我们从《册府元龟》卷三六能见到比较清晰的记载。

第一次是以吏部尚书裴漼为首的文武百官,称李隆基"握符提象,出震乘图。英威迈于百王,至德加于四海。梯航接武,毕尽戎夷之献;耕凿终欢,不知尧舜之力。恶除氛沴,增日月之光辉;庆袭休荣,杂烟云之气色。灵物绍至,休祥沓委。江茅将鄗黍均芳,双觡与一茎齐烈"[①]。这些话虽然是恭维李隆基的,但都是一般性的应酬话,缺乏实实在在的具体内容。李隆基对自己的政绩有清醒的认识,以为实行封禅或许还未臻完善,所以力辞。可见他对自己的要求是严格的,自我追求的目标是高的。

唐玄宗李隆基虽有开元盛绩,但他自己认为还是"德未加于百姓,化未覃于四海"[②],如果说十多年来,有可以一说的成就,那也只是"宗庙社稷之余庆"、"群公卿士之任职"[③],至于个人的功绩,是微不足道的,更不能与尧、舜、禹、汤、轩后周文相提并论。质言之,李隆基追求的是古代贤王的盛世。所以他说:"抚躬内省,朕何有焉!"检视中国古代政治家的历史,平庸昏聩的帝王不足道,对于真正有作为的政治家,前期创业、后期腐败的个人因素之一,便是居功自傲。

第二、三、四次建议李隆基封禅泰山的都是侍中源乾曜和中书令张说。就是说,源乾曜和张说等人一共三次向玄宗李隆基上书请求封禅泰山。其中,第一次上书最有代表性:

> 陛下靖多难,尊先朝,天所启也。承大统,临万邦,天所命也。焉可不涉东岱、禅云亭,报上玄之灵恩,绍高宗之洪烈,则天地之意,宗庙之心,将何以克厌哉?且陛下即位以来,十有四载,创九庙,礼三郊,大舜之孝敬也;敦九族,友弟兄,文王之慈惠也;卑宫室,菲饮食,夏禹之恭俭也;道稽古,德日新,帝尧之文思也;怜黔首,惠苍生,成汤之深仁也;化玄漠,风太和,轩皇之至理也。至于日月星辰,山河草木,羽毛麟介,穷祥极瑞,盖以荐至而为

---

① 王钦若、杨亿:《册府元龟·帝王部·封禅》。
② 董诰:《全唐文·报裴漼等请封禅诏》。
③ 董诰:《全唐文·报裴漼等请封禅诏》。

常，众多而不录。正以天平地成，人和岁稔，可以报于神明矣。[1]

张说不愧为“燕许大手笔”，文中针对玄宗李隆基效法古代明君圣主的思想动向，向李隆基的灵魂深处发起连珠炮式的猛烈攻击。但是，李隆基毕竟是李隆基，不是一般的凡夫俗子，他在大臣们的精神进攻面前，不断地自我克制、自我调节，声称“朕以眇身，托王公之上，夙夜祗惧，恐不克胜，幸赖群公，以保社稷”，“朕承奉宗庙，恐不克胜。未能使四海乂安，此理未定也；未能使百蛮效职，此功未成也。”将源乾曜和张说的两次上书搁置一旁。在这种情况下，源乾曜和张说第三次上书，坚持敦请李隆基到泰山举行封禅大典，说李隆基不去泰山封禅，是“稽天意以固辞，违人事以久让；是和平而不崇昭报，至理而阙荐祖宗”，似乎不去泰山封禅就对不起祖宗，有悖天意。李隆基终于心回意转，接受封禅之请，发布《允行封禅诏》。

唐玄宗封禅泰山，遇到的第一个问题是要不要像高宗一样，带皇后参加，并且让皇后参与封禅大典的仪式。贺知章和李隆基讨论的另一个问题是玉牒文。唐玄宗李隆基宣布，他的《玉牒文》应该公开，让臣僚都了解他的用意：

有唐嗣天子臣某，敢昭告于昊天上帝：天启李氏，运兴土德。高祖太宗，受命立极。高宗升中，六合殷盛。中宗绍复，继体不定。上帝眷佑，锡臣忠武。底绥内难，推戴圣父。恭承大宝，十有三年。钦若天意，四海晏然。封祀岱岳，谢成于天。子孙百禄，苍生受福。[2]

公布不公布《玉牒文》，本来只是一个仪式问题，但细加分析，却是一个封禅目的问题。贺知章说“前代帝王，所求各异，或祷年算，或思神仙”，是很有道理的。对秦皇、汉武来说，求长生成仙显然是重要的目的。东汉光武帝虽然政治目的是公开的，但他在最后两年之内，对封禅态度已有了根本性的变化，因而他的封禅不能不令人有祈求健康长寿的推测。高宗李治宣扬祭天祭祖，实在是祈求“鸿基永固”。至于武则天，封禅的个人目的是十分强烈的。只有唐玄宗公开宣称：“朕今此行，皆为苍生祈福，更无秘请。”他光明磊落，一反前代帝王私心重重之态。从文化心态的角度说，李隆基心胸开阔、眼界高远。他的目的十分明确。“谢成于天”，是他对自己的成功充满信心，也深感自豪；“子孙百禄”，是人之常情；“苍生受福”，却不能不说是封建帝王在意识形态上的一次突破与跃进。在当时历史条件下，李隆基打出“苍生受福”的口号是难能可贵的，应该肯定。

---

① 王钦若、杨亿：《册府元龟》卷三六。
② 董诰：《全唐文》卷四十。

另一方面，“子孙百禄，苍生受福”又是历史进步的标志。它标志着人类从在迷信中追求迷信，发展到了在迷信中追求清醒；标志着封建帝王们从在帝王思想中追求帝王的荣耀，发展到在顾及人民利益的运转中追求帝王的荣耀。这一变化是人类历史发展所带来的新的价值观念的反映，是一种新的文化心态的标志。当然，历史的变化不可能也不会一次完成，但是在封禅史上，新的价值观念和文化心态在闪现光芒，却是无可否认的事实。

唐玄宗李隆基封禅泰山，在泰山上留下了巨大的摩崖石刻——《纪泰山铭》。据有关资料，今所见泰山摩崖石刻，文乃玄宗所做，字乃玄宗所写。从这个石刻不仅能窥见李隆基的学术功底，也可见其书法才能。千载之后，登上泰山，伫立在《纪泰山铭》前，遥想李隆基风采，欣赏眼前的其文、其字，气势恢宏，令人击节赞叹！

《纪泰山铭》在所引“铭文”之前，有一段序文，叙述与泰山有关的历史和神学思想，解释李隆基自己决定封禅的经过。所引的铭文，先述唐王朝的光荣历史，次述封禅目的，最后贬抑历代封禅而呈述己意。“道在观政，名非从欲”，是他的结论，也是他的自信。封禅到唐代有了明显的变化，而这个变化成熟的标志是唐玄宗。李隆基认为，秦始皇封禅“灾风雨”，汉武帝封禅“污编录”，实在是因为“德未合天”，所以才有“灾风雨”、“污编录”之“辱”，只有他李隆基才封禅成功，不仅无“灾”、“污”之辱，而且又充分享受了祥瑞之气，所以他骄傲地宣布：“道在观政，名非从欲。”“开元之治”的盛况，使他踌躇满志。

从表面上看来，似乎唐玄宗李隆基表现得太自信、太骄傲，不像秦始皇、汉武帝那样战战兢兢、谦恭自谨，其实，这不是个人素质问题，而是时代的文化心态问题。秦始皇、汉武帝在上帝和群神面前诚惶诚恐，是重神轻人的表现，是神本位的标志；而唐玄宗李隆基在天帝面前信心百倍，是从神本位走向了政本位，“道在观政”。而他的政绩——“开元之治”，确实值得自信、自豪。

第四节　宋元明清的封禅和祭祀

从宋代开始，中央集权的地主阶级日趋腐化，政权体制效能也日益捉襟见肘。权力的过分集中使皇权社会的矛盾不断激化，加上少数民族的对峙，宋代帝王常常处于内忧外患的夹缝中，左右为难。宋真宗一改历史上的封禅常规，公然弄虚作假，借封禅以御民族战争，令人纳闷。明代皇帝不封禅，实在是小农意识和地主阶级意识碰撞而生的心理变态，他们将皇权无限扩张。元和清是少数民族借用汉文化以治理中原，其历史哲学的轨迹和秦皇、汉武一模一样。尽管他们将封禅改为祭祀，但他们的目的依然是维护封建的一统政权。需要指出的是，封禅和祭祀在政治目的上虽然相似，表现出来的气度却并不相同。宋真宗显然是丧失了信心之后的无可奈何，康乾之际，不过在杀伐之中寻求平衡，搞一点思想上的统战而已。值得注意的倒是他们欣赏风光，在泰山举行亲情和生辰庆典，别具一格、令人遐想。

宋真宗赵恒(公元968年—公元1022年)，是北宋的第三位皇帝，也是宋太宗赵光义的第三子。

宋真宗封禅泰山的缘起要从"澶渊之盟"说起。宋真宗景德元年(公元1004年)九月，契丹大举入侵，寇准力促真宗赵恒御驾亲征，极大地鼓舞了军队的士气。未曾想，在澶州初战告捷的情况下，宋真宗竟莫名其妙地与契丹签下了著名的"澶渊之盟"，被后人所诟病。后北宋五鬼之一的王钦若嫉妒寇准的地位和声望，向真宗进谗言，真宗罢寇准为刑部尚书，知陕州。

王钦若为了进一步控制宋真宗的政治动向，提出了涤除澶州之耻的办法：

> 钦若度帝厌兵，即谬曰："陛下以兵取幽燕，乃可涤耻。"帝曰："河朔生灵始免兵革，朕安能为此？可思其次。"钦若曰："唯有封禅泰山，可以镇服四海，夸示外国。然自古封禅，当得天瑞希世绝伦之事，然后可尔。"既而又曰："天瑞安可必得？前代盖有以人力为之者，惟人主深信而崇之，以明示天下，则与天瑞无异也。"帝思久之，乃可。而心惮旦，曰："王旦得无不可乎？"钦若曰："臣得以圣意喻之，宜无不可。"乘间为旦言，旦黾勉而从。①

利用泰山封禅来达到"镇服四海，夸示外国"，以洗涤"澶渊之盟"的耻辱的目的，确乎是一个令人感兴趣而又值得探索的问题。实际上，自从宋太宗赵光义在雍熙、端拱年间与契丹接战，并且多次败绩之后，北宋朝廷视契丹为畏敌。宋真宗即帝位后，也是不得不战、不敢不战。澶州之战使宋真宗有小胜即和的机会，但是谁能保证"澶渊之盟"的有效性？雪城下之盟的羞耻也罢，群臣争宠斗气也罢，归根结底是要遏制契丹南侵，保住大宋的江山社稷。因此，王钦若提的洗雪澶渊之耻的措施有两个：一是发兵夺取幽蓟，二是泰山封禅祭祀。发兵夺取幽蓟，宋真宗不会干，因为他父亲曾经干过，以失败告终。契丹入侵，宋真宗也曾坐镇大名，互有胜负。澶州之战，他也曾亲临前线。体验的结果是战胜

① 脱脱：《宋史·王旦传》。

契丹,确乎不易。加上宋朝廷追求平安佚乐、曼舞轻歌、悠游岁月的风气,宋真宗更加惧怕"兵久生变",危及皇帝宝座。王钦若看准了宋真宗的心思,故意提出"发兵夺取幽蓟",目的是卸去自己身上怯战求和的责任,显示考虑问题的多维性,将责任转嫁到皇帝身上,强化自己与皇帝的关系,为控制皇帝制造一根杠杆。果然,宋真宗以堂而皇之的理由拒绝。王钦若最热衷的是封禅泰山。王钦若以为,封禅泰山可以"镇服四海,夸示外国"。这当然是一个富于魅力的命题。使我们困惑不解的是,堂堂大宋朝廷自然不乏精通政治、历史、文化的人才,却没有一位有识之士出来驳斥王钦若的论题。他们不仅不加以驳斥,而且一致默许,连向以忠厚诚实著称的王旦也予以认可。这还不能简单地认为他们昏聩腐败。《宋史》的作者在言及这一历史公案时,曾发表过一段颇中肯的揣测:

> 宋自太宗幽州之败,恶言兵矣。契丹其主称天,其后称地,一岁祭天不知其几,猎而手接飞雁,鸨自投地,皆称为天赐,祭告而夸耀之。意者宋之诸臣,因知契丹之习,又见其君有厌兵之意,遂进神道设教之言,欲假是以动敌人之听闻,庶几足以潜消其窥觎之志欤?①

说契丹人迷信,宗教意味特别浓厚,是完全可以理解的。具有迷信思想,从事祭天、祭地、祭山川神祇是古代生产不发达民族的普遍现象,契丹人如此,中原人民亦如此。需要指出的是,契丹基本上是游牧民族,其文化发育的程度是很低的。加上边境恶劣的自然条件.他们谋求生存的困难相对较多。原始的宗教迷信思想在他们那里有深厚的社会基础和生存的土壤。《宋史》作者的描述是符合事实的。质言之,"神道设教"在汉民族文化史上,至唐代已大大减弱,而在契丹人那里,"神道设教"大约还是宏运兴隆,所以王钦若以为宋真宗如果搞一次大型的"神道设教"活动,例如封禅泰山活动,可以镇服契丹,夸示外国,以收威慑的心理效果。对于王钦若的提议,朝廷上下一致赞成,封禅泰山就成为宋真宗时代一次壮举。

众所周知,封禅泰山是神圣的典礼仪式,按照传统的观念,并不是任何一位帝王都有资格去泰山封禅的。质言之,封禅泰山有条件。这些条件是:第一,易姓而王,致太平,告成功于天。就是说,开国之君有突出成就,才可以告天地神祇。第二,非开国之君,政治上有突出的成就,天下太平、五谷丰登、祥瑞频现,也有资格封禅。宋真宗承伯父和父亲的余绪,经济上虽然有所发展,但在政治上和军事上建树不大,特别是在安定北方边陲方面,不仅没有成就,反而十分被

---

① 脱脱:《宋史·真宗本纪》。

动,“澶渊之盟”又被大臣认为是耻辱,因此宋真宗要到泰山封禅,必须取得上天的帮助。显而易见,所谓天助,实际上还是人助。且看王钦若的谋划:“天瑞安可必得?前代盖有以人力为之者,惟人主深信而崇之,以明示天下,则与天瑞无异也。”他说得十分清楚,“天瑞”可以人工制造,只要皇帝深信不疑,并昭告天下,那么人造“天瑞”就是天赐的祥瑞。质言之,王钦若告诉宋真宗赵恒,可以弄虚作假。只要假戏真唱,那么假戏就是真戏,人瑞就是“天瑞”。于是,宋真宗便大张旗鼓地认认真真地弄虚作假起来:

帝犹尤豫,莫与筹之者。会幸秘阁,骤问杜镐曰:“古所谓河出图、洛出书,果何事耶?”镐老儒,不测其旨,漫应之曰:“此圣人以神道设教尔。”帝由此意决。遂召旦饮,欢甚,赐以尊酒,曰:“此酒极佳,归与妻孥共之。”既归,发之,皆珠也。由是,凡天书、封禅等事,旦不复异议。[①]

宋真宗确认“神道设教”。“神道设教”不仅有现实的意义,而且有圣人的依据。杜镐的话很含混,赵恒听来却分明。他确认“河出图、洛出书”也是人干的,是人“出图”、人“出书”,目的是“设教”。于是,赵恒就打通关节,清除障碍。

至是,帝谓群臣曰:“去冬十一月庚寅,夜将半,朕方就寝,忽室中光耀,见神人星冠绛衣,告曰:‘来月宜于正殿建黄箓道场一月,当降天书《大中祥符》三篇。’朕竦然起对,已复无见。自十二月朔即斋戒于朝元殿,建道场以贮神贶。至是,适皇城司奏有黄帛曳左承天门南鸱尾上,令中使视之,帛长二丈许,缄物如书卷,缠以青缕,封处隐隐有字,盖神人所谓天降之书也。”旦等皆再拜称贺。帝即步至承天门,瞻望,再拜,遣二内侍升屋,奉之下。旦跪进,帝再拜受之,亲置舆中,导至道场,授陈尧叟启封。帛上有文曰:“赵受命,兴于宋,付于昚,居其器,守于正,世七百,九九定。”帝跪受,复命陈尧叟读之,有书黄字三幅,词类《洪范》、《道德经》,始言帝能以至孝至道绍世,次谕以清净简俭,终述世祚延永之意。读讫,帝复跪奉,韫以所缄帛,盛以金匮。群臣入贺于崇政殿,赐宴,帝与辅臣皆蔬食。遣官告天地、宗庙、社稷。大赦,改元,群臣加恩,赐京师酺五日。改左承天门为承天祥符。置天书仪卫扶持使,有大礼,即命宰执近臣兼之。钦若之计既行,陈尧叟、陈彭年、丁谓、杜镐益以经义附和,而天下争言祥瑞矣。[②]

这一段文字看起来冗长琐细,细细想来,却冗长琐细得有道理。大凡弄虚

① 脱脱:《宋史·王旦传》。
② 冯琦:《宋史纪事本末》卷二十二。

作假，必须认真细致、面面俱到、点水不漏，才能将假弄成真；否则，草率粗疏、破绽百出，一眼便知其假，绝不可能弄假成真，结果定是“画虎不成，反类其犬”。因此，叙述弄虚作假之文字，必须仔仔细细、认认真真，一事一字必严肃对待，方是作假之高手。上有所好，下必甚焉，于是北宋举国上下，热衷于天书祥瑞，纷纷请求宋真宗封禅泰山。大中祥符元年（公元 1008 年），兖州父老吕良等 1289 人及诸道贡举之士 846 人请求封禅；宰相王旦率百官将校、州县官吏、蕃夷、僧道 24375 人上表请求封禅。于是，宋真宗正式下诏，决定同年十月有事于泰山。

宋真宗上泰山，和他搞天书游戏一样，假戏真唱，做了很周密的准备工作，对在泰山上封禅的有关礼仪和祭坛祭物都做了认真的讨论。从史书记载看，未见于前代帝王的，是宋真宗离开京城时，有小驾仪仗：

> 出京日，具小驾仪仗：太常寺三百二十五人，兵部五百六十六人，殿中省九十一人，太仆寺二百九十九人，六军诸卫四百六十八人，左右金吾仗各一百七十六人，司天监三十七人。①

唐宋封禅泰山的参与人数远远超过秦汉，这一方面是因为秦皇、汉武封禅泰山，有个人长生成仙的秘请，有浓郁的神仙隐秘之气；另一方面，或者说重要的原因是彼时生产力相对低下，可提供的剩余产品不会太多，对于庞大的队伍，生活供应十分困难。前已叙述，唐玄宗封禅泰山，随从众多。据笔记记载，玄宗好大喜功，仅随从马匹就十分壮观，王毛仲以一种颜色的马千匹组成方阵，各种不同颜色的马浩浩荡荡，“远望之如云锦”。马且如此，人自不必说。宋真宗封禅，连一些细节也认真研究敲定，例如皇帝的坐褥原先是黄色，现在改为红色，皇帝的拜垫原先是红色，现在改为紫色，等等。质言之，不管宋真宗在细节上做何种改变，封禅泰山要祭天、祭地，要祭祖宗、祭父母、祭山神，却是始终一致的。令人感兴趣的是，宋真宗上泰山却有些奇处，引人注目：

> 辛卯，发京师，以玉辂载天书先行。次日如之。至郓州，令从官、卫士蔬食。丁未，次奉高宫。戊申，斋于穆清殿，诸升山者官给衣，令祀日沐浴服之。庚戌，帝服通天冠、绛纱袍，乘金辂，备法驾，至山门幄次，改服靴袍，乘步辇登山，卤簿、仪卫列山下，天书仗不上山，与法驾仗间立。知制诰朱巽奉玉册牒及圜台行事官先升，且以回马岭至天门路峻绝，人给横板二，长三尺许，系彩两端，施于背，膺选从卒，推引而上。卫士皆给钉鞋，供奉马止于中路。自山趾盘道至太平顶，凡两步一人，彩缯相间，树当道者不伐，止

① 脱脱：《宋史》卷一百零四。

萦以缯。帝每经狭险,必降辇徒步。亚献宁王元偓,终献舒王元偁,卤簿使陈尧叟从。祀官、点馔习仪于圜坛。是夕,山下罢警场。①

相比较而言,秦皇、汉武上泰山,没有留下细腻的文字描述,他们似乎也没有特别的作为来引人注目,一切都显得过分的隐秘,一切都显得过分的神圣。到东汉光武帝,才开始显示公开正大的生机,马第伯写下了一篇《封禅仪记》,记叙登山途中的情况。不知为什么,那时的马第伯以登山为艰难辛苦之事,带着忍受和无可奈何的心态。到唐玄宗就情况大变,人们以登山封禅为乐,用音乐、阳光、云霞点缀得五彩缤纷,一派欢乐祥和之气。史料中特别写灯光从山下一直连缀到山上,夜间目视,如星星自地联天,煞是另一番景象。至于宋真宗,则集中在上山省力方面动脑筋,所谓"人给横板二,长三尺许,系彩两端,施于背,膺选从卒,推引而上",真是别出心裁。至于两块横板如何"施于背"上,又如何"推",如何"引",则未尽其详。总之,借助他人之力,以登陡峭山崖,似大致不错。"卫士皆给钉鞋,供奉马止于中路",都是费了一番心思的措施。宋真宗抵抗契丹入侵堪称乏术,而封禅祭祀确乎有能。

从秦始皇到唐玄宗,封禅泰山皆用《玉牒文》,秦始皇、汉武帝的《玉牒文》秘而不露,唐高宗、唐玄宗的《玉牒文》一体公开,到宋真宗赵恒,不仅《玉牒文》公开,而且多了一种《玉册文》,细核两文,规格体制大体相似,涉及内容亦大致相同。《玉册文》是宋代新事:

嗣天子臣某,敢昭告于昊天上帝:臣嗣膺景命,昭事上穹。昔太祖揖让开基,太宗忧勤致治,廓清寰宇,混一车书。固抑升中,以延积庆。元符锡祚,众宝效祥,异域咸怀,丰年屡应。虔修封祀,祈福黎元。谨以玉帛、牺牲、粢盛、庶品,备兹禋燎,式荐至诚。皇伯考太祖皇帝、皇考太宗皇帝配神做主。尚飨。②

据《宋史》记载,宋真宗在泰山上祭天时,用《玉册文》和《玉牒文》,在泰山下社首山祭地时,只用《玉册文》,不用《玉牒文》。山下《玉册文》中用"敢昭告于皇地祇"字样。三篇文字,都称颂天地神祇,都称颂赵恒的伯父赵匡胤和父亲赵光义。并且三篇中都有为民求福的话,只是文字稍异。不过,细心推敲,宋真宗的内心愿望还是能觉察出来。他的祭社首山《玉册文》中有"八表以宁,五兵不试"的话,足见赵恒企盼边境安宁、契丹息兵的心情何等深切!然而有趣的是,宋真

① 脱脱:《宋史》卷一百零四。
② 脱脱:《宋史》卷一百零四。

宗“澶渊之盟”和封禅泰山之后，契丹确乎偃旗息鼓，没有大规模的南侵，这使宋真宗大为兴奋，真的以为封禅有灵，于是大规模地建造庙宇，频繁地举行祭祀典礼仪式。不过，根据有关历史资料分析，这只是一个违背历史事实的误解。宋真宗东封泰山之后，契丹政权之所以没有向北宋发动大规模战争，是因为契丹政权内部发生了一些变化，影响了政治格局的均衡，牵制了契丹的力量。

放弃富国强兵的路线，以封禅祭天的方式来谋求政权的长治久安，确乎是下策。但是，作为封禅祭祀典礼本身，宋真宗却进行得很细致、很圆满：

帝之巡祭也，往还四十七日，未尝遇雨雪，严冬之候，景气恬和，祥应纷委。前祀之夕，阴雾风劲，不可以烛，及行事，风顿止，天宇澄霁，烛焰凝然，封禋讫，紫气蒙坛，黄光如帛，绕天书匣。悉纵四方所献珍鸟异兽山下。法驾还奉高宫，日重轮，五色云见。鼓吹振作，观者塞路，欢呼动天地。改奉高宫曰会真宫。九天司命上卿加号保生天尊，青帝加号广生帝君，天齐王加号仁圣，各遣使祭告。诏王旦撰《封祀坛颂》，王钦若撰《社首坛颂》，陈尧叟撰《朝觐坛颂》。圜台奉祀官并于山上刻石，封祀、九宫、社首坛奉祀官并于《社首颂》碑阴刻名，扈从升朝官及内殿崇班、军校领刺史以上与蕃夷酋长并于《朝觐颂》碑阴刻名。[①]

时隔千年，宋真宗东封泰山时期的碑刻存毁参半，赵恒亲自撰写的《登泰山谢天书述二圣功德铭碑》在岱顶德星岩，依稀可认。王旦的《大宋封祀坛颂碑》几经迁徙，现在依然屹立在泰山南麓的岱庙里。遗憾的是，陈尧叟的《朝觐坛颂》的碑刻不知下落，而王钦若的《禅社首坛颂碑》被马鸿逵部于公元1930年砸毁。但是，北宋名臣杨亿撰写的《大宋天贶殿碑》保存完好，它的存在可确认天贶殿始建于宋真宗大中祥符元年(公元1008年)六月至十月，其目的是纪念大中祥符元年六月六日“天书再降于泰山，帝亲迎天书于含芳园”和宋真宗封禅。这座殿堂虽屡毁屡修，但其形制可以使人相信大体是宋代规格。

明代祭祀泰山较为著名的帝王是明太祖朱元璋。

朱元璋(公元1328年—公元1398年)，字国瑞，濠州钟离(今安徽凤阳)人。明代开国皇帝，也是中国历史上真正由赤贫农民登上皇帝宝座的人。

检索史书和泰山今存碑刻，朱元璋从洪武三年(公元1370年)到洪武三十年(公元1397年)，共5次派人祭祀泰山神。其中，以洪武三年的祭祀最有特色：

磅礴东海之西，中国之东，参穹灵秀，生同天地，形势巍然。古昔帝王

① 脱脱：《宋史》卷一百零四。

登之，观沧海，察地利，以安民生。祝曰：泰山，于敬则诚，于礼则宜。自唐始加神之封号，历代相因至今。曩者，元君失驭，海内鼎沸，生民涂炭。予起布衣，承上天后土之命，百神阴佑，削平暴乱，正位称职，当奉天地、享鬼神，以依时统一人民，法当式古。今寰宇既清，特修祀仪。因神有历代之封号。予起寒微，详之再三，畏不敢效。盖与穹同始，灵镇一方，其来不知岁月几何。神之所以灵，人莫能测，其职受命于上天后土。为人君者何敢预焉！惧不敢加号，特以"东岳之神"名其名。以时祭神，惟神鉴之。①

《明太祖封东岳泰山之神碑》今存岱庙天贶殿西南，碑文除一般性地尊崇天地神祇而外，最大特点是认为神"与穹同始，灵镇一方"，一位人间的皇帝是无法干预神的活动的，因而给神加封号是不妥当的。众所周知，唐玄宗封泰山神为"天齐王"，宋真宗封泰山神为"天齐仁圣王"，后又改为"天齐仁圣帝"。因此，朱元璋主张去其封号，称"东岳之神"，后又称"东岳泰山之神"。朱元璋十分重视他的这一举动，他在诏书中说："为治之道，必本于礼。岳镇海渎之封，起自唐、宋。夫英灵之气，萃而为神，必受命于上帝，岂国家封号所可加？渎礼不经，莫此为甚。今依古定制，并去前代所封名号。五岳称东岳泰山之神，南岳衡山之神，中岳嵩山之神，西岳华山之神，北岳恒山之神。"据史书记载，前引的碑文是朱元璋亲自署名的祝文。并且，他派官员以自己更改的神名告祭。朱元璋在祭泰山神的祝文中一笔勾销唐宋以来历代皇帝给泰山神的封号，一方面是认为唐宋以来的皇帝做了不该做的事，其智不及自己，所以需要自己来批评纠正。其自信，确乎无以复加。另一方面，儒家对鬼神之事有"诚则灵"的训诫，朱元璋既不封神，也不到泰山封禅，足见他认为从秦皇、汉武以来的封禅不过如此，既不能给王朝增加什么，也不会减少什么，王朝的兴衰要靠皇帝本人的能力和是否建立了较好的社会运行规则。平心而论，朱元璋确乎建立了一些好的规则，但这些规则在中央集权的条件下，不可能或者常常不能持久地起作用。这是朱元璋的悲剧、明王朝的悲剧，也是整个中国封建社会制度的悲剧。质言之，朱元璋在泰山封禅问题上，又发生一个转变，即由唐代的政治观念转变为帝王的个人行为，至少是处在这个变化的过程中：

岱山高兮，不知其几千万仞。根盘齐鲁兮，亦不知其几千百里。影照东海兮，巍然而柱天。益于民庶兮，兴云吐雾，神龙出乎其间。降祥则甘露垂于松柏，佳岁则滂沱遍于厚坤。冬则寒风时出，岩壑杂然而有声，百川林

① 朱元璋：《明太祖封东岳泰山之神碑》。

蓊森然而如雷。坤之所载，世之山首岱山也。至如旸谷之东方，或登峰顶，时闻天声万籁，岱山之高也哉，柱天之势，其可云乎！俄而风生万壑，云起诸峦，隐隐雷动百川，倏忽电掣，万里长虹，此岱山之神至也。至则威灵百备，神之造化如此。少时，风静云收，电敛雷息，又百川之清泰，其泰山尤其高哉！其苍松也，始天地而生，依丹崖而长。松之所以长，千寻不比，丹崖所以高，万仞何量，盖由太古之岁月，以至于今，苍松扫丹崖而莓苔不秀，丹崖映苍松而五色交辉。猿啼云树之杪，鹤翔日观之东，雕鹗盘旋乎深谷，虽扶摇不可得而升峰。於戏！登泰山而小天下，越大海而眇江湖，信哉！①

这是朱元璋的《岱山高》。我们注意的是朱元璋的身份。朱元璋在前边的《祝文》中削泰山神封号，在这篇短文中，称颂泰山的风景高大广袤、云蒸霞蔚、风雷变化、气象万千！两者联系在一起，我们说朱元璋对泰山神祇的感情在淡化，对泰山景色的感情却在加重并不为过。简言之，对于泰山封禅和祭祀，人们的注意中心有一个从神仙到自然的历程是大体可以成立的。这个转变到清代更为明显、更为成熟。从这个意义上说，朱元璋削泰山神的封号，不再追求到泰山封禅祭天，完全是逻辑范围内的事。既然如此，他为什么还要派人到泰山一而再、再而三地搞祭祀泰山神的活动呢？我们以为，人类的意识形态的变化和发展总是渐进的，有时还会反复。封禅泰山的文化心态的变化发展，在宋真宗那里就是一个曲折、一个反复。但是，历史总是要变化、要发展、要前进，在封禅祭祀上也不例外。

明代不再封禅泰山，却连绵不断地在泰山举行祭祀活动。据《岱史》记载，明代的泰山祭祀从洪武三年开始到万历元年(公元 1573 年)止，就达 28 次。地方官员的祭祀尚未统计在内，万历元年以后的祭祀也没有统计在内。明代泰山祭祀在初期是政治性的，大都与战争有关：

昔元末兵争，伤生者众。予荷皇天眷命，岳镇海渎山川效灵，诸将用命，偃兵息民，今三十年矣。兵燹之余，民方安定。迩来西南戍守诸将，不能昭布仁威，但知肥己虐人，致令诸夷苗民，困窘而奋，怒攻屯戍，致伤戍守善民者。予非敢用兵，由是不得已，指挥诸将，帅兵进讨。然山川险远，彼方草木茂盛，烟岚云雾蓊郁之气，吞吐呼吸，则人多疾疫。此行人众，各辞祖父母、父母、妻子，涉险远以靖边夷，以安中夏。万冀神灵转达上帝，赐清凉之气，以消烟岚，早定诸夷，速归营垒，得奉祖父母、父母，眷属团圆，是其

① 查志隆:《岱史》。

祷也。[1]

这是洪武三十年朱元璋派神乐观道士朱铎如、监生高翥祭泰山的祭文。洪武末年,西南边防屡有战事。据《明史·太祖本纪》载,洪武二十八年(公元1395年),广西布政司报告,少数民族酋长赵宗寿和黄世铁等人"不循治化,负国殃民";洪武三十年(公元1397年),有苗民反抗;永乐五年(公元1407年),又有安南黎季黎、黎苍之乱。西南边事频繁,朱元璋和朱棣都十分重视。他们之所以战战兢兢,是因为明王朝对西南边境的地理、气候不甚熟悉,不太适应。他们求神保佑,以期胜利。当然,史书上说,这些边事被很快平息了。这当然不是神灵的保佑,而是将士迅速征讨的结果。

细检明代帝王的泰山祭祀,更多的是世俗化的求神活动。景泰三年(公元1452年)和成化六年(公元1470年),明代帝王两次派人祭祀泰山,一是为水灾,二是为旱灾。我们之所以说明代帝王这一类的泰山祭祀是世俗化的表现,是相对于前代的封禅大典而言。前已多次叙述,封禅典礼是帝王盛典,并不是任何一位帝王都可以举行封禅仪式的。一般说来,王朝易姓,有非凡的成就,并且天赐祥瑞,帝王才可以登泰山封禅告天;非开国之君,一定要具备政绩和祥瑞才可以举行封禅大典。宋真宗不具备这些条件,于是就弄虚作假。至少应该说,非重大事件是不能封禅的。明代从朱元璋开国到万历年间共28次派员到泰山祭祀。频繁的祭祀降低了祭祀的重要性和影响。更为严重的是,在行文语气上,皇帝竟然与神并列,地位同等,称"朕敷政以惠民,神出泉以泽物,皆上帝所命。今泉流溢于淮泗,灾害及于公私,伊谁之责?朕固不德所致,神亦岂能独辞?"皇帝有"不德"之过,神亦难辞其咎。其一,奉天抑神是一大变化。其二,明代帝王的泰山祭祀,帝王本人不亲临现场,只派官员和道士主持其事,降低了规格。其三,内容上的世俗化就更加明显。前边提到战争祭山神,文中有"各辞祖父母、父母、妻子,涉险远以靖边夷","速归营垒,得奉祖父母、父母,眷属团圆","念将士暴露于外,离其父母妻子"等类语言,将求长生、求神仙、求国祚长久、求天下太平的调子降低,转而求父母、妻子团聚,自然是由政治转向人生,由社会国家转向了家庭和个人。至于丰收年景,祭祀泰山神以示庆贺;正常年景,祭祀泰山神祈求丰收;水、旱灾害之际,祈求消灾弭祸,那就是将祭祀泰山神变成群众性的社会活动,与古代的封禅大典相去十万八千里了。

总之,从明代帝王停止封禅,到仅仅派下属祭祀泰山神;从明代帝王削泰山

---

① 查志隆:《岱史》。

神封号，到明代泰山祭祀的内容；从明代的皇妃在泰山封神，到明王朝在泰山设官员征收敬香税等，都说明了明代泰山祭祀的世俗化。

清代的泰山祭祀，始于清世祖爱新觉罗·福临（顺治）。随后，清圣祖爱新觉罗·玄烨（康熙）、清世宗爱新觉罗·胤禛（雍正）、清高宗爱新觉罗·弘历（乾隆），在泰山的祭祀最为引人注目。上述诸位皇帝不仅派官员到泰山祭祀，有时还亲临泰山，登山祭祀，同时对泰山的建设起过积极的作用，功不可没。

泰山祭祀的世俗化倾向到了清代更加明显和广泛。我们先看顺治皇帝的两通"祝文"：

> 皇帝遣都察院右都御史刘昌致祭于东岳泰山之神曰："惟神天门挺秀，日观昭灵，吐纳风云，育成品物。朕诞膺天命，祗荷神庥，特遣专官，用申殷荐，惟神鉴焉。"①

> 皇帝遣翰林院侍读学士左敬祖致祭于东岳泰山之神曰："惟神天门挺秀，日观昭灵，吐纳风云，育成品物。朕诞膺天命，祗荷神庥，特遣专官，用申殷荐，惟神鉴焉。"②

第一条的时间是顺治八年（公元 1651 年）四月七日，第二条的时间是顺治十八年（公元 1661 年）八月一日。一眼可见，两条"祝文"的文字完全一样。最为引人注目的是，《清史稿·世祖本纪》仅于顺治八年夏四月条下，有"遣官祭岳镇海渎、帝王陵寝、先师孔子阙里"一句，而顺治十八年未见记载，《清实录》和《清史稿·礼志》皆未涉及顺治派人祭祀泰山事。倘若不是地方志《岱览》保留此文，顺治的祭祀就可能湮没无闻了。凡此等等，说明到了清代，泰山祭祀已经完成了世俗化的过程，再也不会有前代封禅的神圣气氛了。

康熙一生和泰山发生联系共十次。其中，他本人两次登泰山举行祭祀，一次在山下岱庙举行祭祀，其余七次是派员到泰山祭祀。康熙第一次登上泰山，举行祭祀活动，是康熙二十三年（公元 1684 年）十月。《清史稿·圣祖本纪》二十三年称"冬十月壬寅，上次泰安，登泰山，祀东岳"。这并不是封禅，而是他南巡视察，了解东南黎民风俗的顺道之举。此次南巡，康熙本人十分重视，亲自做记录，将之称为《南巡笔记》。其开始和泰山有关的文字是：

> 康熙甲子春日，有以时值上元，请行封禅及巡狩、燔柴诸典礼者。夫朕凉德菲躬，临御海寓，迩年以来，水旱兵戈，民亦劳止。虽邀天庇佑，四海荡

---

① （清）金棨：《泰山志·祝文》。

② （清）金棨：《泰山志·祝文》。

平，万姓乐业，实未有丰功伟烈，足以昭示来兹。何敢效法前人，铭功纪德？至于巡狩，古天子所以周省侯国，使诸侯肆觐明堂，考其政绩。今天下之权统一于内，督抚之贤不肖，朕皆得而知之，又无事于巡狩之名也。惟是近畿郡邑，屡经巡幸，补助时施，而东南黎民风俗，尚未周知。乃于秋九月，陈请两宫，暂违定省。二十八日出京师，经河间，过德州，阅济南城，观趵突泉，题曰"激湍"。百姓遮拜马首，户口繁盛，比屋可封。昔称临淄之间，肩相摩毂相击者，今尚有遗风焉。十一日至泰山，石径崚嶒，缓步登陟四十里。御帐崖瀑水悬流，五大夫古松犹在岩畔，或亦后人继植者。入南天门，扪秦时无字碑，至孔子小天下处，真可收罗宇宙，畅豁襟怀，题"普照乾坤"、"云峰"诸字。宿泰山巅，月色晴朗，赋诗遣兴。来日登日观峰，看扶桑日出。下山祀于岳庙。岳为五方之长，发生万物，故躬祀之，为苍生祈福。①

康熙以为，巡狩是古代天子巡视各诸侯国，了解情况，让诸侯到明堂陈述情况，以便天子考核他们的政绩。现在是中央集权，大权都统一在康熙本人手里，关于各主要地方负责官员的政况，他都了解，不需要借巡狩的名义来考察。康熙本人以为他对京城附近的风俗民情较为清楚，能及时采取措施，加以补救，而对东南各地的民风、民俗不甚了解，因此决定南巡考察。质言之，康熙上泰山，融进了他个人的因素，即政务之余，登览名山，欣赏风景，以畅情怀。康熙、乾隆登泰山祭祀，或派遣官员到泰山祭祀，都和他们个人的生活相关。我们似乎可以说，清代的泰山祭祀由世俗化发展到了人本位的地步。先看康熙：

皇帝南巡至泰安州，登岱。遣内阁侍读赵世芳致祭于东岳泰山之神，曰："惟神名著岱宗，功齐青帝，广敷膏泽，发育群生。朕祗承休命，统驾寰区，夙夜勤劳，殚思上理。历兹四十余载。今者，适届五旬，海宇升平，民生乐业。见舆情之爱戴，沛下土之恩膏。特遣专官，虔申秩祀。尚凭灵贶，益锡蕃禧，佑我国家，共登仁寿。神其鉴焉。"②

皇帝遣吏部侍郎孙柱致祭于东岳泰山之神。曰："惟神名著岱宗，位尊乔岳，发生庶类，膏泽东维。朕缵受鸿图，抚临区域，殚思上理，夙夜勤求，惟日孜孜，不遑暇逸。兹御极五十余年，适当六旬初届。所幸四方宁谧，百姓乂和，稼穑岁登，风雨时若。维庶征之协应，爰群祀之备虔。特遣专官，

① (清)金棨：《泰山志·天章》。
② (清)金棨：《泰山志·祝文》。

式循旧典，冀益赞雍熙之运，尚永贻仁寿之庥。俯鉴精诚，用垂歆格。”①

两则祭文皆见于泰山地方志《岱览》。这两次派遣官员到泰山祭祀泰山神，其目的在很大程度上是为了纪念康熙本人五十寿辰和六十寿辰。需要说明的是，康熙在五十寿辰、六十寿辰派人到泰山祭祀与秦始皇、汉武帝到泰山封禅求长生不死或成仙是有本质的差异的。秦皇、汉武是以从属的身份祈求天帝赐长生，提携成仙，而康熙派人去泰山祭祀，只是希望“共登仁寿”、“尚永贻仁寿之庥”。这不仅是祭神的规模缩小了，仪式简化了，更重要的是康熙将祭祀泰山当作他生日的点缀，至多不过是“锦上添花”而已。据《清史稿》记载，康熙五十岁生日时，大臣们给康熙祝寿，向康熙赠送“万寿无疆”屏风，被康熙拒绝，他只接受了大臣们的“写册”。随后，康熙巡阅黄河，又到济南和泰山，并第二次登上泰山。两则祭文中的第一则就是康熙四十二年（公元1703年）正月康熙到泰山时写的。同年二月，康熙决定“运漕米四万石赈济宁、泰安”。因此，康熙四十二年登泰山是工作之便，祭泰山神纪念五十岁生日是工作过程中的一个插曲。第二则祭文写作的时间是康熙五十二年（公元1713年）五月，经查，康熙的生月是三月，因此他两次纪念生日的时间和实际生日都不符，五十岁生日祭泰山神早两个月，六十岁生日祭泰山神则晚两个月。但这决不能认为康熙不重视泰山，恰恰相反，康熙十分重视泰山，因为泰山不仅在帝王政治生活中起着作用，而且在普通人的世俗生涯中也起着作用，尤其在中国文化运作中有重要作用。因此，康熙写过一篇文章，题目是《泰山龙脉论》：

> 古今论九州山脉，但言华山为虎，泰山为龙。地理家亦仅云泰山特起东方，张左右翼为嶂，总未根究泰山之龙于何处发脉。朕细考形势，深究地络，遣人航海测量，知泰山实发龙于长白山也。长白绵亘乌喇之南，山之四围，百泉奔注，为松花、鸭绿、土门三大江之源，其南麓分为二干，一干西南指者，东至鸭绿，西至通加，大抵高丽诸山，皆其支裔也。其一干自西而北，至纳禄窝集，复分二支。北支至盛京，为天柱隆业山，折而西为医巫闾山。西支入兴京门，为开运山，蜿蜒而南，磅礴起顿，峦岭重叠。至金州旅顺口之铁山，而龙脊时俯时现。海中皇成、鼍矶诸岛，皆其发露处也。接而为山东登州之福山、丹崖山，海中伏龙，于是乎陆起西南行八百余里，结而为泰山，穹崇盘屈，为五岳首。此论虽古人所未及，而形理有确然可据者。或以界海为疑。夫山势联属而喻之曰“龙”，以其形气无不到也。班固曰：“形与

① （清）金棨：《泰山志·祝文》。

气为首尾。”今风水家有过峡有界水。渤海者，泰山之大过峡尔。宋魏校《地理说》曰：“傅乎江，放乎海。”则长白山之龙放海而为泰山也固宜。且以泰山体位，证之面西南而背东北，若云自函谷而尽泰山，岂有龙从西来而面反西向乎？是又理之明白易晓者也。[1]

康熙是一位头脑清醒而又工于谋略的政治家，他能深刻而正确地分析主客观形势，采取正确的政策措施，来巩固政权，维持社会安定，发展生产，增强国力。满族在中国多民族体系中，是一个人数较少的民族。对满族来说，入主中原，统治其他民族，特别是统治居住中原的人数庞大的汉族，当然是一个十分艰巨的任务。因此，康熙一方面以文武两手对付政治上的反对派、不合作派和异己派，另一方面又用统战的手段团结乃至拉拢一些有影响的、可以合作甚至勉强可以合作的人，同时，尽可能行中原汉族之所好。汉族崇拜孔子，康熙就祭祀孔子；汉族崇拜儒学文化，康熙就耐心地亲自宣讲儒家经典；汉族热爱泰山，纷纷涌向泰山朝山进香，康熙也到泰山，写《泰山龙脉论》。《泰山龙脉论》是一篇“统战”文字，为中原和长白山“一体”找根据。将泰山和长白山联系在一起，从政治文化上建立“一体化”，对维护多民族国家的统一是有益的。清代初年，有许多知识分子宁愿接受一个腐败无能的明政权，也不愿与颇有生机的清政权合作，康熙有限度的宽容和积极寻求合作的态度，无疑是应该肯定的，这对康熙本人以及对清王朝来说，都是明智的。《泰山龙脉论》无论是就清王朝而言，还是就中原汉民族广大民众而言，在文化心理上都会引起积极的效应。

清世宗爱新觉罗·胤禛(公元1678年—公元1735年)，康熙第四子，即帝位后年号雍正，人称雍正皇帝。由于雍正时代的“文字狱”十分酷烈，他在兄弟争权过程中杀人过格，连参与他夺权计谋的亲信，他亦决不放过，因此，他给人的印象极差。不过细审历史，他还不像人们所想象的那么坏。第一，他用铁的手腕，扼制康熙后期的政治腐败，对官僚内部的特权坚决废止。第二，推行新政，整顿经济，使康熙末年的财政虚弱症有根本性的治疗。第三，为乾隆盛世奠定了坚实的基础。雍正在位的时间不长，仅十三年，但十三年中却为泰山做了件大事。雍正七年(公元1729年)，他派内务府郎中丁皂保大规模修葺泰山庙宇。这次的修缮工程十分浩大，从山下的庙宇，到山间盘道、山顶的庙宇，都被修整一新。我们今天在泰山依然能见到这次修葺保留的建筑物。如岱庙后门不远处的岱宗坊、云步桥上边的五大夫松。据泰山地方志记载，经雍正派员整修后

---

① (清)金棨:《泰山志·天章》。

的泰山，庙宇墙垣、盘路石阶、神佛图像率皆焕然一新。应该指出的是，雍正修葺泰山，不是搞“以山养山”的路子，而是用免调泰山的香税银子来修葺泰山，因为香税的数额和修葺泰山的费用不相侔。雍正动用国库，“著发内帑银两”，是在下真本钱。

清高宗爱新觉罗·弘历（公元1711年—公元1799年），雍正第四子，多才多艺，深得雍正宠爱。

乾隆到泰安的次数在中国古代帝王中首屈一指。从乾隆十三年（公元1748年）他陪母亲第一次登泰山，到乾隆五十五年（公元1790年）他最后一次巡幸山东并登泰山为止，他前后共十次登泰山，其中六次登上泰山顶。检索史书，乾隆第一次登泰山，原出于他母亲的意愿：

> 上谕：朕幼诵简编，心仪先圣，一言一动，无不奉圣训为法程。御极以来，觉世牖民，式型至道。愿学之切，如见羹墙，辟雍钟鼓，躬亲殷荐，而未登阙里之堂，观车服礼器，心甚歉焉。仰惟皇祖圣祖仁皇帝巡幸东鲁，亲奠孔林，盛典传于奕祀。皇考世宗宪皇帝崇圣加封，重新庙貌。尝遣朕弟和亲王恭代展祀。未以命朕，意者其或有待欤！朕寅绍丕基，抚兹熙洽，思以来年春孟月，东巡狩。因溯洙泗，陟杏坛，瞻仰宫墙，申景行之夙志。复奉圣母皇太后懿旨：泰山灵岳，坤德资生，近在鲁邦，宜崇报飨。朕不敢违。爰遵慈训，亲奉銮舆，秩于岱宗，用答鸿贶。①

由此可见，乾隆要祭孔，乾隆的母亲要祭泰山。因而，乾隆第一次登泰山是奉母亲之命，也是陪伴母亲。历代帝王讲泰山，都以泰山配天帝。但乾隆的母亲却提出“泰山灵岳，坤德资生”的主题。虽然泰山早就有“东方主生”的说法，但历代帝王注目的还是皇帝—泰山—天帝之间的政治意念传承关系。讲天人合一，讲天人相应，都是这个传承关系的哲学命题。“坤德资生”显然是将政治意念传承淡化，而填充了世俗人生的内容。这篇《上谕》写于乾隆十二年六月，《清史稿·高宗本纪》说，乾隆十三年二月，“上东巡，奉皇太后率皇后启銮”，先到曲阜，祭孔子，谒孔林，同时祭少昊、周公，后至泰安，在山下岱庙中举行祭祀，奉皇太后登泰山。这两篇文章可以互相印证。

前文提到，雍正在泰安搞过一次大规模的修建工程，乾隆年间在泰安的修建工程亦复不少，与乃父相较，有过之而无不及。今日所见泰安之岱庙天贶殿、岱顶之碧霞祠，其规模形制大体是乾隆时物。令我们有兴味的是，乾隆修建泰

① （清）金棨：《泰山志·盛典纪》。

山庙宇和他母亲的寿辰有些联系。乾隆三十六年(公元1771年)是乾隆母亲的八十寿辰。此前,乾隆将泰山庙宇修饰一新,落成之际,请母亲到泰安。这固然是庆祝泰山庙宇落成,但也不妨说是纪念母亲八十寿辰的特别方式。另外,乾隆在即位之初即撤销了一般百姓上泰山要交香税银子的规定。[①] 免除香税,对上泰山的平民百姓来说,无疑是一件福音;对于泰山来说,广来香客,可以扩大影响,提高知名度。

以上雍正、乾隆《上谕》皆出自《岱览》。其实,祭泰山祝寿从顺治、康熙就开始了,以修庙祝寿才是雍正、乾隆间的事。总之,泰山祭祀的目标已不像早先"告成功于天",而是日渐成为皇帝、皇族乃至达官贵人的赏心乐事,甚至是逞一时之快。正因如此,耗费巨资求帝王之乐已不相宜。所以,乾隆在"上谕"中严格要求一切"俭约"。乾隆虽然在到泰山费用问题上厉行节约,但他对泰山岱庙的赠予却十分慷慨。据《岱览》记载,乾隆对泰山岱庙的赠予数量大、次数频繁。今存岱庙且被认为是宝物的"沉香狮子"、"温凉玉"都是乾隆赠予。前者是乾隆二十七年赠,后者是乾隆三十七年赠。

乾隆有才子风度,会写诗,善写字,能作画。他十一次到泰安,六次上泰山,创作泰山诗达170余首,但诗与字相较,乾隆的字更高一筹。他的书法介乎行、草之间,自然流畅、潇洒俊逸、引人注目。他的诗,特别是写泰山的诗,虽难以在内容和艺术上与古代名家相侔,但在整个中国古代帝王与泰山的关系中有着特别的意义。

相传乾隆登泰山至朝阳洞,北望泰山主峰气象万千,感慨非凡,以为泰山主峰及其附近山峦俨然一幅美丽的山水画,但这幅天然画作缺少印章,于是他作诗一首,镌刻在山崖上,此诗计六十字,字径大三尺,人称"万丈碑",以此算作印章。乾隆是天子,天子是江山之主,因此作为这江山之画的作者,他是有资格的。所以说,乾隆欣赏泰山风景,既有才子气,又有天子气!这首诗题为《朝阳洞》:

回峦抱深凹,曦光每独受。
所以朝阳名,名山率常有。
是处辟云关,坦区得数亩。
结构寄幽偏,潇洒开窗牖。
历险欣就夷,稍憩复进走。

---

① 事在雍正十三年十一月,此时雍正已薨,乾隆已即位。

即景悟为学，无穷戒株守。

引述这样一首诗，目的不在诗歌本身，也不是为了鉴赏，只是说明一种文化心态。早在秦汉时期，秦始皇、汉武帝对泰山，是将其放在神龛里，自己却战战兢兢、诚惶诚恐、万分虔诚地顶礼膜拜。到康熙、乾隆之世，他们却将泰山从神龛里取出来，放在自己的书斋里把玩、欣赏，为泰山的拔地通天、雄伟盖世而倾倒折服，赞叹大自然天工巧夺而抒发他们的个人情怀。质言之，从秦始皇的封禅祭天到乾隆皇帝的将泰山当做自然山水画，是两千多年来中国古代社会经济、文化发展的心里历程，是不以个人意志为转移的历史轨迹。

诚然，中国古代帝王，不管他个人的素养和才能如何，总是处在中国封建政治的巅峰之上，他的社会行为总是在不同程度上与政治目的性发生直接或间接的关系。即使是将封禅、祭祀都世俗化了的帝王也不例外。无论是秦皇、汉武东巡以加强联系、镇压异己的政治力量，还是康熙、乾隆祭孔、祭泰山以顺从民情、民欲，其目的都包含着维持多民族封建帝国的大一统格局的目的。几千年的历史事实证明，大一统，尤其是安定和谐的大一统，对生产力发展和文化繁荣极为有利，这也许是泰山封禅、泰山祭祀经久不衰的真正的历史奥秘。

第四章　泰山民俗

泰山周边的海岱地区是中华文明的发祥地之一，自古以来便是物产丰饶、文化发达之地，也是中国居住人口最稠密的区域之一。作为海岱地区文化中心的泰山一带，几千年来，随着泰山的巨大影响，多种文化在此汇集和交流，加之本地纯朴的民风，造就了具有浓郁地方特色的民间习俗，其民俗形式丰富多样而又自成体系，集中展示了民间文化的丰富内涵和独特风味，在国内乃至国际上都有较大的影响。

泰山地区的民俗，其主要形式显然与泰山文化有着密切的关联，杂糅进大量的宗教信仰成分，社会民俗、经济民俗和旅游竞技民俗交织在一起，构成了一道独特的泰山风景。

泰山民俗花样繁多，几乎表现在日常生活中的方方面面。大到宗教信仰、婚丧嫁娶、生儿育女、祈祥纳福以及各种节庆、各种礼秩等，小到吃喝穿戴、迎来送往甚至打招呼、玩游戏等，都有自己独到的特点和习惯，可谓五花八门、鲜明有趣，表现出浓郁的地方色彩。下面，我们将撷取最能代表泰山民俗特质的泰山庙会、泰山石敢当和泰山香社加以介绍。

第一节　泰山庙会

庙会，顾名思义就是在寺庙、道观及其周边集会，它的最初目的就是祭神、娱神，同时各宗教派别借此招徕信众、吸引香火、光大本教，这种大规模的群众集会后逐渐演化为集多种成分为一体的综合性民俗活动。庙会最初的渊源可追溯到先秦时的社祭。从社祭来看，民众的集会就已不是单纯的祭祀活动了，男女约会、娱乐、饮食等已掺杂其中。对包括宗教人士在内的各色人等来说，在庙会上单纯地进行宗教活动显然不是最理想的方式，若能在祭神的同时兼顾其他活动——比如经济和娱乐——则无疑是双赢的局面。佛、道可借此扩大参与的人数,获得更多的信徒,原有的信众也可在祭神的同时获得极好的生意买卖和娱乐消遣的机会。因此,原本以宗教活动为主的庙会逐渐成为集宗教、集市、娱乐、节日为一体的重大社会活动,庙会又称"庙市"或"节场"就是这个原因。后来,各类商贾也借这一重大的集会以加强货殖,遂使经济和娱乐取代宗教成为庙会的主要内容,北京现在的某些届会甚至已经完全蜕变为纯粹的大型民间集市。

由于庙会的参加者主要是普通地方百姓,而且三教九流无所不包,加之推销者为了吸引百姓的注意,极力展示、兜售自己的物品、技艺、教义等,因此在五花八门的庙会活动中掺杂进了很多的表演因素,堪称各地民间物资及民俗活动的大展演。久而久之,庙会本身也成了重要的民俗形式。由于庙会活动非常贴合百姓的精神、娱乐和经济需求,所以唐宋以来,庙会发展迅速,尤其是明清时期,庙会几乎遍布全国,成为传统社会民间的一大习俗。由于庙会往往要借助于某个特定的日子以聚敛人气寻求效益,因此全国各地的庙会日期并不确定,但大多选在春节等重大节日期间,因为这时正是生意和娱乐的黄金时期,经贸活动的效益最好,如北京地坛庙会等。

泰山庙会是国内影响较大的庙会之一。尤其是在宋代以后,泰山庙会不仅汇集了大量本地的民众,而且全国各地的商贾及各色人等无不前来赶场。泰山庙会的一个独特之处是庙会的时间选定在农历三月二十八和四月十八前后,因为这两天分别是传说中的东岳大帝和碧霞元君的生日。在这段时间,大量信众前来登山进香,为二位神仙庆生祝寿并为自家人祈福禳灾,同时也在春暖花开时节一并游山、购物,这可以说是一个极好的户外活动。因此,各地百姓将两位神祇的生日作为泰山庙会的时间,是一个极为恰当的安排。[①] 庙会期间,泰山大帝住在岱庙,在泰山脚下接受香火;碧霞元君则居于泰山之巅,受万众朝贺。泰山庙会的主体就在宽敞的岱庙内外展开,虔诚的香客沿山道拾级而上,直达碧霞祠。山上、山下人流不断、热闹非凡,各种活动争相上演,以致整个泰山都笼罩在欢乐和繁忙之中。世俗的经贸活动和朝山的精神追求交织在一起,尽显泰山的兴盛和尊崇。

泰山庙会的空前盛况,在多部中国古代小说作品里都有精彩描写。

《水浒传》七十四回里写道:

---

① 北京东岳庙会并不在这段时间,而是多安排在春节期间。

那条路上,只见烧香的人来往不绝。

原来庙上好生热闹,不算一百二十行经商买卖,只客店也有一千四五百家,延接天下香官。……许多客店,都歇满了。

那日烧香的人,真乃亚肩叠背,偌大一个东岳庙,一涌便满了。屋脊梁上都是看的人。朝着嘉宁殿,扎缚起山棚,棚上都是金银器皿,锦绣缎匹。门外拴着五头骏马,全副鞍辔。

《醒世姻缘传》第六十八回对此也有摹写:

四月十八日,(泰山)顶上奶奶的圣诞……这是哄动二十合属的人烟,天下货物的都来赶会,卖的衣服、首饰、玛瑙、珍珠,甚么是没有的?

百姓在泰山庙会中虔诚朝拜、祈福祝念的同时,也寻找到了少有的乐趣,买到了喜爱的物件。张岱的《岱志》中还写到了庙会上各种游戏和技艺表演,"斗鸡蹴鞠、走解说书。相扑台四五,戏台四五,数千人如蜂如蚁,各占一方,锣鼓讴唱,相隔甚远,各不相溷也。"而山东快书《武松传》中,对泰山庙会的各色买卖、表演描写得更为详细、精彩:"今年庙会实在强。听我说,有七里路的铁货市,八里路的木材行,九里路的镰刀庄,东北角好几里长的骡马行。当中间支了个刀山架,爬刀山的净是一些大姑娘。竹马旱船来回跑,四台大戏唱二黄。四台大戏对着唱,一台更比一台强。东北角哞啦哞啦'玩老虎'!西北角下'猴儿骑羊'!会上的热闹玩艺儿数不尽,你再听买卖有多强:大买卖有珠宝店、人参店,兑金店里带钱庄。有呢绒庄、绸缎庄,金货店里更排场。有铜店、锡店、铁货店,那一些买卖带发行。"[①]

泰山是统一国家的化身和民族形象的表征,也是闻名中外的神山、圣山,借助这一得天独厚的优势,泰山庙会成为中国庙会中规模最大、影响最著者,也最能代表庙会文化。仔细分析,泰山庙会表现出两大特色:

一、宗教诉求是泰山庙会的灵魂,宗教信仰的发展推动了泰山庙会的发展

早期泰山庙会的形成主要得力于对泰山的自然崇拜及其代表的封建政治。先秦至秦汉时期,泰山以其俯视天下的独尊形象,激发了人们对它的自然性崇拜,并将其与封建政治联系在一起,独尊的泰山成为政治一统的合法性象征。《诗经》云:

泰山岩岩,鲁邦所詹。奄有龟蒙,遂荒大东。至于海邦,淮夷来同。莫

① 吕继祥:《东岳泰山庙会》,《泰山工作》2008年第七期。

不率从，鲁侯之功。

人们崇拜泰山独出于广袤黄淮平原的同时，自然地把它作为“普天之下莫非王土，率土之滨莫非王臣”的政治象征了。泰山封禅便是宗教信仰和政治一统的产物，是形成泰山庙会的关键。秦始皇等早期帝王对泰山的封禅之举，引发了国内尤其是泰山周边地区的宗教狂热，只是由于早期的泰山崇拜仅限于官方，才使百姓朝山进香的规模受到限制。但这时作为官方钦点的政治名山，泰山在民众心目中的地位已经奠定。

汉魏前后，宗教在中国的影响突飞猛进，泰山的宗教色彩也大为增强。人们对泰山的自然山体崇拜也逐渐宗教化。“泰山君”的出现就是神化的产物，而且产生了重大影响。西汉辞赋家东方朔在《五岳真形图序》中说：

东岳泰山君，领群神五千九百人，主治死生，百鬼之主帅也，血食庙祀所宗者也。……泰山君服青袍，戴苍碧七称之冠，佩通阳太平之印，乘青龙。

可见，西汉时，泰山君已经完全形象化，而且在群仙中具有突出地位。泰山也就成为神仙云集之仙境，为人所向往。当代学者何新曾对泰山周边地貌加以考证，认为所谓的众神之山——古昆仑山其实就是现在的泰山。[①] 曹植曾在《飞龙篇》中运用合理的想象对这一仙境加以细致地描绘：

晨游泰山，云雾窈窕。忽逢二童，颜色鲜好。乘彼白鹿，手翳芝草。我知真人，长跪问道。西登玉台，金楼复道。授我仙药，神皇所造。教我服食，还精补脑。寿同金石，永世难老。

他的《盘石篇》描写得更加精细，似乎是他亲眼见到了泰山仙境的出现：

盘盘山巅石，飘飖涧底蓬。我本太山人，何为客淮东？蒹葭弥斥土，林木无分重。岸岩若崩缺，湖水何汹汹！蚌蛤被滨涯，光彩如锦虹。高彼凌云霄，浮气象螭龙。鲸脊若丘陵，须若山上松。呼吸吞船欐，澎濞戏中鸿。方舟寻高价，珍宝丽以通。一举必千里，乘飔举帆幢。经危履险阻，未知命所钟。常恐沈黄垆，下与鼋鳖同。南极苍梧野，游眄穷九江。中夜指参辰，欲师当定从！仰天长叹息，思想怀故邦。乘桴何所志，于嗟我孔公！

在曹植的笔下，泰山无疑就是仙境，不仅云雾缭绕、仙气氤氲，而且时有仙人来往其间，到泰山可求长生、可求不朽，作为神境的泰山加快了神化进程。

汉魏之际，随着佛经东译，“太山府君”开始出现，但“太山府君”的“太山”不

---

① 何新：《诸神的起源》“天堂与地狱之山”，光明日报出版社，1996年第一版。

是中国的东岳泰山，而是佛经中的地狱。佛经译者用“太山”之名译经，为中国民间方士提供了一个机会，让他们利用这一名词的含混概念，把佛教的“太山地狱”转化为中国的冥府即太山府君。太山府君融合了佛教的一些平等观念，“死者不系生时贵贱”，这就让“太山治鬼说”在民间立定了脚跟。顾炎武曾说，“鬼论(泰山治鬼之论)起于汉末。”钱钟书也说：“经来白马，泰山更成地狱之别名。”[①] 自此，泰山在百姓心目中日趋重要。

唐代佛道大盛，李唐王朝恰巧与道教祖师老子同姓，于是唐王朝借机宣称自己是神仙苗裔，并制造“君权神授”的舆论，对道教大肆推崇和扶持，因此泰山神化运动得以和道教进一步融合，泰山神地位迅速抬升，影响力日渐增强。据现存岱庙碑廊的唐代《双束碑》记载，唐高宗在显庆六年，“敕使东岳先生郭行真，弟子陈兰茂、杜知古、马知止，奉为皇帝、皇后七日行道，并造塑像一躯，二真人夹侍。”

再者，为唐睿宗手敕的刻辞文字，讲的是睿宗皇帝遣道士杨太希到泰山烧香事，辞曰：

> 景云二年(公元771年)六月二十三日，皇帝敬凭太清观道士杨太希，于名山斫烧香供养。惟灵蕴秘凝真，含幽综妙，类高旻之亭育，同厚载之陶钧。蓄泄烟云，蔽亏日月，五芝标秀，八桂流芳，翠岭万寻，青溪千仞。霓裳戾止，恒为碧落之庭；鹤架来游，即是玉京之域。百祥覃于远迩，五福被于黎元。往帝所以驰心，前王由其载想。朕恭应宝位，嗣守昌图，恐百姓之不宁，虑八方之未泰。式陈香荐，用表深衷，实冀明灵，降兹休祉。所愿从今以后，浃宇常安；朕躬男女六姻，永保如山之寿；国朝官寮万姓，长符击壤之欢；鸟鱼遂性于飞沉，夷狄归心于边徼。实希灵鉴，用副翘诚，今因炼师遣此，不悉。

可见，自唐代起，泰山神的地位提升非常明显，并且仿照人间的地位等级，被封为“天齐王”、“天齐君”等，日渐隆崇。旺盛的香火、频繁的斋醮活动，使得朝山的善男信女越来越多。百姓云聚泰山，争相祭山拜神，为家人祈禳。这一旺盛的人气和信众的大规模汇聚情景，无疑引起了各派宗教及各家商贾的注意，他们趁机加大宣传力度，借机生财，扩充实力，由此逐渐形成了泰山庙会。但在这时，庙会的时间并不完全确定，地点也不很固定，而且过于依赖拜神仪式，宗教意味还比较浓厚。

---

① 栾保群：《“泰山治鬼”说的起源与中国冥府的形成》，《河北学刊》，2005年第3期。

宋代时期，泰山宗教空前发达。不但泰山神地位进一步提高，更关键的是，泰山宗教的大本营——岱庙变得空前浩大和豪华，这最终促使泰山庙会走向真正的完善和成熟。

岱庙鸟瞰

宋真宗时，进一步加封泰山神为“天齐仁圣帝”，并斥重资对岱庙进行了大规模的修缮，岱庙的形制、华丽均达到空前的程度。以宋代为背景的《水浒传》对岱庙及东岳大帝就有过大段的描写：

庙居泰岱，山镇乾坤，为山岳之至尊，乃万神之领袖。……楼台森耸，疑是金乌展翅飞来；殿阁棱层，恍觉玉兔腾身走到。雕梁画栋，碧瓦朱檐。凤扉亮槅映黄纱，龟背绣帘垂锦带。遥观圣像，九旒冕舜目尧眉；近睹神颜，衮龙袍汤肩禹背。……御香不断，天神飞马报丹书；祭祀依时，老幼望风皆获福。嘉宁殿祥云杳霭；正阳门瑞气盘旋。万民朝拜碧霞君，四远归依仁圣帝。[①]

而《大宋宣和重修泰岱庙碑》的记载证明了这段描写完全符合历史事实：

增至宫宇，缭墙外围，罘罳分翼，岿然如御都紫极，望之者知为神灵之宅。凡殿、寝、堂、阁、门、亭、库、馆、楼、观、廊、庑，合八百一十有三楹。

上层确定东岳大帝的生日为三月二十八日后，自然要年年庆贺，因而也就形成了泰山东岳庙会的定制，庙会的地点也由唐代时的岱岳观一带改为东岳庙了。这意味着东岳庙会的正式形成。

从记载中可以发现，在开始阶段，东岳大帝无疑是庙会的主角，但宋代以后对碧霞元君的崇拜逐步升级，并在明清时期最终超越东岳大帝成为泰山影响最大的神祇，其影响力成为庙会发展的第一动力，以致“自碧霞宫兴，而世人香火东岳者，咸奔走元君。近数百里，远即数千里。每岁拜香岳顶者数十万众，施舍金钱币亦数十万，而碧霞香火视他岳盛矣”[②]。王照的《行脚山东记》更是记载了泰山周围的老百姓“终日仰对泰山而不知有泰山，名之曰奶奶山”的奇闻。自古以来，人们都尊称碧霞元君为“泰山老母”、“泰山老奶奶”，可见崇拜之至。

---

① 施耐庵:《水浒传》第七十四回。

② 明万历二十一年(1593年)立，王锡爵撰《东岳碧霞宫碑》。

碧霞祠内的碧霞元君像

宋真宗封禅泰山时才初露端倪的玉女,何以迅速攀升而成为泰山第一神?究其原因,大致有三个方面:一是元君的女性形象对信众有着天生的亲和力。相较于泰山神的高高在上和威严肃穆,元君无疑显得更加慈爱,更具有人情味,更容易让人接近,祈福禳灾的百姓显然更倾向于元君,因而碧霞元君对下层百姓具有更强的吸引力。譬如,传说中的碧霞元君性格就更近于普通百姓。与自诞生以来就不食人间烟火的泰山大帝不同,一则民间传说认为,碧霞元君原为泰山当地的一个普通女子。一天,她在打柴中偶然发现一个落难的老婆婆,善良的她非常可怜老婆婆,就对她悉心照料。不想老婆婆原是南海观世音,见此女善良无比,加以受人恩惠当报答,于是设法让她成了泰山之主。其他传说中的元君形象实际上也多是草民百姓自身形象的外化,因此她的信徒众多也就不足为奇了。二是在民众看来,作为女性神的碧霞元君近乎母亲,对居家过日子的百姓具有更加实用的功能。诸如对于妯娌不和、父子分家、婚丧嫁娶、妻女生产等问题,善男信女们往往求之于女神碧霞元君而较少打扰威严的泰山大帝;尤其来泰山求子者众多(无子者求子,有子者祈求子嗣繁盛),依中国的传统观念,送子娘娘只能由元君承担,拜神求子当然要拜托元君。三是元君庙虽然在过去有上、中、下三庙,但最有名的碧霞祠高居岱顶,涉远而来者必定以登顶为能事,在岱顶拜神显然比在山下更有影响力。

以上原因使得碧霞元君信徒众多,逐渐成为泰山庙会的核心,并带动庙会在明代出现了第二个高潮。清代学者唐晏在《天咫偶闻》中云:"香火自邹、鲁、齐、秦以至晋冀。"自此,碧霞元君的诞辰活动成为每年庙会的核心和高潮,极其火爆。据明《帝京景物略》记载："岁四月十八日，元君诞辰，都士女进香，先期香首鸣金号众，率之如师如长，令如诸父兄。是月一日至十八日，尘风汗气四十里，一道相属也。"

明清时期，东岳大帝的影响比起碧霞元君来有所减弱，地位略有不如，但他对庙会的作用依然巨大，不可低估。东岳大帝的诞辰仍然是庙会的主要内容，场面宏大。元曲《刘千病打独角牛》中描写道："今日乃三月二十八日，是东岳天齐仁圣大帝圣诞之辰，……端的是人稠物穰社火喧哗。"明人陆容的《菽园杂记》卷七记载："每年三月二十八日，属东岳帝君诞辰，天下之人不远千百里，各有香帛牲牢来献。"清代《岱览》也写到庙会中东岳大帝诞辰日的重要，"庙城宏敞，每年祈赛云集，布幕连肆，百剧杂陈，肩摩趾错者数月。旧传三月二十八日为东岳诞辰，是日尤甚。"

直到民国，泰山庙会仍兴旺不减。民国十八年及二十年，傅振伦先生曾两游泰山，他在《重游泰山记》中对泰山庙会记述颇详，泰山的宗教活动依然是庙会的主要内容和精神支柱：

> 时值夏历三月中旬，为泰山庙会之期，善男信女，远道而来朝山进香者，相望于途。妇女皆缠足，头梳长髻，衣裳博大，不着裙衫，腿带宽可四寸，多深红艳绿色，盖犹有数年前内地古装之遗风。捧香合手，喃喃不绝于口。至于男子朝山，则随僧道鼓吹而已。有手持直角三角形之黄旗者，其上大书"朝山进香"四大字，右侧书"莱邑义峪庄"诸小字，是殆来自山东东部莱州者。山中居民，有出售香马纸课者，生意最盛。沿途乞丐甚多，逢人索物，并云："千舍千有，万舍得福"、"步步升高"、"积德吧，掏钱吧，个人行好是个自的"，不予则不得前行。

时至今日，泰山庙会本身已经渐趋衰落，究其根源，一个重要的原因是宗教因素的剧减。虽然在碧霞元君和东岳大帝的生辰日，香火依然旺盛，岱庙、碧霞祠里的香客依然是摩肩接踵，甚至在平日，漫漫的山道上仍然拥挤着众多的善男信女，其中的宗教精神依然在四处弥漫，但大型祭祀活动已是荡然无存，庙会的宗教内核被抽取一空，庙会变得徒有其表，有其形而无其神。这与建国后我们的政治信仰有关，也与我们对宗教的误解有关。若要恢复泰山庙会的巨大影响，单纯依靠简单的经济和文娱活动显然是无济于事的，必须把其中的宗教内核重新找回来，在除掉其中的迷信色彩和消极因素之后，设立有组织的宗教活动，方能重振泰山庙会的精神。

二、世俗实用和娱乐是泰山庙会的宗旨

第一,经贸活动是发展泰山庙会的现实目的,也是其发展的现实基础。

除宗教活动外,泰山庙会也是一年中最大的经贸展销会。各地商贾从中货殖渔利,地方百姓也在交易中满足了个人需求,因此庙会对民众还有着更为现实的价值。

泰山庙会作为大型的经贸集会,其影响力远远超出了泰安一地,辐射范围相当广阔,不仅涵括齐鲁,而且吸引了全国各地尤其是陕西、山西、河南、河北等广大北方区域的众多商人。

泰山庙会的经济交易除了采用一般的买卖形式外,往往将经济交往与宗教活动杂糅在一起,这体现了一般庙会的经济活动特色。明人张岱在《岱志》中记载:

四方香客,日数百起,醵钱满筐,开铁栅向佛殿倾泻,则以钱进。元君三座,左司子嗣,求子得子者,以银范一小儿酬之,大小随其家计,则以银小儿进。右司眼光,以眼疾祈得光明者,以银范一眼光酬之,则以银眼光进。座前悬一大金钱,进香者以小银锭或以钱在栅外望金钱掷之,谓得中则得福,则以银钱进。供佛者以云锦,以绸帛,以金珠,以宝石,以膝裤、珠鞋、绣帨之类者,则以锦帛、金珠、鞋帨进。以是堆垛殿中,高满数尺。山上立一军营,每夜有兵守宿,一季委一官扫殿,鼠雀之余,岁尚数万金,山东合省官,自巡抚以至州吏目,皆分及之。

当代泰山上虔诚的进香客

可见,买卖宗教用品、参加祈福等宗教活动的价格不菲,这是庙会最有特色的经济形式了。

政府以其独裁的权力地位,成为泰山庙会经济活动中最大的受益者。万历年间,神宗皇帝"溺志讲赋",随处派遣税监税征收税金,据《明史·李三才传》记载，当时仅泰山岁入国库的香税即达二万余两。明人谢肇淛在《登岱记》中讲："元君者……其肸蚃灵明足以奔走万方之士女。所入香缗，岁不下六万。其布舍财帛，称是官收其入以佐匪颁，比者中使榷税复增什之二矣。而膜拜祝厘者，犹肩相触也。"张岱《岱志》估算则更多："山税有例，……每人一钱二分，千人百二十，万人千二万，岁入二、三十万。"

民国年间，冯玉祥将军对泰山庙会进行了考察，并作社会风俗诗《庙会的市面》一首，从诗中可以看出当时泰山庙会虽然表面依然热闹，但已经难掩经济凋敝的现实：

赶庙会，开市场，各种货物来四方。有洋货，有土产，还有大喝小吃馆。这一边，摆面摊，台凳板桌都齐全。爹揉面，娘烧炉，生意买卖儿照顾。那一边，更热闹，汉子张口大声叫。酸梅汤，荷兰水，价格便宜味鲜美。有老少，有男女，杂乱拥挤来复去。买者少，看者多，腰里无钱没奈何。乡民苦，乡民穷，金钱日日外国送。说缘由，话根底，生产赶早用机器。

国家经济的困窘和艰难以及官方的各种苛捐杂税，使得泰山庙会失去了原有的经济活力。

值得关注的是1949年后，国家某些极"左"的做法对绵延几达两千年的泰山庙会也产生了重大不利影响。

从1949年建国到"文革"前，泰山庙会的传统文化价值、民俗价值、宗教价值和经济价值基本被否定了，庙会被不定期的物资交流会所取代。"文革"期间，随着政治形势的极度混乱以及文化虚无主义的盛行，连物资交流会也被取消了，泰山庙会在中国历史上出现了少有的空白期。"文革"结束后，泰山重新成为中外旅游的热点。为适应新形势的需要，泰安对传统的泰山庙会进行了一番"去其糟粕，取其精华"的改造后，于1986年恢复了泰山庙会。会场最初设在岱岳观旧址一带，会期定在公历五月六日至十二日。庙会除了民众自发的一些宗教活动外，更侧重在物资交易、文化娱乐和旅游观光上面。以1991年和1992年的泰山庙会为例，1991年会期为6天，与会人数120多万人次，有十余个表演团体到会，商业大棚40余个，经营单位（个体）上千家，总成交额达400多万元；1992年的泰山庙会"以红门路为中轴线，南起白鹤泉，北到关帝庙，西临普照寺，东至王母池，占地面积一平方公里，会期长达10天。……起会以来，1500多家售货摊点，15个大型表演团体，200多座饭棚以及每天20万人次的赶会和流动叫卖声，把整个会场挤得水泄不通”[1]。这届庙会的总上会人次为200万以上，交易额达1100万元。

2007年东岳庙会开幕式

从纯经济学的角度来说，当代庙会不能说没有效果，但与传统的庙会相比，已经发生了根本性的变化：首先是与民间自发组织的传统庙会不同，当代庙会具有鲜明的官方性质。庙会由官方发起，官方管理，在具体的经贸活动中，国有经济成分也占据了主导地位。而且在活动中，政府保持着谨慎的政治姿态，对待宗教活动、民间活动态度较为消极，民间参与的积极性未能充分调动起来，民间文化色彩较为淡薄，具有鲜明民间特色的商品和活动不多。其次是当代庙会的影响锐减，只限于泰安一地，而且基本上降格为当地的物资交流会，远非传统的影响大江南北的东岳庙会。再次是随着泰山在政治上的崇高地位的失去，泰山的宗教色彩也明显淡化，成为一座单纯的旅游名胜，原本定位在宗教、政治和民间文化等多重价值上的泰山庙会失去了自己的独特优势。因此当代庙会已形同鸡肋，无法有机地融合进旅游资源中，寻找不到自己的位置，淡出历史舞台只是个时间问题。应该说，这种非物质文化遗产的丧失给民俗、文化、宗教和经济上造成的损失之大，难以估量。

第二，文体娱乐是泰山庙会最有活力、最具文化内涵的内容。

从历史上看，泰山庙会既是当地每年最大的艺术会演，集聚了各式各样的演出团体，也是群氓百姓一年一度的最大的娱乐节日和狂欢庆典，市民百姓在庙会上尽情释放着自己生活的疲劳，调剂着人生的枯燥。庙会上的活动主要是说书、唱大戏、技艺展演及搏击等文体项目。唐宋时期的庙会将民间的娱乐推

① 张用衡：《泰山庙会古今谈》，《华夏星火》，1992年第7期。

向了高潮。《水浒传》第七十四回记载了泰山庙会上的相扑比赛：

这个相扑，一来一往，最要说得分明。说时迟，那时疾，正如空中星移电掣相似，些儿迟慢不得。当时燕青做一块儿蹲在右边，任原先在左边立个门户，燕青则不动弹。初时献台上各占一半，中间心里合交。任原见燕青不动弹，看看逼过右边来，燕青只瞅他下三面。任原暗忖道："这人必来弄我下三面。你看我不消动手，只一脚踢这厮下献台去。"……任原看看逼将入来，虚将左脚卖个破绽，燕青叫一声"不要来！"任原却待奔他，被燕青去任原左胁下穿将过去。任原性起，急转身又来拿燕青，被燕青虚跃一跃，又在右胁下钻过去。大汉转身终是不便，三换换得脚步乱了。燕青却抢将入去。用右手扭住任原，探左手插入任原交裆，用肩胛顶住他胸脯，把任原直托将起来，头重脚轻，借力便旋四五旋，旋到献台边，叫一声"下去！"把任原头在下，脚在上，直撺下献台来。这一扑，名唤做"鹁鸽旋"。数万香官看了，齐声喝彩。

连环画《水浒传之二十三·燕青打擂》

可见，宋代泰山庙会的相扑达到了非常高的水平，给予观众非常大的艺术享受。庙会发展至明代，文体娱乐规模更大，参与人数更多，形式更为丰富，而演出也更为火热。

小戏和唱曲是泰山庙会上重要的娱乐节目，往往和拜神、祭祀结合在一起，明清时期尤为火爆。明《帝京景物略》记载：

岁四月十八日，元君诞辰，都士女进香。先期，香首鸣金号众，率之，如师，如长令，如诸父兄。月一日至十八日，尘风汗气，四十里一道相属也。舆者，骑者，步者，步以拜者，张旗幢、鸣鼓金者。舆者，贵家，豪右家。骑者，游侠儿、小家妇女。步者，窭人子，酬愿祈愿也。拜者，顶元君像，负楮锭，步一拜，三日至。其衣短后，丝裈，光乍袜履，五步、十步至二十步拜者，一日至。群从游闲，

东岳庙会上的戏曲演出活动

数唱吹弹以乐之。旗幢鼓鸣金者，绣旗丹旐各百十，青黄皂绣盖各百十，骑鼓吹，步伐鼓鸣金者，称是。人首金字小牌，肩令字小旗，舁木制小宫殿，曰元君驾。他金银色服用具，称是。后建二丈皂旗，点七星，前建三丈绣幢，绣元君号。又夸儇者，为台阁，铁杆数丈，曲折成势，饰楼阁崖水云烟形，层置四五儿婴，扮如剧演。其法，环铁约儿腰，平承儿尻，衣彩掩其外，杆暗从衣物错乱中传。下所见云梢烟缕处，空坐一儿，或儿跨像马，蹬空飘飘，道傍动色危叹，而儿坐实无少苦。人复长竿掇饼饵，频频啖之。路远，日风暄拂，儿则熟眠。别有面粉墨，僧尼容，乞丐相，遢伎态，憨无赖状，闾少年所为喧哄嬉游也。桥傍列肆，抟面角之，曰麻胡。饧和炒米圆之，曰欢喜团。秸编盔冠幞额，曰草帽。纸泥面具，曰鬼脸、鬼鼻。串染鬃鬣，曰鬼须。香客归途，衣有一寸尘，头有草帽，面有鬼脸，有鼻，有须，袖有麻胡，有欢喜团。入郭门，轩轩自喜。道拥观者，啧啧喜。入门，翁妪妻子女，旋旋喜绕之。然或醉则喧，争道则殴，迷则失男女，翌日烦有司审听焉。

这里虽然描写的是京城庙会，但从中不难看出：宗教上的拜神往往演变为装神弄鬼的戏剧演出。戏剧主人公为碧霞元君和泰山神，戏剧中模拟其府第、居所，演员着其衣装；神职人员即和尚、道士，不时与百姓相嬉戏。拜神演剧看似敬神，旨在娱神，实则是百姓不过以之为借口，行歌舞燕乐之事，自娱才是其真正的目的。观演中嘈杂、淆乱，大众处在极度的自娱自乐的狂热中，以至“或醉则喧，争道则殴，迷则失男女，翌日烦有司审听焉”。庙会演剧活动的艺术魅力达到如此高度。

装扮东岳大帝巡游，
至今是东岳庙会重要的表演内容。

庙会的娱乐在当时已经成为相当大的固定产业，影响甚大，给当地带来了巨大的经济效益，活跃了市井，使游人流连忘返，成为一大民俗景观。如明代的歌姬业和妓女行业就相当发达，在泰山庙会的娱乐中扮演着重要的角色。张岱《岱志》载：

离州城数里，牙家走迎。控马至其门，门前马厩数十间，妓馆十数间，优人寓十数间。向谓是一州之事，不知其为一店之事也。到店，税房有例，募轿有例，纳山税有例。客有上中下三等，出山者送，上山者贺，到山者迎。客单数千，房百十处，荤素酒筵百十席，优傒弹唱百十群，奔走支应百十辈，牙家十余姓。

可惜的是，泰山庙会的民间文体娱乐在今天基本无存，不仅成为民俗文化中的憾事，也给当地的文化和经济造成了巨大的损失。究其原因，主要有两个：一是经历过上世纪几十年战乱及文革的冲击，民间的许多文体娱乐失去了应有的传人，导致这些“绝活”失传，而且当下的文化抢救工作也未能跟上；二是随着新的文体形式的出现，某些传统的文体活动失去了存在的现实土壤，难以为继。但从文化和民俗的传承角度来说，国家应该尽快对这些颇有价值的民俗活动进行抢救性发掘，并将其进行科学的保护和创新，以留住我们民族文化的根。

第二节　泰山石敢当

石敢当信仰影响十分广泛，遍及全国大部分地区乃至海外，而且至今不衰。华人所到之处，举凡搭房建舍，多有石敢当相随。来泰山旅游的人都喜欢带一块刻有“泰山石敢当”的泰山石回去，置于家中或庭内，以起到镇宅驱邪、佑护平安的作用。而在泰安当地，几乎家家可见泰山石敢当的影子，许多民宅在建设的同时往往将刻有石敢当的石块砌于墙内，也是希望宅基永固、家人平安。作为一种民俗，石敢当极具代表性，堪称中国灵石信仰的典型。

石敢当的形式可分为两种：一种写作“石敢当”，另一种则写作“泰山石敢当”。前一种写法出现较早，最初流传于福建、广东和港澳一代；后一种写法则出现较晚，但流行更为广泛，几乎遍布全国，而且大有取代前者的趋势，是石敢当最主要的形式。

从石敢当的形制上来看，主要有四类：第一类是人像石雕，包括浮雕和圆雕两类，石雕主体大多是一个剽悍的武士，持剑而立，神态威武，有的雕像还踩着一个小鬼，以显示其镇宅驱邪之功能；第二类是常见的石碑状，大小不拘，多为规则的长方形，以利于砌在墙中；第三类是不规则的自然山石类，山石不加雕琢，径直刻上“泰山石敢当”几个字即可，加上石座后可摆在室内；第四类最为简单，有些民众直接在纸上书写“泰山石敢当”字样，贴于墙上。

关于石敢当的资料和传说很多，折射出石敢当文化的多元性和丰富性。

石敢当最早的文字记载出现在西汉，西汉史游的《急就章》云：“师猛虎，石敢当，所不侵，龙未央。”《急就章》是一本童蒙读物，在每个姓氏后均加一个虚拟的名字以利于儿童诵读，因此“敢当”很可能是一个凭空虚构的名称。但不可否认的是，无论真假，这个名字都起得极为形象、极有气魄，以致颜师古认为，石敢当就是一个姓石的人，“敢当”就是所向无敌的意思。他在注中说：“卫有石蜡、石买、石恶，郑有石制，皆为石氏；周有石速，齐有石之纷如，其后以命族。敢当，所向无敌也。”但颜师古的说法于史无证，未能得到学术界的普遍认同。

石碑状的石敢当

另一种说法认为石敢当是五代汉时的勇士。明代的杨信民在《姓源珠玑》里认为，石敢当就是刘智远手下的勇士。后唐末年，唐愍帝在卫州接见当时任河东节度使的石敬瑭，石敬瑭意识到可能是“鸿门宴”，便带着部将刘知远推荐的勇士石敢当赴会。石敢当袖藏铁槌，随侍在石敬瑭左右。果然，愍帝暗中设下伏兵，欲杀敬瑭。在危机中，石敢当不顾性命，奋勇搏杀，虽然最终以身殉职，但力保石敬瑭脱身。从此，石敢当的英勇博得了百姓的敬重。因此，当有人临危遇险时，便希望凭借石敢当的威名逢凶化吉、御侮防危。后来，百姓更是在路桥要冲等需要安保之处，“以石刻其志，书其姓字，以捍居民。”但清人褚人穫发现，在《新五代史》里，这位擅长格斗的勇士名叫“石敢”而非“石敢当”。但他却同意石敢就是石敢当的原型，并且推断“其曰当者，或为惟石敢之勇，可当其冲也”。褚人穫的发现非常明确，但他的说法却有想当然之嫌。因为据宋代王象之《舆地碑目记》卷四记载：宋仁宗庆历年间，蒲田县令张纬在重修县衙时，曾挖出一块石碑，碑文为“石敢当，镇百鬼，压灾殃；官利福，百姓康；风教盛，礼乐张。唐大历五年县令郑押字记”。可见，“石敢当”刻石至迟在唐朝大历年间就已经出现了，而且当时的风俗是将其埋在地下的。因此，说“石敢”为“石敢当”的原形显然是错误的。不过，“石敢”与“石敢当”是否有关，两者是什么关系等，倒有进

岱庙前的石敢当

一步考查、研究的必要。正像陈继儒在《群碎录》里说的:“五代汉刘智远时,有勇士名石敢当,其慕古人名以自表见耶? 仰即其人与?”

而在民间,关于石敢当的传说就更是五花八门了,而且都在石敢当前面加上了“泰山”二字。

一种传说是,在明清之际,广东徐闻县连续几任县令,均在上任不足三个月内死在任上。到康熙初年,新任知县听闻此事后,上任前特请风水先生先往勘查。原来,县城内有一座宝塔,塔的阴影恰好落在县太爷的公案上,历任县令都因承受不住塔的压力而亡故。风水先生说,泰山的石头完全可以冲抵塔影的重压。知县听后,赶忙请来泰山石,刻上“泰山石敢当”五个大字,立在县衙大堂前。果然,此后一切都归于太平。事情传开后,人们纷纷刻“泰山石敢当”石碑立于门前、街巷,用来镇妖祛邪。

另一类似的传说是,康熙年间有位叫拜音达礼年的将军,他的住宅与佛寺相邻,不利居住。后来他去了一次江西,到龙虎山求教。有个道士告诉他,这是住宅有凶煞的缘故,用文字镇之则吉,并在纸上写了“泰山石敢当”五个字给他,题款是“纯阳子书”。后来那位将军把这这几个字刻石立于庭院的东廊上,日子从此就太平了。

还有一种传说,说的是三国时名医华佗去泰山采药时,带回一块泰山石,上书“泰山压顶,百鬼宁息”八字。当巫人装鬼来害他时,他就举泰山石将其击败。百姓听说华佗用泰山石能镇鬼魔,便到山上采石,凿上“泰山石敢当”五个字,竖在宅壁上避邪。

而流传于泰安本地的一则故事则认为石敢当是一位善良、勇敢的年轻人。他靠打柴维生,天生胆子大,气力过人,曾从师学习武术。一天,他上街卖柴时看见了一个告示,上写:家中近来一妖,每到晚间即驾狂风到家中折磨女儿。谁能降伏此妖便分一半家产,并把女儿嫁给他。富有正义感的石敢当决心为民除害。晚上,他拿着一把宝剑藏进王小姐的闺房,当妖怪来时,他挥起宝剑,大叫道:“泰山石敢当在此。”妖怪大吃一惊,一溜烟逃跑了。后来石敢当和王家小姐结了婚,过着幸福的日子。但是,那个逃走的妖怪又到别的村子做坏事去了。村民们听说石敢当能驱魔除怪,就都来请他,但当他赶到那个村子时,妖怪又逃到另一个村子去了,怎么也捉不到。正在村民们犯愁的时候,他的妻子想了一个主意,说:“把你的名字刻在石碑上,立在村口人家的门前,不就可以赶走妖怪,保证那地方的安全了吗?”石敢当马上把这个主意通知了各个村子,从此“泰山石敢当”五个字的石碑就竖立在了各个村口,妖怪从此也销声匿迹,不见了。

类似的传说在泰安很多，但其核心没有大的差异。值得注意的是，这则传说的世俗化气息明显增强，出现了婚恋、婚配等戏剧性因素。

这些民间传说的一个共同之处是把泰山和石敢当联系在了一起，民俗学家将其归纳为“泰山石富有神力说”，掩隐在“石敢当”现象深处的民俗信仰，实际上就是古人对泰岳的崇奉。

另外，在泰山附近，还有传说认为泰山石敢当具有治病的功能，民间俗称“石大夫”。清初学者王士禛在《古夫于亭杂录》卷五中载石敢当云：

齐鲁之俗，多于邨落口立石刻“太山石敢当”五字，云能暮夜至人家医病，北人谓医士为大夫，因又名之曰“石大夫”。

今天的泰安市祝山一块名为《石大夫庙叙》清代碑石有同样的记载：

山中树株系会中同栽，朝阳寺树株及四面石堰俱系永宁庄栽植修理，爰立石垂诸永久，并载《石大夫庙叙》于左：

向者趋庭章邑，登女郎山，始知有石大夫庙。庙东壁前，邑宰刻文于石，志其医痼疾甚神。先是前明大夫尝鬻药江南，见五尺童，揖而延之坐，曰：“是吾邑父母也，愿异日勿相忘，吾石姓，可访我于东山之下。”候以茶而别。后果成进士，以知县用，分符章邑。乃赴东山访问，并无石姓。口憩于巨石下，恍惚假寐时，其人至矣。指石而言曰：“此即我。相别数十年，今蒙屈驾。”时不一晤，倏别而醒，若惊若失。因揖石，为其内子祷疾，寻愈。镌文于石身，以彰灵异。旁为矮屋妥焉，后人遂以为祈请之所。会先严病于署，急甚，余稔闻大夫之灵，具文诣东山祷，祷毕，阅石身所镌，即女郎山庙厦东壁之口也。周石神视，高广口过数丈，质刚，朴而不陋，拙而不丑，敦厚中寓秀拔之气，色则黧，蔚然根生裂缝中。仰而四顾，则在众山环绕间，忽而坦坦十数亩，无厓岸，无沟壑，而质不一。询诸道人，云：“大夫随处显灵，此皆化身耳。”余不暇详，遂谌口口，则先严病已若失矣。因献联额以志之。道经莱邑阳邱山，闻山有重阳大会，所口(祀)者亦石大夫也。道光乙酉，吾泰东乡绅民重修祝山甘露庙，并附石大夫庙于山麓，开动以庙记述余。余曰：“众善庙之，而未知其仙而非神也。神而姓之，而未知其姓之所自来也。”故敬叙之。

乾隆乙卯恩科举人候选知县赵孟班撰文，邑庠生李慎斋书丹。

比较起镇宅辟邪的虚无、玄远和功利来，“治病说”及其形成的“石大夫”形象则更有人间的温情，更接近人间现实生活。

石敢当信仰的出现，应该有以下几个原因：

一、灵石崇拜是泰山石敢当产生的关键

石头和人类的关系非常密切。人类最早的生产工具和武器大多是由石头制成的，人类的生活及安全与石头密切相关。而且，备受人类尊崇的与天接壤的高山巨岩也是石质的。应该说，石头的坚硬、耐久、多样以及威严都给早期的人类留下了深刻的印象。人类先是依赖石头，进而崇拜石头，这几乎是一个必然的过程。灵石崇拜早在史前时期即已形成，这充分说明了石头在人类生活中的重要性。

进入文明社会以后，人们虽然很少再用石头制作工具和武器，但石头仍是人们建房修路的主要材料。而且，人类对石头的尊崇也变得更有象征意义。譬如，早在汉代甚至更早以前，人们已经开始在屋角埋石以起到镇宅的作用，希望以石头的沉稳、坚实保佑房屋永固、家业兴旺。这说明至迟在汉代，人们已经形成了较为成熟的石可镇妖驱邪的观念。

而在"石敢当"前面加上"泰山"二字，则表达了人们加强石敢当法力的愿望以及对泰山的崇拜。泰山自古便是崇高、威严的象征，佑护平安本就是泰山神的基本职能，登泰山保平安是百姓的主要愿望，而且泰山是公认的神山仙境，泰山神和泰山老奶奶自然是神通广大、法力无边，因此泰山石比其他山石更有法力也就顺理成章了。可以说，以泰山作为石敢当的"娘家"是再合适不过了，"泰山石敢当"的称呼明显比"石敢当"更有力量、更加威猛，因此当"泰山石敢当"的名称诞生以后，便迅速被民众接受并广泛传播开来，取代"石敢当"成为主要的名称。

现在看到的石敢当中，多有刻画为武士状的，这也是出于同样的想法。把石敢当以武士的形象展示出来，也是想借助武士的威仪彰显石敢当的英勇的表现，是泰山石敢当威震四方、辟邪安宅功能的一种外化和形象化。

"治病说"同样是灵石崇拜的产物，表明了灵石崇拜进一步走向了世俗。泰山石敢当的镇宅祛邪功能在很大程度上已经含有以神性医病的成分。对古人来说，疾病就像妖魔一样经常神秘地侵袭人体，人们对疾病痛恨至极而又无可奈何。由于古时医术的落后，人们对许多疾病无法确切了解其病因，常误以为是鬼魅缠身所致，于是寄希望于神秘力量，希望神灵能够驱走妖魔，恢复健康，因此古时巫筮医病也是非常普遍的事情。既然石敢当能祛邪禳灾，那么给人医病也应该不成问题。尤其是法力深厚的泰山石敢当，祛邪治病更应不在话下，于是泰山石敢当便具有治病的功能。而且，自古以来，人们见石头质地坚硬、百

病不侵，即希望人能像石头一样无病无灾。汉乐府《孔雀东南飞》中便有“命如南山石，四体康且直”的诗句。因此，“驱妖治病说”是灵石崇拜功能的延续，也促成了泰山石敢当更广泛的传播。

二、泰山宗教为石敢当提供了信仰资源

泰山的宗教信仰是一个庞大的体系，内容极其丰富。在其影响下，石敢当具备了不同寻常的文化功能。

第一，泰山因“治鬼”而成为掌管人间生死的最高机构，泰山石敢当因此被寄予了民众求生避死的愿望，缓解了死亡带给世俗人生的焦虑。

秦汉时期，泰山和人间的死亡主题联系在了一起，泰山成为“鬼神之府”。《福地记》云：“泰山洞天，周三千里，鬼神之府。”到了西汉末年，人们用“泰山君”、“泰山府君”来称谓泰山神灵，“泰山治鬼说”一时颇为流行，泰山前的蒿里山，也开始被称为幽冥地府并被人们所津津乐道。汉乐府《乐府歌辞·蒿里曲》就说：“蒿里谁家地，聚敛魂魄无贤愚。”随着道教的发展和壮大，它吸收并发展了“泰山治鬼说”，认为“东岳太灵苍光司命真君”负责“定生死之期，兼注贵贱之分，长短之事”，使得泰山在“鬼界”获得了更高的地位。成书于南北朝时期的道教典籍《五岳真形图》云：“东岳太山君，领群神五千九百人，主治死生，百鬼之主帅也，血食庙祀所宗者也，世俗所奉鬼祠邪精之神而死者，皆归泰山受罪考焉。”①可见，泰山神已经成为民间主管生死的主神。

在这种宗教观念发展下，古时在泰山建起了蒿里神祠，祠内设阎罗大殿、七十五司等。元代徐世隆《蒿里神祠》诗云：

> 世传蒿里摄灵魂，庙宇烧残弊复新。七十五司阴断事，数千余里远祠人。天神志似张华博，地狱图如道子真。积少成多能事毕，泰山元不让微尘。

除蒿里神祠外，在岱宗坊还有酆都庙，祀地府最高神酆都大帝和十殿阎罗等。

泰山石敢当作为泰山灵石崇拜的代表，在民间文化中也就沿袭了泰山“治鬼”的功能，只不过它的“治鬼”更多的是对鬼魅的遏制和祛除而已。因为人们觉得，既然泰山可以“治鬼”，当然就可以驱鬼，可以保佑人们远离死亡，健康长寿。所以，在百姓心目中，泰山石敢当以其至高的地位和强大的法力，可以阻挡

---

① 张君房辑：《云笈七签》卷七十九，齐鲁书社，1988年4月第一版。

阴气，惩治凶灵，呵护世间阳气，保护生命的平安，这成为其想当然的作用和价值。追求生活安泰、生命常在和阳世的快乐是芸芸众生的本性，但死亡的阴影时时笼罩在众生的头上，敲打着活着的人脆弱的神经，人们在心理上大多需要一种精神的抚慰来缓解死亡的焦虑，而泰山石敢当则恰好给予了人们这一心理的安慰和情感的安抚。

东岳大帝治理阴间冤案

第二，泰山神在宗教中具备至尊地位，促进了泰山石敢当在民俗文化中的盛行和强势位置。

远古时期，泰山宗教尚未形成体系，人们对泰山的敬仰主要源自泰山雄伟高大带来的自然性崇拜上。但随着早期帝王的巡狩和来岱封禅，泰山逐渐成为与天交接的唯一通道，开始和高高在上的神仙世界发生关系，并成为原始宗教的一部分。在春秋时期，人们已经开始了对泰山的祭祀。《春秋公羊传·僖公三十一年》载：

> 夏四月，四卜郊，不从，乃免牲，犹三望。……三望者何？望祭也。然则曷祭？祭泰山河海。曷为祭泰山河海？山川有能润于百里者，天子秩而祭之。触石而出，肤寸而合，不崇朝而遍雨乎天下者，唯泰山尔。

戴敦邦绘制的乘龙巡游的东岳大帝

《国语·鲁语上》中记载了鲁国大夫展禽的一段话，体现了当时人们对神灵信仰和祭祀的看法。在谈到人神时，展禽认为："夫圣王之制祀也，法施于民则祀之，以死勤事则祀之，以劳定国则祀之，能御大灾则祀之，能捍大患则祀之。非是族也，不在祀典。"具体到泰山，他则说"社稷山川之神，皆有功烈于民者也；……及天之三辰，民所以瞻仰也；及地之五行，所以生殖也；及九州名山川泽，所以出财用也；非是不在祀典。"他的观点在当时极具代表性，对山川之神的祭祀和对于人神的祭祀采用了相同的标准，人神受到祭祀是因为他对于祭拜者有用。同样，山川之神"皆有功烈于民"，所以才享受人们的祭祀。而在对山川神灵的祭祀中，当时的人们给予泰山最高的待遇，因为泰山已不是“能润于百里”的一般性神仙，而是“不崇朝而遍雨乎天下”的至神至圣之山。泰山因这个原则一举确定了在当地百姓中的神圣地位。随着早期帝王到泰山的巡狩和封禅，本来只属齐鲁区域内主祭的泰山，便一跃而成为雄视天下的、全国性的最高神灵了。

而后世的政治系统对泰山神的不断加封，也大大提高了他在宗教和世俗百姓心中的地位。自唐代开始，开启了泰山神的国家化和帝王化的倾向，泰山神灵的地位在国家和民众中愈走愈高。武则天在万岁通天元年（公元 696 年），尊东岳为“天齐君”；唐玄宗在开元十三年（公元 725 年），又封泰山为“天齐王”。清代学者赵翼认为，这些封号“盖本《史记·封禅书》：齐所以为齐，当天齐也。……以为峻极于天之意”[①]。宋代以后，加封又有升级。宋真宗在大中祥符元年（公元 1008 年），加封泰山为“仁圣天齐王”；五年，又加封泰山为“天齐仁圣帝”。宋真宗不仅加封泰山，还加封泰山夫人为“淑明皇后”，加封泰山神五子分别为侯、王，加封泰山女儿为“玉仙娘娘”。到了元代，元世祖在至元二十八年（公元 1291 年），又加封泰山为“天齐大生仁圣帝”。[②]

泰山神的崇高地位和人格化极大地强化了泰山石敢当的神化力量，其价值在民间得到进一步的认可，这也是泰山石敢当产生的根本原因之一。

如在民间，相当一部分泰山石敢当上刻有“姜太公在此”五字或者“姜太公在此，诸神退位”九字。传说武王伐纣成功后，姜太公封神，封来封去，到最后却忘记了自己的名姓，神位也已经封尽，自己没有了去处，便自封为泰山石敢当。把姜太公和泰山联系，甚至认为姜太公就是泰山神，并以此解释石敢当，是由宗教中泰山神的人性化和崇高地位导致的。

镶嵌在大楼中的“姜太公在此”是泰山石敢当的一个变种

类似的说法还出现在对石敢当产生的一种解释中。据传，唐太宗曾骑马上泰山，走到迴马岭时，一看到马蹄盘，实在上不去了，他又好奇，非上不行，结果绕着道走，临走时说了一句：“我从长安来，逢山开路，遇水造桥，没有挡住我的，偏偏让泰山石把我挡

① 赵翼：《陔余丛考》，第 750 ~ 751 页，上海商务印书馆，1957 年版。

② 《绘图三教源流、搜神大全》，第 46 – 47 页（外二种），上海古籍出版社，1990 年版。马端临：《文献通考》，第 757 页，中华书局，1986 年版。王圻：《续文献通考》，第 3465 页，商务印书馆，1936 年版。

住了。”借这个音，叫起了“石敢当”。实际上在新、旧《唐书》中，根本没有李世民到过泰山的记载，当然就更谈不上骑马上山被泰山石阻挡一事了。但此说显示了泰山神地位的崇高，以至于可以和帝王相抗衡。这种崇高地位不但满足了民间对石敢当法力无边的期望，而且能间接地给自己带来荣耀上和精神上的自我满足。

值得注意的是，泰山石敢当在民间流传过程中发生了许多变异，掺杂进许多百姓的即兴创作，有时百姓干脆以自己的需要为泰山石敢当编制故事。民间的泰山石敢当虽然本领没有变化，但其中的宗教迷信色彩已经淡化，世俗化气息明显增强，甚至出现了婚恋、婚配等戏剧性因素。而且，百姓根据自己的需要赋予了泰山石敢当医病的本领，这无不表明百姓对美好事物的向往之情和追求健康的生活需要。

第三节　泰山香社

泰山香社是指自发组织到泰山进香的民间社团。《兖州府志》：“市里小民，群聚为会。东祀泰山，南祀武当。岁晚务闲，百十为群，结队而往，谓之香社。”香社大多由一个或多个村庄的善男信女组成。早在西汉时，桓宽的《盐铁论》里就有了关于泰山香社的记载，宋代时，香社已经颇具规模，至明清则进入全盛时期。而以碧霞元君和东岳大帝为主要朝拜对象的民间香社，则出现在宋代中期以后。

一、结社的目的和组织

结社到泰山进香的最主要目的自然是“祈福保安”。许多香社碑均明确表达了“祈福保安”的意愿。“福”可以是“添嗣”，可以是“增寿”，“替泰山奶奶打醮，就指望赠福增寿”。“安”，可以是“平安”，“足令天灾不侵，地方静谧”，“祈保四时之平安”，还可以是“病愈”等。

我国自古就是以农业立国，农业丰收是上自国家下至草根社会的首要大事，由于农业的最大特点在于它的不可预测性，就是所谓的“靠天吃饭”，在科技尚不发达的传统社会，人们只能信赖冥冥之中的神灵。因此，祈求农业丰收也就成了香客朝山进香的目的之一。灵应宫光绪十七年碑云：“祈风调求雨顺惟神是赖，绥万邦屡丰年惟神是依。”《醒世姻缘传》也有这方面的记载：“望娘娘护持乡里,风调雨顺,五谷丰登。”

虽然说朝觐是香客的主要目的,但这并不妨碍他们利用这难得的机遇“看景逍遥”,这可算作是香客们烧香求佛的次要目的。正如灵应宫光绪十六年碑云:“自天子以至于庶民不可不瞻仰圣像、游玩胜景,诚谓一举而二得也。”游山玩水对香客而言虽然是次要的,但它的调剂作用却不可小觑。

由于香社成员向神灵祈求的是他们日常生活中所无法控制、不能轻易实现的东西,因此其中既有美好的意愿,也不乏诅咒、毒誓之类的恶念。《醒世姻缘传》第八十六回素姐在金龙四大行宫的祈祷中说:“河神爷有灵有圣,百叫百应,叫这伙子强人翻了船,落了水,做了鱼鳖虾蟹的口粮”;“我要到庙里烧纸许愿,保护他遭风遇浪,折舵翻船,蹄子、王八一齐的喂了丈二长的鲇鱼。”

需要指出的是,香社是强烈关心个人的团体,成员的个人目标才是最主要的,成员关注更多的是个人欲求的满足。所谓的整体组织目标意义不大,因此它对整个社会的渗透程度和推动力量较小。

香社是基于共同信仰组成的社区组织。它的规模大小不一。规模大的香社通常由数个村落(一般相互比邻)跨社区组成,其成员几十人、数百人甚至上千人不等。如遥参亭泰邑合山会姓氏碑记载其香社成员约计1600人,分布在泰安县城附近约70个村庄,基本覆盖了除县城外的泰安所有村庄。据该碑记载:“邑东旧有合山会,在社者不下数千家”,“历年春季,齐赴来城”。人们可以想象当时的壮观场景。规模小的香社基本由同一社区人员组成,成员有数人、十几人等。如灵应宫萧县碑只记有6位香社会员。

就成员的构成来说,香社成员主要来自当时社会的底层。“愚夫愚妇”、“小民”、“乡民”等草根阶层构成了泰山信仰的主体。此外,其他阶层也以不同的方式参与到泰山香社的活动中来。有知识精英亲自组织香社开展朝山进香活动的,也有知识精英随香会朝山求福的。值得注意的是,宦官之类的特殊群体也结成香社赴泰山朝拜。施茶碑香社即是由10位太监组成的。

依据香社石碑的记载,大多数香社都有数年、数十年的历史,还不乏相延承袭数百年的老会,如红门宫北斗永善香社。“自明朝至今,相传数百余年。此乃古会也。”

一般香社都有核心人物。通常,发起和主办香社之人就是该香社、香会的核心人物,也就是香社碑所说的“会首”、“社首(人)”,又称“领袖(人)”、“会末”(疑为会首的谦称)。从香社反映的情况看,香社一般有两名或更多的会首。

会首的担当者既可以是男性,也可以是女性。会首的担任人一般具有巫的性质,宣称自己是某神灵的转化身,或者自己拥有神性,可以与神灵进行交流等。这些人往往还拥有一技之长,最常见的是懂得医术。

由于缺少严格的会规章程,香社组织结构很松散。为了维持正常运转,保证必要组织活动的开展,会首的作用便显得尤为重要,尤其是对远程进香团体和缺乏明确分工的香社来说更是如此。会首必须负责主持香社的全盘工作。从平时的经费征敛、管理到供品的购置、醮时的出行、路途安全等,会首都必须尽心尽责。以《醒世姻缘传》为例,具体来看会首的工作事项。出发烧香前,会首必须为成员们定做衣服,联系旅途工具:“这些会友们眼罩子、蓝丝绸汗巾子,都还没做哩。生(牲)口讲着,也还没定下来哩;帐也都还没算清哩。”旅途上,会首必须为众人安排食宿,并为成员的安全负责。

香社的组织结构较为松散,所以必要的组织认同感便显得十分重要。对香社而言,最主要的组织认同当属在信仰者中盛行的有关神祇如何灵应的各种传说故事。关于这一点,泰山似乎是极有优势的。灵应宫光绪五年碑载:“一时善男信女求而必应者无不感其灵佑焉。”红门宫光绪十二年碑载:“其灵应何昭昭也。”红门宫民国二十二年碑则记载在中原大战中,泰安“被围二十日,受巨炮炸弹至千余发,城外居民咸以为城内齑粉矣”,不料“围解后,乃竟不□□”,“围攻剧烈时,人咸望见每凌晨由山顶发云置城垣四周”,人们“不谋而同喻为碧霞元君之神灵默然相庇护耳”。

对结社的香会成员来说,神灵的灵验具有十分重要的意义。因为香社是以共同的神灵信仰为联结纽带的,正是靠着神灵的灵信,香社才把分散的崇拜者黏合成社会单元。

对香社而言,香社名号是另一常见的组织标志。灵应宫光绪十七年碑中,香社名号为“乐善会”;灵应宫光绪十九年碑中,香社则是以地名命名的“芝隍庄香社”。有名号的香社只是少数一部分,大部分都没有自己的称号。

香社还有一些禁忌。如在进香前,一般香社都讲究忌口和净身。忌口是不吃荤及葱、蒜等。许多香客常年吃素,即使一般人也要求进香前三五天忌口。所谓净身,有两种含义:一是沐浴,二是不行房事。时间也是提前五天。

从泰山香社石碑可以看出,香社建醮设坛、购置物品等所需经费均来自会员,会员必须向香社缴纳一定数量的钱财。由于香社成员大都来自社会草根阶层,所以他们交纳的钱财很有限,如红门宫几块碑中的香社成员所捐钱都是以吊为单位。进香所需要的其他部分物品,如香、纸、元宝等个人物品为个人自备。而袍和鞋子等衣物,则是香社成员集体所制。

二、香社的活动方式

香社的组织活动自然就是烧香求福。出门烧香前，要做的预备工作很多。首先，要做好必要的物质准备，如统一的服装、汗巾、牲口等；其次，要通知香社众会友。会首选好进香良辰吉日后，必须通知其他社中成员。通知联系的方式一般有两种：印发会启和捎口信。由于香社成员一般来自社会底层且以女性居多，他们基本没有接受过教育，识字能力差，多是文盲。而且，香社成员一般来自同一或附近村庄，所以香社会员的联络方式以捎口信居多。社中成员接到口信，如决定参加，则告诉主事者，也可直接到约定地点集合。这种形式叫约香会。这些准备工作完成以后，香社便准备出发。

出发前，香社先在当地烧信香演社。所谓“信香”，就是出发前向泰山奶奶发出通知。“演社”是抬着泰山奶奶的圣驾，沿街烧香游行，使众人明白香社要动身前往泰山。

接下来的便是踏上征程正式出发了。出发时，香会一般都备有锣鼓旗幡，浩浩荡荡，每经过一个村庄都要锣鼓齐唱，燃烧鞭炮，很是引人注目。

由于路途遥远，香社在路途中不免要寄宿。寄宿时，要做的最重要的事情莫过于安驾了。所谓的“驾”，就是泰山娘娘的神像、神位，一般为一画轴。香社必须安置娘娘圣驾于所住房屋旅店的正中，行一番祭拜后方可张罗吃饭、休息等其他事情。香客吃饭谓之“搭伙”，即统一安排食宿。《醒世姻缘传》里对此也有描写：“老侯、老张看着正面安下圣母的大驾，一群妇女跪在地下。一个宣唱佛偈，众人齐声高叫：‘南无救苦救难观世音菩萨！阿弥陀佛！’……号佛已完，主人家端水洗脸，摆上菜子油炸的馓枝、毛耳朵……讲定饭钱每人二分……众人吃完饭，漱口溺尿，铺床睡觉。”

抵达朝觐地泰山后，香社必须先安排住店。由于往来频繁，香社一般有自己较为熟悉的香客店，而且店主与会首的关系很融洽。“行到泰安州教场内，有旧时下过的熟店宋魁吾家差得人在那里等候香客。看见老侯两个领了许多社友来到，宋魁吾差的人远远认得，欢天喜地的，飞跑迎将上来……众人跟着来到了店里。宋魁吾看见，拿出店家胁肩谄笑的态度迎将出来，说些不由衷的寒温说话。”[①] 香客店一般设有小型的泰山奶奶庙，香客到店后，要先参拜店中的娘娘庙，以此表示向山顶的泰山娘娘报到。

---

① 西周生：《醒世姻缘传》第 69 回。

为了彰显诚意，香客大都徒步登山，甚至不乏一步一叩头者。抵达终极目的地圣母殿后，香客即把各自准备的祭献一一贡献。

祭祀游玩结束后，便是下山。为了笼络感情，也考虑到香客们登山的劳累，香客店往往会派人在红庙摆上酒席犒劳住在本店的下山香客，谓之“接顶”。回到香客店后，店主会再次为香客设厂棚，请客人看戏，以增进感情，“到了店家，把这一日本店下顶的香头，在厂棚里面，男女各席，满满的坐定，摆酒唱戏，公同饯行。”① 随后，香客收拾行装打点回家。回到家中，香客须烧回香，感谢泰山奶奶保佑自己平安到家。烧回香一般在抵家后的第二天早上。届时又不免梳妆打扮、吃斋唱戏。烧回香结束后，香社即自行解散，下一次登山烧香之时则再度招集众人前往，如此年复一年。

到泰山进香后，倘若所许之愿实现了，信仰者必须还愿。还愿的方式有很多，“设坛建醮以答神庥”，“输赀若干，献神伞一对”，“种树”、“悬匾”、“献袍”等均可。立碑本身也是一种还愿方式，所谓“竖碑以答神庥”。

由于泰山神灵信仰的巨大影响，朝山进香者众多，以至朝廷也瞄上了这件事。为了解决财政紧张，扩大税收来源，朝廷在泰山设立了专门官员以负责香税的征收。进香收税在中国税收史上是很罕见的。明查志隆《岱史》云：“夫概天下香税，惟岱与楚之太和山也。而太和山不以岳名。则岳之有香税惟岱也。”泰山香税始于明正德十三年(公元1518年)，终于清雍正十三年(公元1735年)，历时长达220年。香税的征缴标准，查志隆《岱史》：“旧例，本省香客每名四分五厘，外省香客每名九分四厘，俱店户同香客赴遥参亭报名纳银领单上顶。近自万历八年，有外省香客冒充本省报名短少香税者，因改议不分本省外省香客，一例香税银八分。”泰山香税的征收总额，张岱的《娜嬛文集》载：“合计入山者日八九千人，春初日满二万。山税每人一钱二分，千人百二十，万人千二百，岁入二三十万。”其中光是解往户部的“据近年解部，大约春季银一万两有零，冬季一万二三千两有零”。此外，香客捐献的值钱的东西如金银珠宝、玉石首饰并金银娃娃、铜钱等一并解赴国库。泰山香税成为当时国家财政收入的重要来源。有人感慨“自是神人同爱国，岁输百万助升平”②。

三、泰山香社的发展历程

关于泰山香客和香社，目前记载较多的是其在明清时期的状况，主要来自

① 西周生：《醒世姻缘传》第69回。
② (明)陶允宜：《碧霞元君》。

这一时期的史志小说和游记，如《醒世姻缘传》、《金瓶梅》、《岱史》、《岱志》等。但事实上，泰山香社在此之前就已经存在。

据西汉桓宽《盐铁论》载："今富者祈名岳，望山川，椎牛击鼓，戏倡舞像。"结合应劭《风俗通义》中的记载："五岳所在皆有庙。岱宗庙在博县西北，三十里，山虞长守之。"可见这"名岳"理应包括东岳泰山在内。人们有求于泰山等名山，并以鼓戏等方式媚娱神灵。这是有关泰山朝山进香的最早记载。

魏晋南北朝时期，统治者尊崇佛教，各地纷纷广建庙宇。受此渲染和影响，泰山神灵信仰也获得发展空间，到泰山进香者纷至沓来，由此带动了以香客为主要客源的旅店业的发展。《魏书》第六十七卷载北魏景明、延昌时期（公元500年—公元515年），青州治中崔敬友"置逆旅于肃然山南大路之北，设食以供行者"。据学者的考证，肃然山为泰山余脉，位于泰山现今莱芜寨里王许村附近。崔敬友在此设置逆旅，表明当时泰山附近旅客颇多。作为主脉的泰山，香客朝山进香的场面，当更为壮观。

至两宋时期，社会动荡不安，农民起义此起彼伏，辽、西夏和金等民族政权严重威胁两宋政权。面对内忧外患，积贫积弱的宋王朝束手无策。但宋真宗在泰山的封禅，直接提升了泰山娘娘在神界的影响力，使其在世俗的影响力也相应扩大，从而吸引了更多的香客结社朝山进香。《水浒传》第七十四回载道："万民朝拜碧霞宫，四海归依仁圣帝。"进香队伍的膨胀直接导致了泰山香客店的进一步发展。同上另载："原来庙（东岳庙）上好热闹，不算一百二十行经商买卖，只客店也一千四五百家，延接天下香客。到菩萨圣节之时，也没安着人处，许多客店都歇满了。"

有元一代，泰山香客继续增多，香客店也得到迅猛发展。《大金重修东岳庙碑》记载："庙之西南隅，旧设馆舍，宾客往来皆止焉。郡吏时率倡乐以娱之……终夜欢哗。"

明清时期，泰山香社进入全盛时期。《陶庵梦忆》、《醒世姻缘传》和一些泰山游记对此均有记载。《醒世姻缘传》载："那云南、贵州、川湖、两广的男人妇女都从几千几万里家都来烧香"①，"春秋两季，往泰安进香的，一日成几十万经过。"②《岱史》载："自碧霞宫兴……近数百里，远即千里，每岁办香岳顶，数十万众。"显而易见，结社朝山进香者也必然增多了。不少地方志也有这方面的记

① 西周生：《醒世姻缘传》第68回。
② 西周生：《醒世姻缘传》第28回。

载。嘉靖三十一年《临朐县志》载:“季春月……多登泰,起岳社。”万历二十四年《章丘县志》载:“岁时伏腊多随香社,缴福于泰,名曰上顶。”

万历二十八年《东昌府志》载:“又时裹赢粮,走泰山、武当,渡海谒普陀,祈请无虚(《图书集成》为“祈祷无虚岁”)。”[①] 万历三十七年《邹县志》载:“时醵金钱结社,以祀观望。”清朝以降,尤其是雍正十三年(公元1735年),统治者废除沿袭近二百年之久的香税之后,泰山进香队伍继续膨胀并达到顶峰。清程穆衡所著《燕程日记》载:“(乾隆二年二月)十七日早过泰安州,十里火炉店。又十里至新庄路,沿泰山麓高低皆圆石。……路逢进香者,男妇累累,蓬头垢面,或乘牛车,或骑驴,前负香亭供元君号。一枚箱方广二尺许,香贮焉,揭黄布于竿为帜。先是岳庙香税颇重,历代俱设官主之,勒石征收,……今上登极汰之,故进香者倍常耳,沿途控驴待驴者比比。嚣声聒耳。”足见当时结社朝山进香之盛。现存泰山香社石碑中的绝大多数为这一时期结社香客所立。此后,泰山香社盛极而衰。

纵观泰山香社大致的历史发展进程,不难发现它的发展脉络与中国宗教的发展脉络密切相关。二者都与不同历史时期包括政治、经济、思想文化在内的整个社会背景密不可分。比较而言,统治者的意志是决定其兴衰的主要因素。

值得关注的是,近些年泰山结社朝山进香现象呈增多之势,路途遥远的香客更是如此。

以上对泰山民俗的三种主要形式做了介绍,从介绍中可以看出泰山民俗的丰富多样,而且典型地彰显出泰山文化的独特性和民间文化的斑斓色彩。这对于研究中华文化、振兴民族精神,具有非同一般的作用和价值。因为民俗就是一条根,一条拴住人心的根。在一种民俗中长大的人,他的血管里会永远流淌着这一区域、这一族群、这一环境下的血,永难改变。这是民俗给每个人嵌上的文化基因,这一基因往往决定一个人在生长环境中的生活状态,因此研究民俗就是研究人及其族群,可以在更深层次上把握住人的本质。从这一角度而言,民俗也是民族文化的根。

① 《古今图书集成·方舆汇编·职方典》。

第五章　泰山宗教

在泰山文化中，宗教占据着特殊的地位：一是泰山的宗教史与中国的文明史几近同步，二是导致泰山位居众山之尊地位的主要因素之一即宗教。而这两个因素都和泰山独特的自然形态以及地理位置密切相关。

在泰山宗教中，几乎囊括了世界上所有的主要宗教教种，道教、佛教、伊斯兰教、基督教等均在泰山及其周边地区有着自己的信众和影响，泰山成为世界宗教的汇聚地之一。

秦汉以后，随着泰山影响的日益扩大，各派宗教——尤其是道教和佛教——相继落脚泰山，而且竭力在泰山拓展自己的地盘，扩大自己的影响，泰山遂成为各派宗教争夺的要地。

除泰山崇拜及人格化后的泰山神信仰外，道教在泰山发祥也相对较早。道教产生后，泰山神即被纳入到道教神祇系列，并赋予了他更大的神权。而汉魏以来道教的演绎和阐发，使得泰山神信仰又得到了进一步的发展，道教也因而成为泰山宗教的主流教派，泰山成为名副其实的道教神山。而且在众道教名山中，泰山的神系最为发达、齐全，以致有学者认为，在古代小说中频繁出现的神仙府第——古昆仑山，其实就是泰山。① 道教是泰山上最为显赫的宗教派别。

佛教在泰山出现稍晚，约始于魏晋。由于道教在泰山历史悠久，势力过于强大，加上历代帝王对泰山神祇的崇拜，佛教寺院均被排挤到山阴或山麓，在登山盘道及岱顶等显要位置未能占得一席之地。② 因此，多年来，作为舶来品的佛教在泰山一直处于从属地位，在泰山封禅和造神活动中也始终显得比较落寞。但由于历代封建帝王对佛教大多持不排斥态度，加上佛教倾慕泰山良好的自然环境和巨大的影响，佛教在泰山的周遭依然顽强地生存了下来，并获得了很大

① 何新：《诸神的起源》，第123页，光明日报出版社，1996年9月第一版。
② 今日红门附近供奉的观音等均为今人所设。

泰山崇拜与五行学说及其所处的地理方位也有密切的关系。泰山位于我国的东部，这本没有什么奇特之处。然而，战国中期，齐人邹衍依据传统的五行理论创造的"五德终始说"却使泰山的这一方位成为得天独厚的区位优势。因为按照这一学说，任何一个王朝的"生"都是对前代王朝的"克"，而新生的王朝最好的加冕仪式就是到五岳中的东岳——标志着万物起始之地的泰山来封天禅地，以示受命于天，同时告成于天下，为新王朝的生生万世开一个好头。因此，泰山由一座东部的大山一跃而成为集天命、皇权、神圣于一身的万山之王。所以，当中国的第一个封建王朝——秦王朝初建之时，笃信天命的秦始皇便不远千里来到泰山，目的就是为秦王朝的"君权神授"张目。

由于始皇帝的封禅之举，泰山借助政治的威权抢先上位，奠定了其后两千年的宗山地位，泰山神的地位也从一般的山神跃升为主管人间贵贱尊卑、生死修短的大神，后来唐宋时的封号"天齐王"、"天齐帝"即表明了古人对泰山神地位的界定——与天帝相比肩。自此，每一个由"克"而"生"的封建王朝也大多效仿秦始皇到泰山封禅或祭祀，以示新生王朝受命于天的合法性！由于封禅的代价太高，也有许多开国之君无力践行，而改由后续帝王根据自己的政治需要举行封禅。应该说，泰山之所以在日后成为集各派宗教于一体的宗教名山，与其在政治上的显赫地位密切相关，而泰山的政治地位又来自于原始宗教及五行学说的完美结合，正是泰山的原始宗教奠定了其成为首山的理论基础，而政治的强势介入又使泰山成为名副其实的首山，这反过来又加厚了泰山的宗教内蕴。

导致泰山神信仰的另一个因素是泰山腾云致雨的特性。泰山峰峦众多、沟壑纵横，由于山谷中湿度较大，容易生成云雾，而云雾可以积聚成雨，所以古人认为泰山有兴云致雨的功能。另外，由于山势较高，山顶气温与周边有一定的差异，当周边空气湿度增大时，往往首先在泰山上出现云朵，所以当山顶有云雾缠绕时，常常预示着雨天的到来。民间把这种情况形象地称为"山戴帽"。古人对此不甚了解，误以为泰山不仅可以兴云致雨，而且可以以片云而致雨天下，因此对泰山愈加崇拜。《春秋公羊传·僖公三十一年》载："夏四月，四卜郊不从，乃免牲，犹三望。……三望者何？望祭也。然则曷祭？祭泰山河海。曷为祭泰山河海？山川有能润于百里者，天子秩而祭之。触石而出，肤寸而合，不崇朝而遍雨乎天下者，唯泰山尔。"这段文字不仅明确指出要祭祀泰山，而且指出在对山川神灵的祭祀中，泰山要享受最高的礼遇，这是因为古人认为，山川只要能润于百里者就可以享受奉祀，而泰山则是"不崇朝而遍雨乎天下"，其中的神性不言而喻。

正是上述三个方面的特性,决定了泰山崇拜的出现,并进而发展为泰山神信仰。

汉魏以降,泰山神的人格化进程拉开帷幕。原始宗教中的泰山之神,仅属于地祇,“但祭不立尸(形象)”,并不具有人格的特点。但自佛教传入后,引进了印度的偶像崇拜,所谓“佛入中国,始有像设”,对中国本土信仰产生了明显的影响。岳渎神灵及孔子祠庙等,都效法印度佛教设立了神像。东晋末僧竺道爽作《檄泰山文》,称泰山“伪立神形”[①]。这说明泰山神置像自晋代已经开始了。东魏的李仲璇曾经“虔修岱像”[②]。隋文帝也曾下诏说:“敢有毁坏岳渎神形者,以不道论。”[③] 这都说明进入南北朝以后,泰山神已经确立了像设,完成了其人格化的过程。因此,两汉魏晋时期是泰山神人格化进程中的重要阶段。

在泰山神人格化的过程中,泰山神东岳大帝的身世也被创造出来。关于泰山神的身世,历来众说纷纭,概括而言,主要有以下几种说法:

一是“金虹氏说”。《绘图三教源流搜神大全》引东方朔《神异经》曰:“昔盘古氏五世之苗裔,曰赫天氏,赫天子曰胥勃氏,胥勃子曰玄英氏,玄英子曰金轮王,金轮王弟曰少海氏,少海氏妻曰弥轮仙女也,弥轮仙女夜梦吞二日,觉而有娠,生二子,长曰金蝉氏,次曰金虹氏。金虹氏者,即东岳帝君也。”

二是“太昊说”。道经《洞渊集》云:“太昊为青帝,治东岱,主万物发生。”《枕中记》亦云:“太昊氏为青帝,治岱宗山。”

三是“天孙说”。《孝经援神契》谓:“泰山,一曰天孙,言天帝之孙也。”《三教源流搜神大全》也说泰山“乃群山之祖,五岳之宗,天帝之孙,神灵之府也”。

四是“山图公子说”。唐代道士司马承祯撰《天地宫府图》,列十大洞天、三十六小洞天、七十二福地。其三十六小洞天,第二即东岳泰山洞,周围一千里,名“蓬玄洞天”,由山图公子治理。

五是“肩吾说”。《庄子·大宗师》云:“夫道,……肩吾得之,以处大山。”疏:“肩吾,神名也。得道,故处东岳为太山之神。”释文:“《大山》音泰,又如字。”[④]

六是“黄飞虎说”。这一说法主要来自于小说《封神演义》。在该小说中,武成王黄飞虎阵亡后被封为东岳泰山之神。“乃敕封尔黄飞虎为五岳之首,仍加敕一道,执掌幽冥地府一十八重地狱,凡一应生死转化人神仙鬼,俱从东岳勘

① (梁)僧祐:《弘明集》卷十四。
② 李仲旋:《修孔子庙碑》,现存曲阜孔庙。
③ 《隋书·高祖纪》。
④ 郭庆藩:《庄子集释》,第247、249页,中华书局,1961年版。

对，方许施行。特敕封尔为东岳泰山天齐仁圣大帝之职，总管天地人间吉凶祸福。”① 因《封神演义》在民间影响极大，所以民间百姓多认为泰山神即为黄飞虎。

以上诸说中，“山图公子说”表现了魏晋以来道教力图将泰山这一山岳之神纳入自己神祇谱系的愿望，“金虹氏说”、“太昊说”、“天孙说”等则隐约地显示了泰山自然崇拜由单纯的自然神向人格神的过渡过程。

泰山神的出身在民间影响最大的是“天孙说”。“天孙说”是泰山与天关系的形象写照。古人认为泰山“峻极通天”，泰山是人与天帝相通的神域所在，因此几千年来，凡改朝换代、王者易姓、天降祥瑞、国家升平，抑或天灾人祸、动荡不安等情况，帝王必定或巡狩、或封禅、或祭祀，以期沟通神意、固国安民，于是泰山神便被官方正式赋予了主政新旧交替、国泰民安、风调雨顺的职能。

从唐代开始，随着对泰山神不断的加封和祭祀，又开启了泰山神的国家化和帝王化的倾向。开元十三年，唐玄宗封泰山神为“天齐王”，意思是泰山神地位与天相齐。宋代大中祥符元年，真宗封禅泰山，诏封泰山神为“天齐仁圣王”，几年后又进一步加封泰山神为“东岳天齐仁圣帝”。元朝更进一步，元世祖忽必烈于至元二十八年春，再封泰山神为“东岳天齐大生仁圣帝”，把泰山神封号推向极致。明代洪武三年五月，朱元璋下诏去除泰山神所有封号，改称“东岳泰山之神”。他在御制《岱山高文》中对泰山予以高度礼赞，认为，泰山“降祥则甘露垂于松柏，佳岁则滂沱遍于厚坤”，实为世之首山，泰山神自然是地位尊崇，人君不可妄加其封号。这实际是恢复了泰山神凌驾于帝王之上的神圣地位。清朝前期，康熙帝曾三次南巡泰山，并在祭告文中称颂泰山“唯神屹峙东方，育成庶类，天齐巨镇，功开成物之先”，而且亲祀岳庙，行二跪六叩之礼。以如此隆重的礼仪亲祀泰山神，这是史无先例的。

由于泰山神受到历代帝王的推崇，并被冠以“东岳大帝”的称号，列入国家祀典，享有惟天子祭祀的待遇，这使得泰山神信仰具有了浓郁的国家宗教的性质。在封建社会里，泰山神实际上是以近乎天帝的权威和地位享受祭祀的。

与官方泰山神信仰相对的是，大约从汉代开始，泰山神信仰在民间有了“泰山治鬼”、“泰山府君”的传说，这也是汉魏以来泰山神人格化倾向的一个重要内容。《后汉书·乌桓鲜卑列传》说：“中国人死者，魂归于岱（泰）山地也。”《后汉书·方术传》也说：“许峻自云，尝笃病，三年不愈，乃谒泰山请命。”泰山地府位于山

---

① 许仲琳：《封神演义》第99回“姜子牙归国封神”。

南的蒿里山,汉《乐府歌辞·蒿里曲》就有"蒿里谁家地,聚敛魂魄无贤愚"的诗句。东汉墓中出土的镇墓券中,常有"生人属西长安,死属太山"的说法。可以看出,"泰山治鬼说"在东汉民间已经比较流行。"泰山府君"的称呼最早见于晋代干宝的《搜神记》。《搜神记》卷四"胡母班"条记有胡母班代其死去的父亲向泰山府君乞求免除苦役之事[①],从中可以证明泰山府君主司阴间的职能。

从人类早期的自然崇拜——山神崇拜到汉魏以来泰山变为治鬼之所、泰山神成为冥府之王,这一信仰的演化仍然源于岱宗为阴阳交代、万物起始之地的观念。在五行理论中,东方属木,木德承天,主万物复苏,阴阳始动。因泰山位居东方,故被视为天地万物交感通灵之处。东汉纬书《孝经援神契》云:"泰山一曰天孙,言为天帝孙也,主召人魂魄。东方万物始成,知人生命之长短。"魏晋以来,道教的渗透、演绎使民间这种"泰山治鬼说"融入了浓郁的道教色彩而得到进一步的发展和深化。道教认为,泰山神主管人间生死修短之权、贵贱尊卑之数。如《五岳真形图》载其职责为"定生死之期,兼注贵贱之分,长短之事"。后来佛教传入中国,佛家的一些教义和观念被道教原封不动地搬进道经,或略加改造而成为道教的内容,如此,泰山神信仰中原本没有的一些东西,如生死轮回、因果报应、地狱阎罗等说法也纷纷出现,泰山神遂被道教演绎成为中国民间信仰中主管人间生死贵贱和幽冥世界的东岳神,东岳大帝的地位也越来越尊贵。明代《东岳大生宝忏》云:"东岳天齐大生仁圣帝,应乎造化,生于混沌之初,立自阴阳,镇彼幅员之域,与天齐久。……奉行天令,宰御阴司,……知人寿之短长,设七十五司,以掌权衡,有三十六狱,以惩凶恶,永绥邦社,大庇民区。"此时的东岳神与最初的属于自然崇拜的泰山神以及有着浓郁国家宗教色彩的泰山神已经是不完全一致的了,东岳大帝成了民间信仰中一位统摄万灵、神通广大、信众广泛、具有浓郁道教色彩的大神,各地礼敬东岳大帝的习俗也蔚然成风。旧时各地皆有东岳庙,并且大都以道士奉祀香火就是这种信仰的结果。传说旧历三月二十八日是东岳大帝的神诞,是日,各地皆于庙中举行盛大庆典,各种祭祀祝祷活动十分隆重,其香火之旺盛,几乎遍于全国各地。明代田汝成在他的《西湖游览志余·熙朝乐事》中记载:"三月二十八日,俗传为东岳齐天圣帝生辰,杭州行宫凡五处,而在吴山上者最盛。士女答赛拈香,或奠献花果,或诵经上寿,或枷锁伏罪。钟鼓法音,嘈振竟日。"民间东岳大帝信仰之盛可见一斑。

泰山神东岳大帝享祀于泰山山庙——岱庙中,岱庙又称东岳庙、泰岳庙、岱

① (晋)干宝:《搜神记》,第44-45页,中华书局,1979年版。

岳庙，俗称泰庙。岱庙也是古代帝王来泰山封禅告祭时举行大典的地方。

历代帝王对泰山神塑像倍加重视，曾经多次修造。隋文帝将东巡泰山时，先令使者致大石像于岱庙内，而后亲来拜祭；唐代更石为玉像，金代重雕泰山神为白玉石像，明清更为铜胎泥塑像。如今端坐岱庙的泰山神东岳大帝像为1984年所塑，正襟危坐、庄重安详，头顶九旒之冕，身着衮龙锦袍，手持镇山圭板，俨然帝君模样。

第二节　道教与泰山

泰山气势雄伟且不乏深谷幽溪，自古以来就是仙家寄居和修炼的好地方。据《岱史》卷四记载，战国时方士黄伯阳就曾修隐于岱阴鹿町山岩洞，后人称之为黄伯阳洞；秦时，道士安期生修炼于泰山东南的仙人堂，而仙人王子乔的弟子、泰山人崔文子则上山采药炼成黄散赤丸，于当地瘟疫流行时救人以万计，百姓以为“近于神焉”[①]；秦汉时，方士大行其道，不少方士到泰山来研习各种神仙方术，寻访仙人，炼制丹药。这些都表明泰山在方士心目中的重要地位。西汉时，泰山方士稷邱君曾在泰山传播黄老之道，武帝封禅泰山时，稷邱君抱琴迎拜，并告之不老之术，武帝为嘉奖其道术，特在山麓为其建稷邱祠。大量泰山方士的出现，推动了当时齐地方士集团的形成，使神仙思想和神仙方术都得到不断发展，这为泰山道教的产生奠定了良好基础。

东汉时，泰山神即被纳入道教神祇系列，《道藏经》称东岳大帝是执掌人间赏罚和生死大事的泰山之神。道教在宗教化过程中，一直在试图提升自己的文化，一面极力与各种妖道、妖术划开界限，一面迎合皇权正统的神祇信仰和祭祀仪式。随着泰山神之封号晋升为帝，道教也将泰山神纳入神谱，并配合了道教司命的信仰，赋予他的威权也愈来愈大。南朝梁陶弘景的《真灵位业图》列举了泰山神位及其职司：“泰山君秦，字景倩，为四镇，领鬼兵万人，有长史、司马，复有小镇数百，各领鬼兵数千万。”道经《元始天尊说东岳化身济生度死拔罪解冤保命妙经》称东岳大帝“气应青阳，位尊震位，独居中界，统摄万灵。掌人间善恶之权，司阴府是非之目，案判七十二曹，刑分三十六狱，惩奸罚恶，录死注死，化形四岳四天圣帝，抚育六合万物群生”。

---

① 《列仙传·崔文子》。

南北朝时，北魏嵩山道士寇谦之改革旧天师道，制订乐章诵诫新法，称新天师道。南方庐山道士陆修静整理三洞经书，编著斋戒仪范，因而道教理论和组织形式日臻完备。随着寇谦之、陆修静等倡导的“清整道教”的自我整顿，道教把以地域（治）或军队（方）划分教徒的形式，改成由道观为中心来接纳信仰者的形式，使原来那种容易引起与政权矛盾的组织方式转化为纯粹宗教修行的组织方式，原来半军事化、半行政化的“治”、“方”等组织样式渐渐消失，基本上形成了以道观为中心的组织架构，而道观又主要分布在道教自己所说的洞天福地。道教视泰山为神仙所居之洞府和道士理想的修行地，称其为三十六洞天之第二洞天，周围一千里，名蓬玄洞天，由此泰山成为道教修行的洞天福地，来泰山修炼传道者渐多，泰山道观、庙宇也多了起来。明《道藏》收录的大庙即有二十二处，清《泰山志》收录的道观更是达八十多处，现在保存完好的还有岱庙、碧霞祠、王母池等道观。

唐代时，泰山道教得到很大发展。唐朝皇帝以道教始祖老子为李氏祖先。唐高宗李治尊老子为“太上玄元皇帝”，令诸州各建道观一所。位于泰山王母池西侧、约建于汉代的岱岳观（俗称老君堂）也得以整修。唐高宗、睿宗、武后、玄宗、德宗、代宗等“六帝一后”，先后在岱岳观建醮造像二十次。泰山道教徒也积极参与了唐代历次封禅、封神、建醮造像等活动。从六朝“清整道教”以来，道教一直力图使自己的宗教仪式与王朝礼仪结合起来，所以对于参与国家祭典，显示了浓厚的兴趣和积极的关怀。在岱庙内有一块特殊的石碑，即泰山双束碑。双束碑上共有二十余则唐代刻辞，铭文多是作功德，言符应，记录了唐朝“六帝一后”一百四十年间派遣道士在泰山岱岳观建醮造像的史实。唐高宗在封禅大典举行前五年，曾派道士郭行真带领弟子在泰山举行了一场道教的斋醮仪式。在《岱岳观碑》上所刻的一条材料记录了这次活动：“显庆六年二月廿二日，敕使东岳先生郭行真、弟子陈兰茂、杜知古、马知止奉为皇帝皇后七日行道，并造素像一躯，二真人夹侍。”在举行封禅前夕，唐高宗曾先令道士刘道合上泰山举行仪式以祈福，据《旧唐书》云：“及将封太山，属久雨，帝令道合于仪鸾殿作止雨之术，俄而霁朗，帝大悦，又令道合驰传先上太山，以祈福祐。”[①] 封禅大典顺利完成之后，高宗特别将封禅泰山的盛典及其带来的太平归功于“道风幽赞之效”[②]。

随着高宗、玄宗相继登封泰山，道教在五岳之首的泰山进入鼎盛时期，唐代

---

① 刘昫《旧唐书·列传第一百四十二·隐逸》。

② 卢道邻：《益州至真观主黎君碑》，《全唐文》卷一百六十七。

不少著名道仙不断来泰山修道传教。传八仙之一的吕祖曾三至泰山，并在岩洞炼丹。西王母也曾久居泰山。唐玄宗时，泰山著名女道张炼师居岱顶玉女祠，唐代诗人刘禹锡曾赋《送东岳张炼师诗》颂其道行："东岳真人张炼师，高情雅淡世间稀。堪为列女书青简，久事元君住翠微。金缕机中织锦字，玉清坛上着霓衣。云衢不用吹箫伴，衹拟乘鸾独自归。"唐代宗大历八年（公元773年）张炼师曾陪京都大臣朝拜岱岳，至今在万仙楼后楼花涧断崖上仍保存着当年张炼师的题刻。

泰山道教在宋代又得到了进一步的发展。宋真宗封泰山时，找泰山道士进京传道。大中祥符二年（公元1009年），宋真宗把"善服食，得延年"的泰山隐士秦辨召至京城，亲自接见，并赐号"贞素先生"。宋真宗在"澶渊之盟"后，为了掩盖丧权辱国之耻，利用神道设教，以"镇服四海，夸示外国"，策划并上演了一出泰山"降天书"的闹剧。他晋封泰山神为"天齐仁圣大帝"，封主管东方和泰山的天神青帝为"广生帝君"，封泰山老母为"天仙玉女碧霞元君"，接着又大兴土木，拓建岱庙，创建碧霞祠，一时间泰山宫观林立。同时，他命大臣王钦若、张君房等编辑《道藏》。是时，山东诸城人张景岩隐居在岱阴明月嶂，结茅为庵，常采集紫芝制作仙药，泰山至今仍有采芝庵遗址。宋皇佑五年（公元1053年），他又重修王母池，炼师庞归蒙在岱麓王母池炼丹修道，帝赐紫服。

金大定七年（公元1167年），王重阳在山东宁海（今牟平）创立全真道，招收丘处机等七人为弟子，号称"全真七子"。此后，道家正式分为正一、全真两大教派，泰山主要是全真派。丘处机是山东栖霞人，在宁海昆嵛山（今牟平东南）出家，拜王重阳为师后，他曾携其弟子在岱麓长春观常居，人称"长春真人"，并在岱阴金丝洞炼丹。元太祖成吉思汗尊其为神仙，元世祖忽必烈赐号"长春演道主教真人"。《岱史》记载，长春观内有丘神仙牒碑，刻成吉思汗皇帝敕旨。后来，丘处机的女弟子訾守慎住持长春观，元帝赐号"妙真"。浙江宁海女道士孙清净，修道于岱顶鹰愁涧北侧清净石屋。元朝期间，元统治者虽尊崇喇嘛教，但对道教也采取兼容政策，元代泰山道教基本上是全真教一统天下。

元代时，著名道士、诗人张志纯住持岱庙，被赐号"崇真保德大师"，别号"天倪子"。据泰山地方史志记载，这一时期，住持东岳庙的张志纯重修蒿里山神祠，并相继增修玉女祠、会真宫、玉帝殿、圣祖殿、岱岳观、朝元观、东岳庙等泰山主要祠宇。泰山南天门处原来并无室宇，张志纯"为之经构，累岁乃成"[①]。这是

① （元）杜仁杰：《天门铭·序》。

泰山道教及建筑史上的一件大事。南天门建筑颇具匠心，它建于泰山十八盘尽头、飞龙岩与翔凤岭之间的低坳处，上即绝顶，造成双峰夹峙的奇特效果，南天门为阁楼式建筑，石砌拱形门洞，红墙点缀，黄色琉璃瓦盖顶，气势雄伟，俨然天门。人工借自然之势，自然借人工之力，南天门是自然景观与人文景观相结合的典范建筑。

明代著名道人张三丰曾在岱阴明月嶂北岩洞修真炼丹，后称此处为懒张石屋。明清时期，朝廷对宗教采取严格的限制政策，中央设道录司，府设道纪司，州设道正司，县设道会司，以控制道教的发展。府县司署分设在岱庙和碧霞祠，岱庙住持由朝廷任免。

从明末到清代，泰山道教出现一个重大变化，即以碧霞元君为代表的神仙道教在泰山得到空前的发展，东岳大帝信仰逐渐被碧霞元君信仰所取代。

关于碧霞元君的由来，民间说法不一。据李谔《瑶池记》记载，黄帝曾遣玉女七人在泰山建岱岳观，羽衣云冠。七女之中，只有一女修而得道，即碧霞元君。《岱史·玉女传》中说，天仙圣母本石口西牛国奉符县人，生于东汉明帝永平七年甲子四月十八日子时。三岁即解人伦，七岁辄闻法，尝礼西王母，十四岁感母教，得曹仙长指，入天空山后石屋修道，三年丹成，遂依于泰山，其名玉叶。可见汉晋时已有泰山神女的故事。汉代人还在泰山顶上雕刻神女石像，在泰山极顶修建玉女池以奉祀。五代时殿堂倾颓，石像仆地，玉女像也沦落于岳顶玉女池内。据明代《帝京景物略》记载，宋真宗东封泰山，还次御帐，在玉女池中洗手，一石人浮出水面，此乃玉女。宋真宗于是下令疏浚玉女池，用白玉重雕玉女神像，命有司建祠并更名为昭真祠，遣使致祭，号为“圣帝之女”，封“天仙玉女碧霞元君”。昭真祠即是当今泰山山顶碧霞祠的发端。明成化年间，统治者又将昭真祠拓建为宫，弘治年间更名为灵应宫，嘉靖年间再更名为碧霞祠。

碧霞元君的称呼具有浓重的道教色彩。“元君”是道教对女仙特有的称呼。在道教中，高仙男曰真人，女曰元君，道教里对碧霞元君的全称是“东岳泰山天仙玉女碧霞元君”。在明代万历三十五年刊印的《万历续道藏》中就有了冠以“碧霞元君”之称的道经——《碧霞元君护国庇民普济保生妙经》。该《经》称：“泰山岱岳，奠靖坤元，中有元君，号曰天仙。”又云：“受命玉帝，证位天仙，统摄岳府神兵，照察人间善恶。”道书《续道藏》称：“天仙玉女碧霞护世弘济真人”，“永镇泰山，助国裕民，济厄救险，赏功罚罪。”明人王锡爵在《东岳碧霞宫碑》中记载了碧霞元君的职能和灵感：“元君能为众生造福如其愿，贫者愿富，疾者愿安，耕者愿岁，贾者愿息，祈生者愿年，未子者愿嗣，子为亲愿，弟为兄愿，亲戚交厚，靡不相交愿，而神亦靡诚弗应。”明代以来，由于碧霞元君影响日益扩大，碧霞元君的信仰和崇拜渐渐在民间兴盛起来。

民间俗称碧霞元君为泰山娘娘、泰山奶奶、泰山老母等，认为她神通广大，能治病救人，护佑一切农耕、商贾、旅行和婚姻等事。民间还多以碧霞元君为保护妇女生产之神，其塑像一侧常塑一抱婴儿侍者，故称之为泰山娘娘或送子娘娘，妇女们信奉尤其虔诚。中国普通民众的宗教信仰具有很强的功利目的，有灵就有香火，于是泰山娘娘的香火越来越旺，东岳大帝之香火也逐渐被泰山女神碧霞元君所替代。明人王锡爵《东岳碧霞宫碑记》中记载：“自碧霞宫兴，而世之香火东岳者咸奔走元君。近数百里，远即数千里，每岁瓣香岳顶数十万众，施舍金钱币亦数十万。”清代福格《听雨丛谈》也说：“礼岱者皆祷于泰山娘娘祠庙，而弗旅岳神久矣！”民间传说碧霞元君诞辰日是四月十八，每年的这一天，碧霞元君的诞辰庆贺活动就非常热闹。农历四月间，大地回春，草木萌发，到泰山朝山进香者络绎不绝。清人韩锡胙在《元君记》中说：“自京师以南，河淮以北，男妇日千万人，奉牲牢币喃喃泥首。”信仰之盛可见一斑。

除了到泰山进香朝拜外，全国各地还建有成千上万座元君庙，也都香火繁盛。如北京过去就有五座最著名的碧霞元君庙，号称“五顶”，分别为东顶、西顶、南顶、北顶和中顶。清初孙承泽撰《天府广记·寺庙》记载：“京都有碧霞元君庙五处，香客云集，烟雾终日缭绕；都人最重元君祠，每月初一和十五，士女云集。”刘侗、于奕正的《帝京景物略》中也记载了当时盛况：“岁四月十八日，元君诞辰，都城士女进香。先期香首鸣金号众，率之如师如长，令如诸父兄。是月一日至十八日，尘风汗气四十里，一道相属也。舆者，骑者，步者，步以拜者，张旗幢、鸣鼓金者，……群从游闲，数唱吹弹以乐之。”京都如此，其他各地元君庙兴盛景况亦类此。清代至民国，这种民间碧霞元君信仰日渐普及和世俗化，香火越来越旺，元君圣诞庙会日也演化为一种民俗节日。

道教在泰山历代不息，神宇遍布。现存较为完好的除了岱庙，还有碧霞祠、王母池、玉皇庙等处。

碧霞元君祠居于岱顶，属全真教龙门系，为道教全国重点宫观。元君祠是一组宏伟壮丽的古代高山建筑群，面积3900余平方米，由大殿、香亭等十二座大型建筑物组成。碧霞祠整个建筑以照壁、南神门、山门、香亭为中轴，左右对称、南低北高，层层递进、高低起伏、参差错落、布局严谨，显示了我国古代高超的建筑水平，在道教宫观中极有代表性。碧霞祠大殿为五楹九脊歇山式顶，瓦垄三百六十条，以象征周天之数。盖瓦、鸱吻、戗兽、大脊等均为铜铸。檐下高悬雍正帝“赞化东皇”、乾隆帝“福绥海宇”巨匾。整个大殿雕梁画栋，晴天丽日之下，金光璀璨、蔚为壮观。殿内正中神龛内的碧霞元君贴金铜坐像，凤冠霞帔、慈颜善目、安详端庄。

王母池位于环山路东首、虎山之下，古称群玉庵，又名瑶池。王母池临溪而建，殿庑亭阁参差坐落在三层台基之上，红墙黑瓦掩映于苍松翠柏之中。前院有王母泉，泉水清澈甘洌。另有朝阳泉。正殿内祀明代铜铸王母坐像。后院台基上有七真殿，供奉彩塑吕洞宾、李铁拐、何仙姑、苗庆、焦成广等七真人像，神情各异、栩栩如生。殿东有蓬莱阁与殿相连，殿前有悦仙亭。王母池东临泰山中溪，因溪边曾建王母梳洗楼，故俗称梳洗河。传说溪中曾“有虬在湾”。王母池规模虽不大，但年代久远，常见于文人笔下，文化气息厚重。如《水经注》云：“古者帝王升封，咸憩此水上。”三国魏曹植曾“东过王母庐”、“俯观五岳间”，唐朝李白则“朝饮王母池，暝投天门阙”。可见其较高的人气。

玉皇庙古称太清宫、玉帝观，建在岱顶，是古代帝王祭天之地。正殿内祀玉皇大帝铜像。神龛上匾额题“柴望遗风”，说明远古帝王曾于此燔柴祭天，望祀山川诸神。正殿前有极顶石，标志着泰山的最高点，极顶石西北侧有“古登封台”碑刻，说明这里是历代帝王登封泰山时的设坛祭天之处。庙前有无字碑，据传为秦始皇封禅立石或传为汉武帝立石。庙东面的观日亭可望“旭日东升”，西面的望河亭可观“黄河金带”。

第三节　佛教与泰山

泰山是中国佛教传入、传播最早的地区之一。近 2000 年的佛教发展历程，使泰山地区成为山东一带佛教文化的中心，给泰山留下了非常丰富的佛教文化遗产。然而由于道教势力在泰山过于强大，佛教在泰山并没有成为主流宗教，明清以来，随着泰山碧霞元君信仰的兴盛，泰山佛教日渐衰微。

天下名山僧占多。但在佛教来到泰山以前，泰山就已经是方士修道的仙山，是道教名山，前代帝王的封禅又从政治上肯定了道教在泰山的主流地位，所以佛教曾一度受到排斥，其寺庙道场、石窟造像均分布于岱阴或偏远地带，在泰山主峰及岱阳踪迹较少。1985 年，在人迹罕至的岱顶舍身崖下，人们意外地发现一尊摩崖造像，雕刻的是骑狮子的文殊菩萨。造像粗犷，满布苔迹。根据风格判断，大约是距今 1600 多年的北魏时期所造，这是泰山顶上迄今为止发现的惟一的佛家造像。佛龛的地点非常隐蔽,从岱顶上看不到它,但是游人在登山盘路下却能仰瞻佛容。这种地点的选择从一个侧面反映了当时佛教在泰山的处境和地位,又可想见当年佛家在巍巍泰山之巅力争立足之地的艰辛和周密的构思。作为来自异域的佛教,要想在泰山流传和发展,并占领一席之地并不是那么容易的,因此避实就虚、以阴补阳,成就了佛教在泰山长期发展的独特路径。

泰山的佛教始于魏晋。《高僧传》载,前秦皇始元年(公元351年),佛图澄弟子僧朗在泰山北麓山阴昆瑞山创建朗公寺,在此传经布道,很快发展到“上下诸院十余所,长廊延袤千有余间”。朗公寺后来被命名为神通寺。神通寺是我国佛教史上的名刹,也是山东地区最早的佛寺。今天的神通寺虽然已被历史的潮水所堙没,但是作为佛教进入泰山的象征,在中国佛教史上仍拥有特殊的地位。南燕皇帝慕容德曾拜朗公为师,授“东齐王”称号,赐奉高(今山东泰安)、山茌(今山东长清)两县租税。据说朗公常到泰山西北麓的方山讲经,南侧山峰上有一块数丈高的怪石,像一位驼背老僧执杖而立,静听讲经。一次,正在听朗公宣经的信徒,忽然看到这块怪石频频点头,若有灵性,于是朗公就在这里率众开山,“始建精舍十余区”,此为灵岩寺创构之始。北魏正光年间(公元520年—公元525年),高僧法定到泰山西北麓方山开山,建神宝寺,后将寺院迁至方山之阳,这就是今天的灵岩寺,法定也因此被誉为“灵岩寺开山第一祖”。

南北朝时期,北魏太武帝下令在全国废佛,灵岩寺遭受到重大打击,寺殿多被毁,但不久文成帝即位,佛教又得以迅速恢复。后北魏僧意法师又在泰山东北麓建谷山寺,谷山寺深藏于泰山东北山谷中,因寺南有谷山,故名。又因为寺东有玉泉,又称之为玉泉寺、谷山玉泉寺,当地百姓俗称之为佛爷寺。北齐时泰山又兴建了四禅寺、普照寺等。

北齐时盛行刻经,北齐人在泰山经石峪刻《金刚经》,在徂徕山刻《大般若经》及《般若波罗密经》。经文是宗教的灵魂,刻经一方面是要宣传佛教的内容,另一方面是为了把经典保存起来,佛教徒的想法是“缣竹易销,金石难灭”,把佛经刻在山石摩崖之上,能够使经文长存,使佛经得以保存和弘扬。佛教在发展过程中,曾遇到多次灭佛事件,佛教徒称之为“法难”。北周武帝在位时深知沙门病国,欲革其弊。建德六年(公元577年),北周灭北齐,武帝即令在齐境内尽毁佛教,北方寺像扫地悉尽。泰山经石峪《金刚经》大字刻制时,恰逢此次灭佛运动,遂中途而止,因此《金刚经》刻制未能完成。此处经文,被后人称为经石峪摩崖刻经。现存经石峪摩崖刻经,位于泰山斗母宫东北约400米处,为我国现存规模最大的佛教摩崖刻经之一。经文刻于面积约2064平方米的缓坡石坪上，自东而西刻《金刚般若波罗蜜经》44行，每行多者125字，少者10字不等，共刻2799字。字径50厘米，以隶为主，兼有楷、行、篆各种笔意，形制雄伟、气势磅礴，书法纵逸遒劲，书艺之高、字体之大、规模之巨，皆为世所罕见。《书法津梁》称其为“大字鼻祖”，康有为誉之为“榜书之宗”，为历代书法爱好者所崇尚。由于长年风雨剥蚀、山洪冲击，加之游人践踏、椎拓无度等人为破坏，现仅存经文1069字。

隋唐时期，佛教进入鼎盛时期，泰山更是梵音四起、伽蓝毗邻，泰山藏佛寺、资福寺、法华寺、竹林寺、天封寺等禅院相继创建。隋文帝杨坚于开皇十五年(公元595年)东巡泰山时，曾招访泰山名僧法瓒，敕命进住京师胜光寺。其间，泰山石窟造像活动也达到了高峰。岱阴玉函山及龙洞绝壁上都有隋代造像，灵岩寺方山证明殿佛龛内有唐代释迦牟尼坐像。岱阴神通寺千佛崖里有大小唐代造像220尊，这些造像大都丰满健美、慈祥和蔼，其中泰山北麓佛慧山的一尊唐代大石佛，高7米多，宽4米多，为泰山佛窟造像之冠。

唐代灵岩寺更加兴盛。《灵岩志》曾记载，唐贞观初年，著名僧人玄奘曾慕名来到灵岩寺译写经文。唐高宗李治和武则天到泰山封禅时，打破以往惯例，先到灵岩拜佛，后至岱顶祭天，可见灵岩寺影响之大。据资料记载，当时灵岩寺的僧众最多时达到上千人。唐开元(公元713年—公元741年)中，泰山灵岩寺有降魔禅师大兴禅教。降魔禅师是禅宗北派领袖神秀的弟子，神秀曾告诉他：“汝与少皞之墟(泰山一带广大地区)有缘。”降魔大师敬奉师命来到灵岩寺，弘扬佛法，以后几年，学者云集。[①] 唐宪宗时，宰相李吉甫把灵岩寺、天台国清寺、江陵玉泉寺、南京栖霞寺合称为“域中四绝”，并将灵岩寺置于四绝之首，足以说明灵岩寺在当时的声望。

北宋时期，先后有八位皇帝御书灵岩寺，并规定住持必须由皇帝直接派遣。当时的灵岩寺僧侣沙弥达五百余人，香火也曾盛极一时。《灵岩志》称：“每年孟春迄夏首，四向千里，老幼匍匐而来，散财施宝，唯恐不及，岁入数千缗。”灵岩寺现在尚存宋代彩色泥塑罗汉像四十尊，其中东土初祖达摩、庐山莲社慧远、天台醉菩提济颠(济公)、晋朝泰山僧朗、灵岩开山法定等名僧俱在，人物形象栩栩如生。近代刘海粟曾为彩塑题词：“灵岩名塑，天下第一，有血有肉，活灵活现。”可以说，灵岩彩塑是宋代泰山佛教昌盛的生动体现。

金元时期，金章宗完颜璟赠额玉泉寺“玉泉禅院”、“香严禅院”。当时泰山

① 刘秀池：《泰山大全》，第592页，山东友谊出版社，1995年8月第一版。

有敕建寺院 40 余处。其中泰山西溪竹林寺在元贞年间(公元 1295 年—公元 1297 年)盛况空前,元代文学家李谦在重修碑中曾经记述道:"东振齐鲁,北抵幽燕,西逾赵魏,南距大河,莫不闻风趋赴,其送施者朝暮不绝。"

明代永乐年间,高丽僧满空禅师慕名来到泰山,先后住持泰山竹林寺和普照寺。在泰山期间,他重修普照寺等寺院,使其焕然一新,四方受佛法者千余人。至今普照寺院内仍保存着记载满空禅师事迹的《重开山记》碑。

清康熙初年,僧元玉,别号石堂老人,卓锡普照寺,广结泰山社会名流,在寺东构筑石堂以读书,主张"归释不可背儒",提倡儒、释、道的融合。他主持泰山普照寺二十多年,"荒者修,废者举",使普照寺"居然为泰山第一名刹"。但有清一代,泰山碧霞元君信仰极盛,佛教出现衰微趋势。随着佛教在泰山的式微,寺院也大多废圮。

从现有历史材料看,佛教进入中国以来,在泰山历次封禅、封神活动中较少见到佛教的影子(宋代封禅有僧人陪位),佛教在泰山显得比较冷落。这种态度和立场,除了从佛教作为一种异域宗教进入泰山时间较晚,道教在泰山的势力过于强大来解释外,还可以从佛教的教义和信仰中得到解释。在佛教中,人与天人、诸神的地位是平等的,佛教认为个人的命运由自己掌握,根本不由所谓上帝来决定。佛教所谓的神,包括天神、地神、山神等都属于芸芸众生,即使是天帝(佛教称为帝释)也是众生之一,不必盲目膜拜。很显然,这样的信仰难以让佛教徒认同和屈从于泰山神信仰。既然人与天人、诸神的地位是平等的,那么人与帝王的地位也应是平等的,更不必顶礼膜拜。况且佛教传入中原,就有沙门不跪帝王的传统,在佛教与皇权关系的处理上,佛教自然不像道教那样屈服、迎合政治权力。基于这样的立场,佛教在泰山封禅和封神活动中自然不会像道教那样积极参与。

但佛教是一种外来的宗教,为了自身发展,必须同中国固有的宗教思想相融合,主动本土化,以适应新的社会环境。东汉末年以来,外来的僧人增多,译出不少佛经,为了和当时流行的"泰山治鬼"的民间信仰相适应,有的僧人在译经时就干脆把地狱译为泰山。例如三国吴康僧会译《六度集经》卷七:"闻泰山汤火之毒、酷裂之痛,饿鬼饥馑积本之劳,畜生屠剥割截之。"此处的"泰山"就是地狱。在《分别善恶所起经》里更直接把泰山与地狱合二而一:"四者死后,魂魄入泰山地狱中,考治数千万毒,随所做受罪。"佛教传入中国后,其地狱、阎罗观念也流行起来,至唐末,中国佛教中就有了"十殿阎罗"的说法,而且阎罗皆由中国官员担任,其中第七殿阎罗是泰山王董。泰山王董是三月二十七日诞辰,司掌热恼地狱，又名碓磨肉酱地狱，另设十六小狱。这种说法与本来十分盛行的泰山治鬼观念十分契合，二者遂逐渐糅和为一，衍化为泰山的冥府地狱系统。

泰山及其所在地区是中国儒家文化的发祥地，自秦汉以来，儒家思想一直是中国传统社会的主流意识形态，是中国传统文化的核心，佛教要想在山东泰山这个地方弘扬传播，必然要解决佛教和儒家文化融合的问题。清初泰山名僧元玉就是一位主张儒、释、道合一的有影响的高僧和学者，有《石堂集》等著作传世。他主张以佛养心、以儒治性，主张“忠臣孝子之心即佛心也”，“孝弟忠信乃修身之本，礼义廉耻乃修身绳目”，他自称：“虽以为佛氏之徒，然不能轻忘孔氏之道，以为诸道之根本指归。”所以，当时人评论他“其行释也，其情儒也”。元玉主持普照寺数十年，其起床后烧三瓣晨香，第一瓣香不是敬佛祖，而是祝皇上万寿无疆。这也从一个侧面反映出佛教文化也有它的包容性和适应性，泰山佛教为了自身的生存和发展，不得不自觉调整，与占统治地位的儒家思想融合。

中国普通民众的宗教信仰具有很强的功利性，往往不问神灵的出身和来历，有灵就香火旺盛。从明末清初以来，泰山的佛教为了赢得香火、吸引信众，也不得不向道教和民间泰山神信仰靠拢，有的寺院与道观相互借鉴、取长补短、逐渐融合。如泰山斗母宫，属禅宗临济正宗派，清初即成为香火鼎盛的尼姑庵。康熙初年尼姑主持祀北斗众星之母，遂更名斗母宫。据斗母宫砖砌影壁上临济正宗比丘尼世系图石碑记载，从“性”字辈开始至“正”字辈，已有十七代比丘尼在此庙住持。斗母宫分内外两院，内院建有大佛殿、罗汉堂、观音殿、藏经楼，外院是花园、尼众禅房。如今由于斗母宫禅院香火冷落，于是院内除供奉观音、文殊、普贤三大菩萨外，还在西侧配殿奉祀碧霞元君神像，“敲着木鱼念佛经，烧香磕头供元君”，佛教的比丘尼俨然成了道观斗母宫的道姑。红门宫的情况也大致与之相似。红门宫位于岱宗坊北，东临中溪，西靠大藏岭，因岭南崖壁有红石如门而得名。庙分东西两院，东为弥勒院，中有飞云阁相连（飞云阁原祀观音大士），西院为元君庙，其正殿原祀元君及送生娘娘、眼光奶奶，今置九莲菩萨铜像；正殿后是禅房院及东西配房，后来在红门宫边又筑起一座“孔子登临处”石坊，也设香坛，这正是佛教向道教和民间泰山神信仰靠拢的表现，也是儒、释、道三教融汇的写照。

佛教在泰山保存较好的寺院主要有灵岩寺、普照寺等。

灵岩寺坐落在泰山山脉北麓，群山环抱、深奥幽邃、尖塔高耸、古刹幢幢，可谓文物荟萃。明代著名文学家王士禛曾说过：“登泰山不游灵岩不成其游也。”灵岩寺内的主体建筑是千佛殿，是寺内保存最好、规模较大的一座古建筑。千佛殿始建于唐代,现在是明代重建的木结构建筑。殿内最引人入胜的是四十尊宋代彩色泥塑,塑像尊尊动人、个个传神、无一雷同,无论外貌举止还是表情性格,无不惟妙惟肖、生动逼真、令人惊叹。造像十分注意细部的刻画,骨骼肌肉符合人体解剖构造,血管脉络都清晰可见。罗汉的衣着装饰,跟人物的生理和性格特征也十分贴切和谐,充分显示了中国造型艺术倾向写实的特点,在中国艺术史上具有很高的地位。中国近代著名学者梁启超把这些罗汉像誉为"海内第一名塑"。寺内的另一胜迹是辟支塔,它矗立于千佛殿西北。此塔始建于宋代,塔高 54 米,是八角九层的楼阁式砖砌建筑。辟支塔造型奇特,塔身上下不同,一至三层是重檐,四至九层为单檐。古朴的门窗、富有变化的塔檐和纤巧挺拔的塔身,使人感到庄严大方中不失玲珑奇巧。在灵岩寺大雄宝殿的西侧,是由灵岩寺历代住持高僧的墓塔、墓碑组成的墓塔林,简称塔林。墓区里保存着自唐代至清代的各种墓塔 167 座,墓志铭石碑 81 座,规模之大、数量之多仅次于河南嵩山少林寺的塔林。

普照寺位于凌汉峰前、环山路以北,坐北朝南,依山就势而建,是一组保存完整的古建筑群。普照寺是岱阳唯一的四方丛林。寺以双重山门、大雄宝殿、摩松楼为中线,组成三进式院落,中线两侧配以禅房和庭园花圃等。寺前院钟鼓楼对峙,中院大雄宝殿供释迦牟尼铜像,后院有著名的六朝松,六朝松枝繁叶茂、疏密相间,宛如巨大的华盖,树旁碣刻"六朝遗植",松下有郭沫若《咏普照寺六朝松诗》碑。山门前有高露台,一对石狮子对峙,门上有"普照寺"题匾,取"佛光普照"之意。普照寺后及左右秀峰环列,古木苍松林立。清人释奚林有诗赞曰:"门前几曲流水,寺后千寻碧峰。鸟语溪声断续,山光云影玲珑。"寺内东院前为禅房,后为石堂院,清幽宁静,冯玉祥先生三十年代曾两次隐居于此。

从上述介绍来看,泰山宗教与泰山的关系颇为深厚,与政治一起成为泰山文化的核心部分。封建政治在推动泰山成为第一山的过程中发挥了主要的力量,而宗教则在维持泰山的至尊地位上居功至伟。而且,随着政治因素的衰退,宗教将成为泰山具有持久影响力的关键因素。

第六章　泰山文学

几乎在每个文人的心目中,山都是一个潜在的精神家园。对中国文人精神影响很大的道家思想的主旨便是绝圣弃知、皈依山林。因此,当人生失意时,中国文人最常见的自救方式便是徘徊山林、遣怀娱兴,以解胸中块垒;而一旦事业有成,他们最喜欢的方式也是登高望远、指点江山,一派意气风发。可以说,山间的松涛云霞历来是中国文人涵咏不绝的话题之一。作为一座历史文化名山,泰山人文景观与自然景观兼擅,历代文人对其钟爱有加,在登山览胜时感慨良多,吟诗作赋几乎是必做的功课。由于历代文人在泰山留下了大量的诗词歌赋,因此泰山文学在泰山文化中占据着非常重要的地位。

泰山文学是指以泰山为主要表现对象的文学作品,也就是说,划分泰山文学的基本原则是作品的题材而不是作者。只要是描写泰山的作品均可列入泰山文学的范畴,而泰山本土作家的非泰山作品则不包括在内。

从这一定位不难看出,泰山文学在内容上最显著的特点就是它题材的单一性——所有的作品都是以泰山为直接或间接的摹写对象,是典型的山岳文学。因此,泰山文学与中国文学在发展轨迹上有相合点,但也不乏相异之处,这主要取决于山岳文学的独有特点以及作家、作品是否与泰山存在直接的联系。

山岳文学在表现方式上的一个突出特征是诗文等抒情文学较为发达,而戏曲、小说等叙事文学则相对薄弱,泰山文学也不例外。

在诗文方面,泰山文学与中国文学基本同步。从泰山各时期诗文中,可以清晰地看出中国文学演变的轨迹:唐前泰山诗歌大多为古体,而唐宋及以后则以近体为多。而且各个朝代的诗歌思潮在泰山诗歌中表现得也较为充分。泰山散文虽然以游记为主,但透过不同时期游记的不同特点,我们仍然可以看出各个时期散文的主流风貌。叙事文学则不同,唐宋之前,中国的古典小说尚不成熟,有关泰山的小说也大多是一些简单的笔记体。如《搜神记》里面的《胡母班》、《蒋济亡儿》等。然宋代以后,中国文学渐趋转向世俗化,戏曲、小说等叙事文学取代诗文等抒情文学成为文坛主流。然而,泰山文学由于其特殊性而仍然以诗文为主,未能与中国文学一道形成新的转换。虽然《水浒传》、《金瓶梅》、《醒世姻缘传》以至《红楼梦》等著名小说均涉及泰山,但这些作品并非以泰山为表现主体,叙事的主要背景也不在泰山,泰山仅是作品中的一个片段抑或一段场景而已。因此,与抒情文学中佳作纷呈不一样的是,在叙事文学中,泰山并没有严格意义上的属于自己的杰作。因此,本章内容暂不包括泰山戏曲和泰山小说。

导致这一现状的原因是文人墨客面对名山大川时,往往激情难抑,他们的吟诗作赋大都是即兴而为。他们即使偶然涉足泰山,浮光掠影地浏览一番,也可以凭借直观的印象和丰富的想象勾画出泰山的壮美抑或胸中澎湃的激情。因此,历代文人墨客在泰山留下的大多是诗词文赋等抒情短制。而戏曲、小说等文学体式往往长于叙事而短于抒情,不太适合即兴的创作。若是长篇小说,则容量更大,结构也更为复杂,颇费思量,不是游山玩水时可以把握的。若以长篇叙事文学摹写泰山,则需要多年生活在泰山及其周边地区,潜心研磨泰山文化,仔细体味乡土民情,而且还要具备相当高的文学素养等。可惜的是,这些条件在古代始终未能完全具备。因此,泰山文学长于抒情而短于叙事的特点是由泰山的独特性所决定的。

总体来说,在国内诸多的山岳文学中,泰山文学无论是质量抑或数量都堪称杰出的代表,是泰山文化的主要组成部分,而且以其典型的士大夫性质与泰山帝王文化(政治)和民间文化(宗教、民俗)一起共同构成了泰山文化的三大特色。

自古以来,作为万山之王的泰山,吸引了众多的文人墨客来此漫游,而这些风流雅致的文人也为泰山留下了大量足以彪炳史册的灿烂诗章。仅从明清《泰山志》、《岱览》、《岱史》以及地方志等典籍辑录的作品来看,数量已是相当惊人。在这些作品中,既有李白、杜甫等文坛巨匠,也有长期生活在泰山脚下的白衣文士,他们都为泰山留下了优秀的诗词华章,泰山在他们的笔端展示出了迷人的风采。

泰山文学除了诗词歌赋、戏曲、小说外,还有大量的颂赞碑纪等实用文体。尽管这些篇什有一定的文学因素,但它们的总体特色偏于实用,不属于真正意义上的文学作品,故而也不在本章的介绍范围之内。

从内容上看,泰山文学犹如一幅幅色彩缤纷的画卷,栩栩如生地描绘出泰山各胜景的自然之美。从山麓到岱顶,从东路到西溪,从徂徕山到灵岩寺,从山上的奇松怪石到天上的日月星辰,无一不展现于文人的笔端。而且描写的角度无奇不有,既有在山下的仰视,也有在山端的俯瞰,既有自山中的远望,也有从山外的回眸,纵横捭阖、闪转腾挪,尽显文人的笔法之奇。如马第伯的《封禅仪记》、张岱的《岱志》、姚鼐的《登泰山记》等。对泰山自然与人文景观的描摹是泰山诗文的主要成分。

泰山文学的另一个主要内容是对政治、历史、宗教、民俗等非物质文化因素的写照。其一是对封禅、祭祀等政治、宗教活动的记载。到泰山封禅和祭祀在封建社会属于国家大典,因此在随驾人员中有大批文史官员,他们大多具有出色的文学修养,甚至很多官员本就是造诣颇深的诗人、作家。他们随驾前来,身临其境,往往留下许多作品。但这些作品多数是特定环境下的产物,有的属于应制之作,有的属于歌功颂德,有的甚至充满着敬祷之辞,因此大多写得较为呆板和沉闷,缺乏诗文应有的生气和情怀。也有些文人虽然不是伴驾而来,但登山时过于注重泰山的宗教和政治内核,心境始终处于虔敬状态,未能形成艺术家特有的自由情怀。而没有了精神上的超越和飞升,所作诗文必然充满敬崇之意,艺术价值自然不高。如陆机、谢灵运的《泰山吟》等都是这类作品。

其二是借泰山之高大崔巍抒发作家的主观情志,这也是泰山诗文中成就最高的一类作品,是泰山文学的精髓所在。虽然泰山具有厚重的人文底蕴,甚至含有许多令人倍感神秘、压抑的宗教、政治成分,但它首先是一座山,一座足以捧天擎日的大山,登临泰山,若抛开其中的种种杂念,完全可以体会到指点江山、激扬文字的豪迈气魄。这类作品的典型代表是杜甫的《望岳》、李白的《泰山吟》、苏轼的《送杨杰》等。"会当凌绝顶,一览众山小","天门一长啸,万里清风来","精神四飞扬,如出天地间"等名句脍炙人口。这些作品之所以广为传颂、乐为人道,一个主要原因就是作品本身所蕴含的自由、超迈、豪放的诗人情怀具有极强的感染力。

泰山文学在艺术上有极高的造诣。从题材的选取、景观的描绘到情感的抒发等都体现了高度的艺术技巧。李杜等名家诗作自不必言,散文中的佳作也是俯拾皆是。比如钟惺的《岱记》,作者在看似漫不经心的文字中写了晚霞夕照、东海日出、泰山云海等,这些都是泰山的著名景观,体现出作者在选材上的考究和精细。在写景状物时,作家们调用多种感官共同参与,力求让人感同身受。如王世贞的《游泰山记》,"出泰安二里所,即入山。时麦禾甫熟,黄绿间错如绣,拂拂作饼饵香。树杪浓阴晕之,意甚适。"既写了麦田的色彩,也写了新麦的清香,同时还让人感受到当时温馨的气氛和作者惬意的情绪,读之恍如身临其境。

另外，由于泰山景观众多，难以尽述，许多作家采用白描手法表现泰山，描画极为生动。如姚鼐的《登泰山记》，描写泰山雪景，“苍山负雪，明烛天南，望晚日照城郭，汶水、徂徕如画，而半山居雾若带然。”描写日出，“极天云一线异色，须臾成五彩。日上，正赤如丹，下有红光动摇承之，或曰，此东海也。回视日观以西峰，或得日或否，绛皓驳色，而皆若偻。”而写山体特征则是“山多石，少土。石苍黑色，多平方，少圆。少杂树，多松，生石罅，皆平顶。冰雪，无瀑水，无鸟兽音迹。至日观数里内无树，而雪与人膝齐。”无一不是简洁明快而又形神兼备，不愧是泰山游记的杰作。

以下笔者结合具体的诗歌、散文等体裁来具体分析泰山文学。

第一节　诗　歌

泰山文学和中国文学在起始上是一致的，几乎同时起步，而且均发端于诗歌。早在先秦时期，在中国文学真正的奠基之作、中国第一部诗歌总集——《诗经》里就出现了描写泰山的经典诗句。《诗经·鲁颂·閟宫》云：“泰山岩岩，鲁邦所詹。奄有龟蒙，遂荒大东。至于海邦，淮夷来同。莫不率从，鲁侯之功。”泰山多裸露的巨石，而且石质坚硬、崖壁林立、形象粗犷，以“岩岩”形容泰山，不仅非常形象地表现出了泰山拔地通天的气势，而且活画出了泰山高岩大垒的质感，极具神韵，因此“岩岩”被后人誉为描写泰山的绝唱。如果仅从对泰山的外貌和形象的表现来看，这一描写的确称得上是后无来者。此外，在同一首诗中还有“徂徕之松，新甫之柏”的诗句，也与泰山有关。

另一首作品《丘陵歌》据说来自圣人孔子。“孔子一生衷情于泰山，当年鲁哀公遣使以重金迎孔子自卫返鲁（公元前 484 年），孔子此时已在各地奔走漂泊了 14 年，已是 68 岁高龄。老年归国，心情十分复杂，路经泰山时，不由感慨万分，写下了著名的《丘陵歌》。诗中以‘山道’比喻‘仁道’的比兴手法，使人印象深刻。”① 这首诗在写法上与《论语》中喜欢借物言志的做法是一致的。

此外，孔子临终前曾作歌曰：“泰山其颓乎！梁木其摧乎！哲人其萎乎！”以泰山和梁木喻己，以泰山倾颓、梁木摧折比喻哲人辞世，虽称不上严格意义上的诗，但也是以泰山和梁木作比起兴，在手法上与前诗如出一辙，深得中国古典诗

① 转引自东岳闲人博客，参见凤凰网 http://blog.ifeng.com/article/1859246.html。

歌的精髓。

纵观整个先秦，由于文学正处于形成期，作品总量较少，因此关于泰山的诗作也相对较少，而且目前所见诗作的作者也基本是鲁国人，但这极少的诗作却在泰山文学史上留下了难以磨灭的印痕，为泰山文学奠定了高敞的基调。

秦汉时期，泰山诗歌较之先秦有所发展。这一时段的泰山诗作虽然不是很多，但张衡等文坛巨子的作品在文学史上形成了较大影响。

秦朝立国较短，除在散文方面对泰山偶有关涉外，未能留下有关泰山的诗作。然而，秦皇的封禅使得泰山在域内的尊崇地位得以奠定，客观上为后来泰山诗歌的繁荣带来了极大的利好。

与先秦时期泰山只是偶尔出现在鲁人笔下不同，在汉人的诗歌里，泰山、东岳、梁父(也作梁甫)、蒿里等已是常见的意象，而且在汉乐府里出现了以《蒿里曲》、《蒿里行》、《梁甫吟》为题目的作品。由于这些古题在后世被许多诗人作为同题材诗题多次套用，故而影响极大。汉代的泰山诗在表达上存有明显的不成熟的成分，那就是诗歌的内容并不是以吟咏泰山、状物抒怀为主旨，而是把泰山作为政治、宗教的符号来看待。如司马相如的《封禅颂》、《怨诗行·天德悠且长》等。造成这一现象的原因有两个：一是盛大的封禅活动，二是“泰山治鬼说”的出现。在汉人眼里，泰山既是一个膜拜的对象，也是一个鬼神之都，因而诗人在进行生死反思时，喜欢把泰山作为特定的文化符号写进诗里，故而这些作品的成就不高。汉人对生死问题多有思虑，这种对生死的考索与主管人之生死的泰山发生联系也是必然的。汉武帝登封泰山时曾经铸一大鼎，铭文是“登于泰山，万寿无疆。四海宁谧，神鼎传芳”。显然也是把个人的长生不老放在了国泰民安的前面。

东汉张衡的《四愁诗》是文学史上的杰作，而且是文学史上第一首纯正的七言诗，在诗史上具有较高的地位。《四愁诗》的第一段以“我所思兮在泰山，欲往从之梁父艰”起兴，词彩华丽、格调优美，被许多学者称作汉代泰山诗的代表。稍感遗憾的是，这些诗句并不是对泰山的写实性的表现，而是和同时代的其他作品一样把泰山和梁父作为一个虚拟的象征物加以使用。正如《文选·四愁诗》序云：“依屈原以美人为君子，以珍宝为仁义，以水深雨雾为小人。思以道术相报，贻于时君，而惧谗邪不得以通。”因此，泰山只是庙堂之象征，梁父则是奸邪之代称。而后三段“我所思兮”的地点又分别转换为“桂林”、“汉阳”、“雁门”等，更可看出这首诗并不是单纯地写泰山，因此这首诗仍然不能算作成熟的、真正意义上的泰山诗。

汉末魏晋六朝时期，泰山诗歌创作迎来了它的第一个高峰。这一时期的作者中包括了曹操、曹植、陆机、谢道韫、谢灵运、沈约等诗坛大家。从内容上看，此时的作品呈现出两个特点：一是部分诗作承续汉代而来，泰山在诗中只是扮演着文化符号的功能，甚至仅是一个诗题的沿用而已，泰山在其中起到的仅是隐喻的作用，如曹操的《蒿里行》、曹植的《泰山梁父行》等；二是出现了一批真正摹写泰山的精品诗作，这些作品成为泰山诗的杰出代表。这两个特点表明了建安和魏晋时期是泰山诗史上的重要转折期。

建安诗坛的代表曹植的游仙诗中有十余首写到了泰山，其中的代表作是《飞龙篇》、《驱车篇》、《仙人篇》等。这些作品中充满了游仙诗的奇幻和缥缈。如《飞龙篇》："晨游泰山，云雾窈窕。忽逢二童，颜色鲜好。乘彼白鹿，手翳芝草。我知真人，长跪问道。西登玉台，金楼复道。授我仙药，神皇所造。教我服食，还精补脑。寿同金石，永世难老。"诗中的泰山宛然仙境，群山环抱、晨雾缭绕之中，白鹿、芝草、道童、真人配以玉台、金楼、仙丹等，塑造了一个令人神往的方外奇妙世界。当然，曹植也是借此表达了希冀长生不老、得道成仙的愿望，表达了他摆脱尘世束缚、获得生命自由的渴求。《驱车篇》里还对泰山做了一番神化的描述："神哉彼泰山，五岳专其名。隆高贯云霓，嵯峨出太清。周流二六侯，间置十二亭。上有涌醴泉，玉石扬华英。"不仅写出了泰山的高耸阔大，而且把泰山视做拥有醴泉和美玉的仙境。《仙人篇》写得更是美丽而又玄妙："仙人揽六著，对博太山隅。湘娥抚琴瑟，秦女吹笙竽。玉樽盈桂酒，河伯献神鱼。"充满了理想的描绘。而作者本人则举身飞升、凌步太虚："飞腾踰景云，高风吹我躯。回驾观紫微，与帝合灵符。阊阖正嵯峨，双阙万丈余。玉树扶道生，白虎夹门枢。驱风游四海，东过王母庐。"这正是典型的游仙笔法。

正如大多数的游仙诗往往含有强烈的现实背景一样，命运多蹇的曹植写作游仙诗的初衷也并非单纯的访仙求道，而是借游仙抒发对悲剧命运的失望和愤懑之情，同时求得精神上的解脱和超越。

《泰山吟》是魏晋六朝时期诗人们写得较多的泰山诗题，一个主要原因是《泰山吟》在这一时期被看做是挽歌的题目，许多写过这个题目的诗人其实未必来过泰山，只是依事填词而已。如西晋陆机《泰山吟》："泰山一何高，迢迢造天庭。峻极周以远，层云郁冥冥。梁父亦有馆，蒿里亦有亭。幽岑延万鬼，神房集百灵。长吟泰山侧，慷慨激楚声。"该诗营造的泰山形象笼统而空泛，以"延万里"写范围，以"造天庭"写高度，以"馆"、"亭"写建筑，意象明显缺乏针对性。由于这首诗的主题是挽歌，所以诗篇的色调有些灰暗。南朝谢灵运的《泰山吟》有了可喜的变化："岱宗秀维岳，崔崒刺云天。岝崿既崄巇，触石辄芊绵。登封瘗崇壇，降禅藏肃然。石闾何晻蔼，明堂祕灵篇。"文字虽然有些艰涩，而且带有明显的玄言诗味道，但它在内容上表现出作者正试图摆脱挽歌的影响，转向对山水本身的描摹与欣赏，这正是中国山水诗艰难崛起的明证。作为中国山水诗的开山鼻祖，谢灵运把诗歌从"淡乎寡味"的玄言诗中解放出来，不仅使诗歌重新充满审美的意味，而且为诗歌找到了一种极为重要的题材。单从泰山诗来说，谢灵运的地位同样不可小觑，正是谢灵运的《泰山吟》标志着泰山诗的转轨，开启了真正的泰山山水诗的先河。山水诗的出现，标志着人类与自然的关系更加和谐，标志着一种新的自然审美观念和审美趣味的产生。从这一点来看，泰山无疑是做出了巨大贡献的。

泰山诗歌在唐代进入繁荣时期。双子星座李白、杜甫是这时最杰出的代表，他们分别以豪放飘逸、沉郁顿挫的诗风为泰山诗歌增添了最浓重的一笔，将泰山文学提升到了一个前所未有的高度。

开元二十八年（公元 740 年），李白 40 岁时，其妻许氏去世。这一年的五月，李白移家东鲁，寓居任城（今山东省济宁市），并在这一年的冬天结识了韩准、裴政、孔巢父等人。其后，他与孔巢父、韩准、裴政、张叔明、陶沔等隐居徂徕山竹溪，号称"竹溪六逸"。他们在此纵酒欢歌、啸傲泉石，度过了一段别有趣味的生活，后来李白在《送韩准、裴政、孔巢父还山》一诗中曾有"昨宵梦里还，云弄竹溪月"之句，就是对这段隐居生活的深情回忆。

天宝元年（公元 742 年）四月，李白来到泰山。这次他泰山游历停留的时间较长，并写下了一组关于泰山的著名诗作《游泰山》六首。此时他尚未入朝，对政治缺乏真切的了解和感受，对自己的将来踌躇满志，故而在精神上较为活跃，言语行为上表现得较为狂放傲岸、慷慨自负。如《游泰山》（其一）写在南天门的感觉："天门一长啸，万里清风来"，这句诗气魄宏大、豪气干云，写尽了南天门高敞、寥廓的气度，是不可多得的佳句；登上日观峰后则是"平明登日观，举手开云关。精神四飞扬，如出天地间"，兴奋中透着一股狂傲；面对泰山日出，他运用夸张的表现手法，浓墨重彩、尽情渲染，"攀上日观峰，伏槛窥东溟。海色动远山，天鸡已先鸣。

银台出倒景，白浪翻长鲸”，笔力劲峭、想象奇崛；而在描摹山间夜景时则又显得清冽雅致，“独抱绿绮琴，夜行青山间。山明月露白，夜静松风歌。”李白的山水诗与其说是对自然山水的描绘，不如说是按诗人个性改造的图景，他把自己豪放的个性融入自然景物中去，使他笔下的山林丘壑也具有了理想化的色彩。《游泰山》把诗人的理想抱负和求仙访道结合起来，以神仙道化寓政治理想，他创造的具有浓厚道教色彩的奇丽意象和旷达境界，以及那种自由放逸的精神，给人以强烈的情绪感染。李白的游仙诗虽然受到曹植的影响，但与曹氏抒发对现实的绝望不同，李白书写的是期盼青云直上的憧憬和与生俱来的自信，所以气势奔放、飘逸洒脱，格调迥然不同。巧合的是，就在这一年的秋天，在玉真公主的引荐下，李白被唐玄宗征召入京，并得到玄宗的优遇，命为翰林院供奉，算是初步实现了他的人生理想。

杜甫一生写过三首《望岳》，分别是写东岳泰山、西岳华山和南岳衡山，而且分别作于青年、中年和老年。“三山各有禀赋，三诗各有特色。”[①] 写泰山的《望岳》是杜甫流传下来的最早的作品，也是杜甫唯一的一首完整地写泰山的诗，“孤篇横绝”，成为泰山诗的压卷之作，至今无人能出其右。《望岳》诗约写于开元二十四年（公元736年），二十五岁的杜甫赴长安参加贡举考试落第后，在齐赵一带（今河南、河北、山东等地）漫游，途经泰山时写下了这首著名的诗作。青年才俊杜甫未受初出茅庐科考失利的影响，带着满腔的自信和豪情，在诗中热情赞美了泰山的雄伟壮丽，同时表达了自己的不凡抱负和凌云壮志。

与一般诗文喜欢迂回周折不同，《望岳》起句即以“岱宗”切入，开门见山、单刀直入，颇显开场的声势，而且以问句起调，似乎为泰山罩上了一层神秘的色彩。中间的“夫”字，看似虚词，可有可无，实则少它不得。它既使“岱宗”之后有所停顿，为下文蓄势，也提领起后面的“如何”，彰显出泰山的不同凡响，而且音韵铿锵。“齐鲁青未了”一句属自问自答，齐鲁大地莽莽荡荡，却收不住泰山的苍翠，虽是夸张之笔，却非常传神地表现出了泰山作为“天地间一巨物”的威赫

---

① 金启华：《杜甫诗论丛》，第138页，上海古籍出版社，1985年1月第一版。

和气度，俨然齐鲁大地的主宰。这一句表面看是烘托泰山之高大，实则是凸显泰山作为齐鲁乃至域内镇山的尊崇地位。施补华在《岘佣说诗》里说，这五个字“囊括数千里，可谓雄阔”。浦起龙云：“越境连绵，苍峰不断，写岳势只‘青未了’三字，胜人千百矣！”[①] 刘辰翁更是称此“五字雄盖一世”[②]。

颔联“造化钟神秀，阴阳割昏晓”句，进一步表现泰山钟灵毓秀的特质——大自然似乎也对泰山情有独钟，把神奇和秀丽集聚于泰山一身。这是对泰山非凡特质的定位，泰山不仅高大，而且富蕴着神奇和隽秀，万山之王绝非浪得虚名。“阴阳割昏晓”一句方是对泰山高度的摹写。高耸的泰山似乎遮挡得住日光，使得山南山北呈现出明显的昏晓之别，山之高峻不言而喻。“割”字用在这里极险，却恰到好处地写出了泰山一柱擎天的气势，山南山北似乎是被一座高山分割为两半。这两句诗体现出杜甫“语不惊人死不休”的特点。需要特别指出的是，“阴阳割昏晓”从地理学上来说是错误的。因为泰山大体呈东西走向，与日月的运行方向是一致的，日月从升起到落下均是沿着山脊运行，因此不可能出现“阴阳割昏晓”的场景。同样的情形也出现在郦道元《水经注》中。《水经注·三峡》中有“若非亭午夜分，不见曦月”的描写，亦是犯了同样的错误(三峡也是东西走向)。不过，所有的读者似乎都无意追究诗圣的错误，因为杜甫写诗的着眼点是形容山势之高而非真实的地理学描述。

颈联“荡胸生层云，决眦入归鸟”转写细望泰山。山间云雾缭绕，层层叠叠，令人心胸为之激荡起伏。在山中，在云间，鸟儿向着峰峦疾驰而去，诗人不由地睁大了眼睛，极尽舒展目力，追羡那飞入山间的归鸟。这两句一是紧扣“望”岳而来，十分切题；二是写山间之物，表明诗人已经来到了山前。

云和鸟是山之精灵，山有绿则润，有云则秀，有水、有鸟则活。杜甫在此选取这两个意象显然是经过仔细推敲的。“青未了”已写尽泰山的葱翠，继之写云、写鸟则把泰山大而活、雄而秀的特征写了出来。陶渊明《饮酒》(其五)中的“山气日夕佳，飞鸟相与还”句，《归去来兮辞》中的“云无心而出岫，鸟倦飞而知还”句等也是写云、写鸟，均极为传神。可以说，自古写山者大都离不开云、鸟、水、绿等因素，因为这不仅是山的最突出的特征，也是山水的灵魂所在。这两句在写景之中，含有诗人的不尽之意及神往之情。

尾联“会当凌绝顶，一览众山小”化用《孟子·尽心上》“孔子登东山而小鲁，

---

① 浦起龙：《读杜心解》，第1页，中华书局，1961年10月第一版。
② (明)周珽：《唐诗选脉会通评林》。

登泰山而小天下"句意，由望山而联想到登山，他想象总有一天，自己会登上山巅，傲视天下！这显然不是单纯就登山而言，而是诗人抱负的形象写照，是杜甫的自我期许，展示了一个积极入世的青年才俊的雄心和气魄。结句既昂扬奔放、豪情万丈，又蕴含不尽的韵味。

明代莫如忠在《登东郡望岳楼》诗中云："齐鲁到今青未了，题诗谁继杜陵人？"直言写泰山者无人能凌驾于诗圣之上。明代郭浚在总结本诗超凡的概括力时也说："他人游泰山记，千言不了，被老杜数语说尽。"[①] 清代浦起龙甚至认为，杜诗"当以是为首"，并说"杜子心胸气魄，于斯可观。取为压卷，屹然作镇"[②]。浦说虽然有过誉之嫌，但由此可见这首诗在历史上的影响之大。另外，杜甫晚年作品《又上后园山脚》中有"穷秋立日观，矫首望八荒"的句子，是《望岳》之外少有的写泰山的作品，也是写泰山的名句。

应该说，李杜的横空出世，在泰山诗史上矗起了后人难以企及的丰碑。李杜写泰山没有被山的神圣和高大所压制，而是以满腔的豪情和高亢的意志写泰山，既把泰山作为一个伟大而又亲切的存在，又以强烈的主人翁精神平视泰山，体现出一个伟大诗人的可贵品质，也展现了人类在大自然面前的豪迈气魄。

唐代较好的诗作还有李隆基的《登封喜雪》、卢照邻的《登封大酺歌》、李德裕的《泰山石》等。其中李德裕诗中"沧海似镕金，众山如点黛"是写日出的名句。这两句孤立来看似乎是写日落，与一般日出时的明媚有些不符，但亲身经历过泰山日出的人都会深切地体会到这两句诗的传神之处。因为泰山极为高峻，日出时山下大地仍处灰暗之中，只见茫茫大地上雾气氤氲，犹如沧海微澜，在晨曦中一片金黄，与日落时的情景如出一辙。而其他山峰相对较低，在云雾中仅露峰顶，确实有"点黛"的效果。清代姚鼐在《登泰山记》中对泰山日出的描写与这两句诗有异曲同工之妙，不妨参阅。

宋代泰山诗的创作比之唐代有所不如，但也有不少名家之作，只是在成就上难以与唐代相媲美。成就较高的有石介的《泰山》、苏辙的《灵岩寺》、王安石的《送道光法师主持灵岩》、曾巩的《灵岩寺兼简重长老刘二居士》等。另外，著名诗人苏轼有一首赠酬诗《送杨杰并叙》，其中提到泰山，写得极为精彩："天门夜上宾出日，万里红波半天赤。归来平地看跳丸，一点黄金铸秋橘。"短短二十八个字，不以直写取胜，而是以岱顶和平地的日出作比，以巨大的反差生动地展

① (明)周珽：《唐诗选脉会通评林》。

② (清)浦起龙：《读杜心解》，第2页，中华书局，1961年10月第一版。

示出泰山日出的宏大和壮观，手法新颖、角度独特。

宋人范致冲有《竹林寺》一首，写得充满雅趣："竹林深处有招提，深掩禅关过客稀。檐葡花开春欲暮，泠泠钟磬白云低。"这首诗写佛境静谧安详，禅意盎然。他的《日观峰》："岱岳东南第一观，青天高耸碧巑岏。若叫飞上峰头立，应见阳乌浴未乾。"此诗夸张日观峰之高，想象奇特、耐人寻味。

金代泰山诗歌的总体成就不高，但元好问却是个例外。元好问（公元1190年—公元1257年），字裕之，号遗山，山西秀容（今山西忻州）人，金末元初杰出的作家、史学家。元好问诗词文曲众体皆备，史称"蔚为一代宗工"。元氏生在金元迭代之际，和百姓共同经历了诸多苦难，感受深切，因此作品中多有对现实的写照。他在创作中善于学习前人成就，继承了自建安至李白、杜甫等人的优良传统，形成了自己独特的风格。古人评其诗说："其诗奇崛而绝雕刿，巧缛而谢绮丽。五言高古沈郁，七言乐府不用古题，特出新意。歌谣慷慨，挟幽、并之气。"[①] 从这些评价中，我们不难看出元好问诗歌的基本风格。

元好问曾居山东多年，南宋理宗端平三年（公元1236年）春天他47岁时，随友人从山东冠县来泰安会友，登上了他久慕的泰山。他在《东游略记》中简述了这次来泰的行程，并记叙了他在泰山及泰城的见闻。这次来泰，元好问不仅见到了他的好友、泰山文学史上的重要人物杜仁杰、徐世隆以及泰山全真教要人张志纯，而且创作颇丰，"得诗几十首云"，其中即包括他写泰山的名作《登岱》：

泰山天壤间，屹如郁萧台。厥初造化手，劈此何雄哉！天门一何高，天险若可阶。积苏与累块，分明见九垓。扶摇九万里，未可诬齐谐。秦皇憯灵威，茂陵亦雄才。翠华行不归，石坛满苍苔。古今一俯仰，感极令人哀。是时春夏交，红绿无边涯。奇探忘登顿，意惬自迟回。惜无赏心人，欢然尽余杯。夜宿玉女祠，崩奔涌云雷。山灵见光怪，似喜诗人来。鸡鸣登日观，四望无氛霾。六龙出扶桑，翻动青霞堆。平生华嵩游，兹山未忘怀。十年望齐鲁，孤云拂层崖，青壁落落云间开。眼前有句道不得，但觉胸次高崔嵬。徂徕山头唤李白，吾欲从此观蓬莱。

该诗开篇以仙境和九天作衬描绘泰山的高峻，笔法不凡、夸张大胆，充分展现了泰山在空间上的高敞特征；随之又以秦皇、汉武的物是人非反衬泰山的亘古常青，凸显了泰山在历史长河中的恒永久远；后半部则以自己对泰山的念念不忘来表现对泰山的仰慕之情。全诗情景交融、气魄宏大、行文奔放，很有些太

① 脱脱：《金史》卷一百二十六。

白遗风,是泰山诗中不可多得的佳构。

元好问还有一首写泰山的词——《清平乐·泰山上作》:“江山残照,落落舒清眺。澒嶴风来号万窍,尽入长松悲啸。井蛙瀚海云涛,醯鸡日远天高。醉眼千峰顶上,世间多少秋豪。”“全词短短八句,四处化用《庄子》中的语句,却不向老庄思想中讨生活,中间也并非枯燥说理,而是以形象语抒发情怀,风格清峻沉郁,显得自然而精炼。”①

金代诗文巨擘赵秉文评价元好问的诗说:“少陵以来无此作也。”的确,仅从写泰山的诗作来看,《登岱》也完全当得起这一评价。

元代的泰山诗歌创作主要是散曲大家张养浩。张养浩(公元1269年—公元1329年),字希孟,号云庄,山东济南人,元代著名散曲家。他诗、文兼擅,尤以散曲著称。

张养浩于英宗至治元年(公元1321年),以父亲病老为借口,辞去在朝廷的职务,回到了故乡济南。在此后八年的时光中,他遍览周边山水,并写下了大量诗文。其中的《登泰山》是成就较高的诗作:“风云一举到天关,快意生平有此观。万古齐州烟九点,五更沧海日三竿。向来井处方知隘,今后巢居亦觉宽。笑拍洪崖咏新作,满空笙鹤下高寒。”

开篇写泰山之高虽不出窠臼,但写得快意无限、颇有豪情,也算落笔不凡。颔联进一步写山高,却翻出新意,“齐烟九点”原是李贺写“中国”的诗句,被后人化用为济南的代表景观,恰好泰山以北为齐,自山上北望恰如自九天下瞰,形象而又逼真。五更时分日上三竿似乎有些荒诞,但以之形容泰山极顶日出却是神来之笔。这两句化用典故恰到好处,非凡想象出人意表,非大家不能道。颈联以后写登岱后胸襟为之拓展,正表现了诗人不汲汲于富贵、不戚戚于贫贱的处世之道,联系张养浩做官的经历,可以看出诗人是文行合一的典范。

同时代的诗人王旭在泰安时常往来于山间,尤爱泰山西溪风光。他的《西溪》堪称小品妙笔,极为清秀雅致:“我爱西溪好,披云屡往来。一州烟景合,三面画屏开。薄俗无商隐,清时有逸才。近岩多隙地,松竹更须栽。”西溪是泰山西麓的一条山谷,流泉飞瀑、谷深景幽,是泰山著名的自然风景区。诗中的“我爱西溪好”乃发自内心的由衷赞赏。“披云”则点明了西溪云蒸雾罩的变幻之美。这样的美景所在岂能不“屡往来”呢?西溪谷口逼仄,内里却豁然开朗,因此,“一州烟景合,三面画屏开”一联写自泰安州进入西溪的感受非常形象,以身

① 《元好问词作鉴赏》,中教网·中学语文,http://www.teachercn.com。

后城市的烟景(喻市井)对眼前山间的画屏(喻美景),对比强烈,倍显西溪的雅洁明丽。从句式来看,来到西溪,山门后的“烟景”仿佛被闭在了身后,而眼前三面美景犹如画屏初开,令人陶醉。这两句前后衔接自然、妥帖有力,堪称写景名句。

明代的泰山诗创作迎来了一个真正的繁荣期。从保留下来的资料来看,这一时期的泰山诗歌数量较之前朝有了巨大增长,几乎涉及泰山的各个方面,而且诗作的质量也普遍较高。不仅当时文坛重臣大多留有泰山诗作,更重要的是登岱的大量普通文士也创作了难以计数的优秀作品。虽然普通文士的诗作在艺术成就上难以与名家之作相媲美,但却以其丰富的内容、多样的风格筑起了泰山文学大厦的基石,是泰山文学终成气象的主要因素。正是诗词数量上的激增使泰山文学发生了质的变化。自此以后,泰山文学始可称得上有了自己的文学体系,始可当得起真正的“泰山文学”称号,而不再仅仅是一些散碎的作品。自先秦滥觞的泰山文学的涓涓细流历经多朝多代的演变,终于在此时汇成了浩浩江河。而且,这一现象一经形成便不可遏止,至清代、近代以至现代,泰山文学尤其是泰山诗歌终成蔚为大观之势。

这一方面源于泰山自唐宋以来的世俗化趋势,泰山的政治色彩逐渐减弱,在民间的影响越来越大,以至大量文人纷至沓来,作品自然激增;另一方面则源于唐宋以来诗歌在形式上成熟日深,文人对诗词的格律、技巧的掌握已是十分熟稔,登高览胜、吟诗作赋已是常态,一般文人皆能胜任,加之明清立朝时间长,社会相对稳定等,都使泰山诗歌走向了繁荣。

明代泰山诗歌创作的代表人物是李梦阳、李攀龙、王世贞、于慎行、宋焘、萧协中等。

李梦阳(公元1473年—公元1530年),明代文学家,字献吉,号空同子,庆阳(今属甘肃)人。他与何景明、徐祯卿、边贡、康海、王九思、王廷相等并称“前七子”,为“前七子”领袖,当时被天下推为大家。他工诗赋,重文章,在文学上以复古自命,倡言“文必秦汉,诗必盛唐”,大大扭转了当时的学术风气,名震海内。

李梦阳的泰山诗有两首,均写得极有特色。一是《郑生至泰山诗以问之》:

昨汝登东岱,何峰是绝峰?
有无丈人石?几许大夫松?
海日低波鸟,岩雷起窟龙。
谁言天下小?化外亦王封!

郑生是他的学生。这首诗以对话的口吻,不由郑生介绍泰山风物,而由诗人自己一气追问。诗人对泰山心驰神往的仰慕之情跃然纸上。“海日”一联形象地写出了泰山的高耸巍峨,结句把孔子的“登泰山而小天下”翻成登泰山方觉祖国的广袤无边,别出心裁!清人沈德潜对此也是大加赞赏,他在《明诗别裁集》中评价这两句诗说“陈语须此翻用法”,可见其化旧为新的不凡功力。

另一首则直书作《泰山》:

俯首无齐鲁,东瞻海似杯。
斗然一峰上,不信万山开。
日抱扶桑跃,天横碣石来。
君看秦始后,仍有汉皇台。

首联先言泰山的大和高。这一句翻用杜甫“岱宗夫如何,齐鲁青未了”句。老杜说泰山之大,齐鲁未了,作者却说登上泰山根本看不到齐鲁,即使茫茫东海亦如杯水。同样是说泰山之大、之高,此句却在老杜诗意上再进一层。将老杜名句推陈出新,的确有“诗必盛唐”的味道,读者也可从中体会到明诗的一些特点。颔联“斗”通“陡”,极言泰山一柱擎天的山势,而“开”字用得极为生动:登上极顶,俯视群山低拱,万壑窈然,道道沟梁犹如山开一般。一个“开”字把山间川壑的静态形象变成了动态形象,表现力十足。颈联以“跃”写泰山日出也是传神之笔,因为泰山观日出因云雾波动的影响确实有跃动之感。尾联以秦皇、汉武先后封山作结,表明泰山无与伦比的王者地位,结实有力。总之,这首《泰山》诗“从高大的形象、广袤的空间、绵长的历史三个角度,充分地展示了泰山博大宏伟的气象,是一首有自己艺术特色的诗章”①。

李攀龙(公元1514年—公元1570年),字于鳞,自号沧溟,人称“沧溟先生”,济南府历城(今济南历城)人。他与谢榛、王世贞、宗臣等并称“后七子”,为嘉靖、隆庆年间文坛领袖,领文坛风骚二十余年。

因家居泰山附近,李攀龙登泰山极为便利,一生多次登上泰山。现今见到的他较早的泰山诗大约写于他二十余岁时,诗虽然尚不成熟,但已显露出他才高气锐、风格豪放的特点。

李攀龙现存泰山诗八首,分别作于不同时期。② 其中,成就较高的是《同元美、子相、公实分赋怀泰山得钟子柬顺甫》,从诗歌题目可以看出,在他写这首诗的同时,王世贞、宗臣、梁有誉等“后七子”成员也创作了一组有关泰山的诗作。

---

① 汤贵仁、陈伟军:《明代诗人与泰山》,《山东旅游》,1988年第5期。
② 袁爱国:《泰山名人文化·李攀龙与泰山》,山东友谊出版社,1999年12月第一版。

域内名山有岱宗，侧身东望一相从(相从：交往)。
河流晓挂天门树，海色秋高日观峰。
金箧何人探汉策，白云千载护秦封。
向来信宿藤萝外，杖底西风万壑钟。

名为“怀泰山”，当从作者对泰山的印象写起：一写与泰山交往日久、感情深笃，二写泰山令人心驰神往的自然风光，三写泰山作为国家镇山的悠久历史，最后以作者曾经的游山经历挽起信息反馈。全诗虽无惊人之处，但写来游刃有余，描景抒情信手拈来，显出作者深厚的文学造诣。

在京居官期间，李攀龙还有两首诗涉及泰山，即《殷太史正甫至自泰山为赠》和《又作此问正甫》。其中《殷太史正甫至自泰山为赠》云：

明堂天子昔登坛，御道风流拥汉官。
海色迥临三观动，春阴不散五松寒。
白云忽向封中出，玉牒谁从箧里看？
此日满朝求禅草，相如早晚和长安。

诗作在整体上是借泰山对朋友进行夸赞，用典也不出秦汉封禅的老套，但“海色迥临三观动，春阴不散五松寒”一联写得却是颇有讲究：泰山极顶(三观，指泰山上的周观峰、吴观峰、秦观峰)在云雾中如船行海上，而五大夫松依然浓荫蔽日、苍翠挺拔。写景中暗蕴历史的玄机，耐人寻味。而《又作此问正甫》则完全是以与泰山有关的典故写友人，与泰山其实关系不大。

另外需要提及的是，由于“李攀龙的倡导力行，‘后七子’一派诗友们接踵游于泰山，写下一批可观的泰山诗文”①，为泰山文学做出了重要贡献，也算是李攀龙为泰山留下的又一佳话吧！

王世贞(公元1526年—公元1590年)，字元美，号凤州、弇州山人，江苏太仓人，明代著名文学家、史学家，也是明代“后七子”代表人物之一。他曾与李攀龙共主文坛。李死后，他又为文坛领袖20年，“一时士大夫及山人、词客、衲子、羽流，莫不奔走门下。”②

王世贞一生三次登泰山，两次游灵岩，留下了40余件与泰山有关的诗文③，与泰山结下了不解之缘，也堪称泰山文学史上影响较大的作家之一。王世贞泰

---

① 袁爱国：《泰山名人文化·王世贞与泰山》，山东友谊出版社，1999年12月第一版。
② 张廷玉：《明史·王世贞传》。
③ 袁爱国：《泰山名人文化·王世贞与泰山》，山东友谊出版社，1999年12月第一版。

山诗的代表作是《登岱六首》和《重登岱岳四首》。由于王世贞学识超群,而且力主“格调说”,所以在这些作品中,一如既往地反映出他取材瞻博、喜用典故的特点,并且在构思上时有出人意料之处。如《登岱六首》其三:

轩辕黄帝有高台,鞭石千秋辇道开。
匹练天萦吴观出,金泥日射汉封回。
西盘瓠子河如带,东挂扶桑海一杯。
谁为登坛论王气,只应尘世有仙才。

把泰山视为黄帝的高台,写山道的开凿用“鞭石千秋”作喻,皆用语险怪;颈联写泰山胜景别出心裁,尤其是以“西盘瓠子”写黄河的蜿蜒有致,比喻巧妙,是少见的写自山巅眺望黄河的诗句。全诗构思堪称奇特,只是用典偏多,有失明快。当然,如果抛开用事,单纯描景抒情,王世贞的诗一样可以有很强的表现力。如《登岱六首》其四写泰山的雨势:“天门倒泻银河水,日观翻悬碧海流。欲转千盘迷积气,谁从九点辨齐州。”想象大胆,落笔惊人,写来大气磅礴。而写夜宿山顶所见也很新奇:“半割乾坤悬对抱,低垂星斗乱堪扪。”① 同样是用语惊险,却同样描写精彩。

于慎行(公元1545年—公元1607年),字可远,更字无垢,号谷山,山东东阿(今平阴东阿镇)人,明代政治家、学者、文学家。他文学造诣极高,清代纪昀评价他的诗“典雅和平,自饶清韵”,为当时文坛代表人物。“他的泰山诗文,数量上超过王世贞,并有自己鲜明的特色,足可与前、后七子相颉颃。”② “于慎行的家乡东阿……东距泰山主脉仅二百余里。他曾经多次自豪地宣称自己是岱畎人。他六十三岁的生涯中凡七次登岱,时间长达四十年之久,在古代文人士大夫中实属罕见。”③

于慎行的泰山诗涵盖面极广,不仅有多处摹写泰山、灵岩等自然风光,而且把泰山渗透进了他生活的多个方面。举凡迎来送往、饮酒会友等活动,他也常常以泰山为素材加以吟咏,因此于慎行的泰山诗极有厚度,而非单调地写景抒情。他的泰山诗代表作是《同朱可大廷平登岱八首》、《日观峰歌》、《泰山道中》、《泰山绝顶对酒》、《岱西山人歌寿何吏部敬庵》等。

如《泰山道中》:

---

① 王世贞:《登岱六首》其五。
② 袁爱国:《泰山名人文化·于慎行与泰山》,山东友谊出版社,1999年12月第一版。
③ 袁爱国:《泰山名人文化·于慎行与泰山》,山东友谊出版社,1999年12月第一版。

地僻尘踪少，山深石路斜。
雨中过佛院，云里见人家。
雊雉飞春麦，啼莺绕落花。
流亡今欲尽，几处有桑麻？

整首小诗写登山道中的所闻所见，但作者显然对眼中所见做了仔细的过滤和筛选。他写山间小路、雨中寺院、零星农家、雉飞莺啼，甚至写庄稼、写落花，完全是一副闲散山人的目光。当然，景物不仅选得好，写得更是精彩：小路不仅歪斜，而且地处僻境；佛院、农家不仅处于雨云之中，而且静谧清寂；只有麦田里的山鸡扑愣愣地飞起来有些动静，却又对上莺啼落花。满篇充斥的是闲静散淡，但并不令人有冷寂之感，而是疏朗有致，颇有田园诗的韵味。这似乎不是写泰山，而只是一座普通的山岭而已。由于泰山厚重的政治、宗教、文化内涵，登山道上很少有诗人有如此的超迈情怀。这说明在作者的心目中，泰山不仅是一座神山、圣山，更是一座充满乡野气息的精神家园。

再看《泰山绝顶对酒》：

茫茫今古事，欲问岱君灵。
汉柏虚称观，秦松枉勒铭。
此生游已倦，何地酒能醒。
杖底千峰色，依然未了青。

如果说前一首诗主要是写景，那么这一首诗则是重在感怀。作者置身泰山绝顶，把酒临风，禁不住有些文人的感伤，而且所思所感十分复杂。从表面看是感叹人世间的物是人非、沧海桑田，但在骨子里却是感叹人生的苦与累、虚与幻，尤其是老来饱经世事风霜以后，难免有些幻灭和疲惫。作者似乎看穿了红尘名利，对浮生有彻悟之感，因此叹言"汉柏虚称观，秦松枉勒铭"，希望尽早甦醒，解甲归田，过几天真实的人生。结句"杖底千峰色，依然未了青"恰如其分地表达了诗人面对亘古未变的泰山时的那份沉静和觉悟。

"于慎行之于泰山，并非匆匆过客，而是视为家乡。他把别业中所居之楼称为'望岳楼'。万历十一年(1583)七月，他在北京任中患病甚重，'一夕梦泰山元君赉一彩毫，曰：此历下殷公(士儋)笔也。病良已。'可见于氏泰山之情超乎常人，到了寤寐思之、铭心镂骨的程度。"①

以上诗人(包括多位前朝诗人)均为当时文坛巨擘，虽然其中的有些人与泰

---

① 袁爱国：《泰山名人文化·于慎行与泰山》，山东友谊出版社，1999年12月第一版。

山往来频繁，甚至结下了不解之缘，但他们并非真正的泰安“土著”，而下面的两位诗人——宋焘和萧协中却是地道的泰安人。由于他们长年生活在泰山脚下，与泰山朝夕相处、相濡以沫，因此他们对泰山及其本地的风土人情比之其他作家更为熟悉，体会和感受也更为深切。他们的诗作不仅代表着泰山本地诗人所达到的艺术高度和特殊的艺术风格，而且他们笔下的泰山更有些乡土气息和生活的感触，完全是另一种面貌。

宋焘（公元1572年—公元1614年），字岱倪，号绎田，又号青岩，汶阳镇宋家孝门村（今肥城宋家孝门）人。他为明万历二十九年（公元1601年）进士，被选为庶吉士，后任御史，巡按江南，兼督学政。所至政风峭历，吏治清明。万历三十五年（公元1607年），他因直谏触怒神宗，被贬为平定州（今山西平定县）判官，不久，辞官归隐故里。史书称他“解绶归里之日，囊箧若涤，惟简册书笥而已”。乡居期间，他曾于泰城灵芝街“青岩居”讲学，著名泰安学者王楫等皆出自其门下。

宋焘是明代著名的政治家和泰山学者，也是泰山本地杰出的诗人，是唯一一位在《明史》中立传的泰山人物，著有《青岩居草》和《落花全韵》等诗集，其诗作曾被《明诗纪事》收录。宋焘对泰山历史也很有兴趣，曾花费大量精力搜寻岱故，考订史实，编著了《泰山纪事》、《岱下小史》、《州志补遗》等史书。其中的《泰山纪事》影响较大，是研究泰山文化的重要文献。因宋焘道德、文章出众，被后人推为“泰山五贤”之一。

宋焘的泰山诗涉及的内容较为广泛，既有对泰山景观的宏观写照（如《泰山吟二首》、《我思泰山高》等），也有对个别景点的微观描摹（如《普照寺僧舍颓敝古殿荒凉》、《题日观峰餐霞卷二首》、《竹林寺二绝句》等）；既有个人的遣怀明志，也有关心民瘼、体察民情之作。这些作品大多直抒胸臆、清雅明快，与其人格性情如出一辙。而且在某些诗作里逗漏出闲适散淡的意味，表明了他淡泊名利、独善其身的处世原则。

较能代表宋焘泰山诗风格的诗作是《竹林寺二绝句》和《青岩居（四首）》。

《竹林寺》（其一）：

多时不访竹林僧，茅迳荒芜乱野藤。

此日探奇来坐久，一龛香雨对青灯。

此诗形似记事，摹写简约，却透着一股清雅古朴之气，不难见出作者的审美趣味。

《青岩居》（其二）：

岩栖谁备买山钱，满迳蓬蒿此地偏。

投粟虚庭看斗雀，脱巾深树听吟蝉。

年来已自成书癖，醉后从人唤酒仙。

为爱溪声冷襟抱，石床移向水亭眠。

此诗虽然是写自己的家居生活，但在风格上与《竹林寺》一诗如出一辙。斗雀听蝉、读书饮酒是典型的传统文人生活，难得的是那份洒脱和自适，看不出任何的清苦和落寞。这一类的作品大多貌似表现作者的散淡闲适，实则是展现了诗人极有品位的生活追求。因为能写这样诗作的人并非真的无所事事，而多是极有思想和追求的名士。很显然，像《青岩居》这样的作品，非泰山人不能道。

特别需要提及的是，宋焘还有一首《泰山大水歌》，描写的是泰山遭遇水灾时百姓的惨状。在令人触目惊心的描写中透视出诗人对百姓悲惨遭际的极大同情和对无良官衙的极端愤怒。据《泰安州志》载，明万历三十一年(公元1603年)六月，"泰山洪水暴发，民众填沟壑者千计。"作为泰山人，宋焘不仅亲见了洪灾中百姓的惨状，而且目睹了矿税使(太监)无视民众疾苦，仍然巧取豪夺的残酷，悲愤难抑之下写下了《泰山大水歌》：

……水光迸散雨如倾，洪涛浩淼靡溪沚。……一望城西无片瓦，万人滚滚随流下。口中犹自呼爷娘，抱木浮沉白浪打。尸横荒野乱参差，破衣残骸挂树枝。血水和泥相枕藉，断肢落臂谁家儿。可怜死者葬鱼腹，生者无家何处宿。满城尽是呻吟声，深夜唯闻乱鬼哭。

情景之惨痛令人难以卒读。这里已不仅仅是血泪合流，而是尸横遍野、天塌城颓。笔法之严峻，情感之深挚直追老杜。有这些诗句做铺垫，后面对残暴官员的控诉便有了惊人的力量，那是比洪水猛兽更为可怕的一种灾难，因为它无时无刻不在："洪水何无情，真如矿税使，令人欲生不得生，欲死不得死。""这迸发着血泪的诗句，可谓泰山的'史诗'。"①

萧协中(？—公元1644年)字公黼，泰安人，明代后期重臣萧大亨次子，明末著名泰山学者。他以父荫入仕，授上林苑监丞，晋顺天府(今北京市)治中。崇祯末年，他致仕还乡，寓居泰安城酤檀园，致力于泰山地理风物的研究。甲申年，李自成部下攻破泰安城，萧协中投井自尽。"生平精文翰，尤尚气节。"② 他著有《酤檀集》、《泰山小史》等书。其中，《泰山小史》"以名胜为纲，每目叙其大略，

---

① 《泰山详解——奇丽的南麓风景区》，泰山旅游参谋的博客，参见 http://blog.sina.com.cn/s/blog-4de466a801009fvn.html ~ type = v5-one&label = rela-prevarticle。

② 宋思仁：《泰山小史·序》，《泰山文献集成》，泰山出版社，2005年5月第一版。

词简意赅”。该书收入泰山名胜及名人共150余条，而且每条之下均有题咏，十分别致。另外，书中还记录了一些珍贵的泰山史料，如半山亭秦篆等，对泰山文化的研究具有很高的参考价值。

《酝檀集》是萧协中的诗文集，对研究萧协中的文学创作极有价值，可惜的是书已不存，仅乾隆《泰安县志》中录其诗8首。目前所见萧协中的泰山诗主要保留在他的《泰山小史》中。由于《泰山小史》对泰山重要景观及主要历史人物采取的是一题一咏的方式，因此萧协中的泰山诗与其他诗人的作品明显不同的一个特点是，内容非常全面，几乎涵盖了泰山所有重要的景点及历史人物。他是泰山诗史上唯一的以诗歌形式系统表现泰山景观及人物的作家，也由此成为泰山文学史上一个非常重要而又特殊的人物。即使不看萧协中的作品，单从其写作的方式即可看出，他对泰山的熟悉是一般人难以比拟的，他对泰山的感情也是一般人难以匹敌的，他的作品反映出了一个地道的泰山人独有的艺术风貌。

在具体的写作方法上，萧协中的泰山诗也呈现出三个明显的特点：

一是所有作品均紧扣具体的景点，是对所写景点的极好补充。翻读《泰山小史》，每读一节，对所写景点先有直观的认识，随后再读声情并茂的诗作，极易激起读者对所写景观的浓厚兴趣，使全书更有感染力，诗文相得益彰。

二是在写景中喜用历史典故，而且有部分作品间杂感慨和议论。如《五大夫松》、《秦观峰》、《登封台》等。造成这一特点的原因除作者的写作习惯和爱好外，主要是泰山的许多景点并非单纯的自然景观，而是渗透着深厚文化内涵的人文景观。对此类景观的描述不可能绕开其历史、人文因素而徒写其自然风光。而且，从创作的角度来说，单纯地写景状物固然比较容易引起读者的审美感受，但在创作系列作品时却难免有重复之嫌。

三是在咏史和抒怀中有较强的现实感。如《舍身崖》、《金殿》、《秦篆碑》等。这可能与萧协中的性情有关。据宋思仁《泰山小史·序》说，萧协中有“清幽孤介之操”，甚至于清代“雍正四年入忠义祠”，可见其性情一端。这说明他有强烈的现实责任感，因此在写景状物的同时，掺入自己对现实的感想也就顺理成章了。

当然，由于萧协中所写作品较多，而且有部分作品并非是有感而发，而是对全书体例的附和，所以有些诗作也难免有拼凑之嫌，这也算是白璧微瑕吧！

下面我们选择一首其他诗人极少涉及的题材，来感受一下萧协中泰山诗的魅力。

《御帐遗迹》：

片石云中出，苍崖俯大观。
旌旗余草绿，帐幄染枫丹。
鹤唳山风冷，湍流夜月寒。
只今凭吊问，松影露漙漙。

御帐是宋真宗东封时的驻跸之所，后来在遗迹处悬匾曰“御帐遗迹”。这首诗很有些怀古诗的味道，表面看是冷静地描写当年的场景和遗迹的周边环境，实则是以景达情，暗蕴对宋真宗的针砭。当年真宗封禅，不啻一场轰轰烈烈的闹剧，虽然真宗借此达到了一些不甚光彩的目的，但终归被历史所耻笑。而今，热闹已去，只留下泠泠涧水和飒飒山风还在嘲弄着那位弄巧成拙的前代帝王。全诗前后对比明显，在写景中透出作者对历史事件的看法，有很强的感染力。此诗既合乎咏景的章法，也恰如其分地展示出了创作者的独特感受，是一首情景俱佳的好诗。

清代是我国古典文学的集大成时期，也是泰山诗歌创作的集大成时期。纵览整个清代泰山诗，明显呈现出三大特点：一是在诗歌数量上较之明代又有大幅度的增长。数量的增加虽然不是集大成的决定因素，但所谓的“集大成”却必须有足够数量的作品做支撑。二是在艺术质量上确有整体的提升。这一时期诗人对泰山的内涵和价值意义的认识都有了大幅度的提高，泰山在国民心目中的崇高地位已经完全奠定，因此对泰山的歌咏在认识上更为深刻，内容上更为丰富，技巧上也更为娴熟。尤其是前代泰山诗的铺垫使得清人的创作背景更为深厚，可资借鉴处愈来愈多，诗人的思路已经完全打开，优秀作品的出现已是顺理成章之事。三是在诗歌内容上呈现出细致化、系列化的特点。明代中后期以来，泰山诗即逐渐摆脱了笼统的描述趋向，逐步变得细腻起来。一个明显的标志是《泰山吟》、《望岳》、《登泰山》、《登岱》等概括性的题目越来越少，而代之以具体的景点、事件、人物或者经历等，如《五大夫松》、《对松山》、《南天门》、《经石峪》、《后石坞》、《三贤祠》、《羊祜城》、《王母池闲坐》、《徂徕怀古》等，甚至有些诗人针对“泰山八景”、“灵岩寺八景”、“普照寺十景”等逐一吟咏，内容变得非常系统、具体。如前述萧协中那样针对诸多景点的系列创作方式也非常盛行，许多诗人的泰山诗往往不是一首或者几首，而是十余首甚至几十首。这一创作现象的出现使得泰山诗的丰富性大大增强，泰山诗歌形成一个较为完整的体系：题材丰富，形式多样，风格迥异，佳作连篇。泰山诗真正走向了成熟并终成山岳文学的翘楚。

形成这一现象的原因是泰山在域内的影响这时已达至顶峰，国人皆以前来登山朝拜为人生大事，所以前来登山的百姓和士人数量激增，山、人接触的时间大为增加，诗歌创作自然水涨船高。一个明显的例子是清代帝王如康熙、雍正、乾隆等不仅多次登山朝拜，而且创作了大量泰山诗文。虽然他们的诗作本身影响不大，但他们的现身说法却使得人们对泰山的景仰之情更为浓重、深切，大大推动了泰山文学创作的进程。

这些事实充分表明，诗人对泰山的了解、认识和重视程度都已经有了质的提高，接触的深度也远超前代，诗人创作的目的性更加明确，情感的抒发也有了更为深厚的依托背景，泰山诗歌集大成时代的到来完全是水到渠成之事。

清代泰山诗歌创作的代表人物有王士禛、施闰章、赵执信、赵国麟、宋思仁、沈桂清等，另外，钱谦益、朱彝尊、沈德潜、施补华、蒲松龄、孔尚任等文学大家也都留有泰山诗作，可谓群星璀璨，他们以其丰富的想象力和高妙的创作艺术为泰山留下了动人的诗篇。

王士禛（公元1634年—公元1711年），字贻上，号阮亭，又号渔洋山人，新城（今山东桓台）人，顺治十五年（公元1658年）进士。他是清初杰出诗人，钱谦益后诗坛领袖，主持文坛数十年。王士祯的泰山诗清丽明快、韵致天然、充满灵性，尤擅写景状物，与其倡导的“神韵说”颇为吻合。

“王士禛一生，凡四次到过泰山，留下十余首诗和散记。”[①] 尤其是1669年早春他35岁赴任途中经过泰山时，正逢创作的高峰期，他一路上登泰山、涉汶水，辗转徂徕、新泰等地，面对奇山秀水，心情大好，诗兴勃发，一口气写下了七首作品，而且多为佳作。

先看《岳下作二首》：

（一）

篮舆名山里，悠然怀抱开。
云中辞岳麓，枕上见徂徕。
他日临千仞，回看海一杯。
仙人骑白鹿，邀我共徘徊。

（二）

岳路清和候，氤氲望不稀。
林园收宿雨，石濑溅人衣。
班马红亭渡，溪禽白练飞。

① 袁爱国：《泰山名人文化·王士禛与泰山》，山东友谊出版社，1999年12月第一版。

买山随处好，终日恋清晖。

两首诗均明快清秀，令人心喜，与作者的愉悦心情非常一致。尤其“班马红亭渡，溪禽白练飞”一联，色彩明丽，意境高妙，极富诗情画意。而“买山随处好，终日恋清晖”则卓有情趣，富有言外之意。

再看他的《徂徕怀古二首》：

（一）

徂徕林壑美，复爱竹溪清。
应有云霞侣，幽居远民情。
钓竿想巢父，酒态忆长庚。
寂寞空山道，寥寥千载情。

（二）

当年石守道，卜筑亦于斯。
时际升平日，人传庆历诗。
子孙留伏腊，水石映茅茨。
直道今谁继，凄然汶水湄。

第一首写著名的徂徕“竹溪六逸”，诗风淡远，意境含蓄；第二首写徂徕先生石介，描摹中间发怀古之情，有议论、有感慨却不着痕迹，所谓“羚羊挂角，无迹可求”。

施闰章（公元1618年—公元1683年），字尚白，号愚山、蠖斋，晚号矩斋，安徽宣城人，有《施愚山先生学余诗集》等。他与宋琬齐名，有“南施北宋”之称。施闰章于顺治十五年（公元1676年）督学山东时经过泰山，写下了一组诗，其中的《五大夫松下看流泉》较能体现他的诗歌特色：

我寻古松树，爱此岩下泉。
横泻珠帘静，斜飞瀑布悬。
积寒生石发，落日动山烟。
辇道除荒草，长悲封禅年。

写景空灵凝练，间有清冽之气，体现出施闰章一贯的作诗风格。颔联写流泉及颈联写山石、云烟均较为传神，平正而又不失雅丽，而且借此把对流泉的喜爱展露无疑，紧扣题目。而结尾以“荒草”婉讽劳民伤财的封禅弊端，使秦皇留下的五大夫松和充满自然气息的流泉形成美妙对比，留下不尽的余味。王士祯在《池北偶谈》中认为施闰章的诗“一唱三叹，有风人之旨”，在这首诗里也有明显体现。

赵执信(公元1662年—公元1744年),字伸符,号秋谷,晚号饴山老人,山东益都人。他是康熙十八年(公元1679年)进士,与王士祯同是康熙诗坛"国朝六家"中的两大家。从赵执信的诗文中,可以看出他共有四次泰山之行①,而且每次经过泰山都留下一些诗作。这些诗作虽然多为写景抒情之作,但也有部分作品体现了他"诗之中有人在"、"诗之外尚有事在"的创作主张。

赵执信泰山诗中写景状物较有意味的是他的《泰山下作》和《晚晴过泰山下》。今选第二首以窥其一斑:

烟披岳麓翠帷张,雨浥春畴细草香。
人带断霞过小渡,鸟冲飞絮入斜阳。
鞭丝帽影垂垂远,日观天门望望长。
岭半桃花陇头麦,肯输物色与江乡。

写这首诗时,正值赵执信南行途中,他路经泰山,心情愉悦,因此写起来也是轻松自如、饶有情趣。全诗写雨后过泰山,重在一个"过"字,一切均以人为轴,在"过"中体现。过山的旅人,提鞭着帽,信马由缰,骋目所至,一派春色尽收眼底。尤其是暮春雨后,空气清新、气候宜人,加上名山古渡、断霞斜阳,真称得上是仙境一般。有这般景色,人在旅途也就成了一种享受,怎能不心情畅快、诗兴大发?"雨浥春畴"中的"浥"字用得极为恰切。"浥"是指"湿润","雨浥春畴"便是如酥小雨润撒田野,有雨后的清新,却没有雨后的泥泞,因此行人但觉精神不觉狼狈;诗中写景也有独到之处,山构成整首诗的背景,而且有远景、中景、近景。远景写山巅的天门和日观峰,由于山势高大,自然以"望望长"加以描绘。而天际的断霞、斜阳等则构成大山背景中的绮丽点缀。中景写岭半,作者抛开满目苍翠,只写一树桃花,也是有些讲究的。在较远的距离上,葱翠的松柏并不显眼,只有在松柏映衬下的绚烂的桃花才能明显地凸示出来,可见作者抓景的功力。近景写山脚田畴,雨后的春草、春麦倍显娇嫩、新鲜,阵阵草香、麦香合着雨后泥土的清新,愈加得沁人心脾。因此作者由衷感慨:眼前的美景和感受断断不会输给杏花春雨江南。整首诗在描摹山水中间杂田园景色,在优美中有温馨之感。

赵国麟(公元1673年—公元1751年),字仁圃,号拙庵,清代泰安东关人。他是康熙四十八年(公元1709年)进士,官至刑部尚书、礼部尚书,乾隆四年(公元1739年)拜文渊阁大学士。赵国麟一生潜心治学,著述颇丰。道光九年,泰安

① 袁爱国:《泰山名人文化·赵执信与泰山》,山东友谊出版社,1999年12月第一版。

县知县徐宗干奉赵入五贤洞,为泰山五贤之一。赵国麟曾在宋焘青岩居故址创办青岩义社,后易名青岩书院,是泰山历史上著名的书院之一。

作为一名泰安人,赵国麟与泰山朝夕相对,又非常喜欢山水,所以他对泰山非常有感情,时常登临以娱情性。少年时他就遍游泰山胜迹,晚年去官后仍然“时跻绝顶,钟情丘壑”。他在诗中说:“我家泰山下,赋性耽岩谷。晨夕对不厌,春秋时往复。”[①] 他的许多泰山诗对泰山的描述十分精微细致,内容涉及泰山的种种人、物、事,具有很高的艺术价值。乾隆五十年(公元1711年)四月中旬,赵国麟经过精心准备后携友人及门人数名非常郑重地去登泰山,这次登山历时四天,遍游泰山名胜,收获颇丰。兴奋之余,赵国麟赋长达百韵的《泰山纪游》,详细描述了他们登山的行程及感受。这首诗在泰山诗中别具一格,是泰山诗史上非常罕见的鸿篇巨制,其中对泰山峰云松石的描绘形容奇特、妙趣横生。全诗铺排有致,展示了作者丰富的想象力:

峰云互吐吞,松石争盘礴。
怪祕呈形模,移步换头角。
或若髻旋螺,或若笠覆箬。
或若巾岩帻,或若冠铁幞。
或奋若翼张,或怒若爪攫。
静或若狮蹲,动或若龙跃。
翩或若鸿惊,丛或若蜎缩。
或离而欲奔,或聚而欲触。
升者云为阶,坠者云为络。
立者云为带,卧者云为幄。
奇幻带应接,徘徊恣领略。

赵国麟似乎很喜欢写长诗,他的《重修三贤祠纪事》、《岱顶孔子庙落成志喜兼呈州司马石门张公》、《题金枚仲全岳图》、《后石坞》等泰山诗也都篇幅较长。但这并不是说他的短诗写得不好。如《白云洞》:

出洞本无心,入洞亦无意。
洞中贮白云,崇朝满天地。
不过肤寸耳,宁知莫思议。
雨遍天下归,白云仍此寄。

① 赵国麟:《泰山纪游》。

白云洞又名锁云岩、云窝，位于岱顶天街南侧，是泰山古名胜之一。洞顶东北平坦处原有亭、轩、坊，皆额“白云”，并有明代万历年间山东巡抚李戴记石和清乾隆帝的题诗，现均不存。据《公羊传·僖公三十一年》载：泰山云“触石而出，肤寸而合，不崇朝而徧雨乎天下”。把泰山云描绘得颇为神奇，这也是泰山备受尊崇的原因之一。而泰山云的始发之处据说就在白云洞，所以白云洞也成为泰山的重要景点。作者以白云为题，写泰山云在无意之中遍施恩泽于天下，自身却依旧栖身岩穴，飘然自适、无欲无求。从内容上看，作者描述的泰山云与庄子笔下的邈姑射山人很有些相似，说明作者的意识中有一定的老庄思想，即希望自己也有泰山云的境界，创立功业于天下却并不居功自傲，功成名就后依然笑傲山水之间。这是中国古代文人最为理想的一种境界和人生追求，是典型的儒道合一的产物，这种观念自先秦范蠡以至明清始终未曾断绝过，历代文人笔下几乎都有类似的吟咏。赵国麟终其一生应该说一直在实践着这一信条。全诗紧扣泰山云的神奇传说，在描摹中暗蕴诗理，寄意遥深却不施议论，且不乏诗歌的情趣。

宋思仁（公元 1730 年—公元 1807 年），字蔼若，号汝和，长洲（今苏州）人。他历任泰安知府、山东粮道等。宋思仁能诗善弈，精篆刻，工画山水、花木，尤长于写兰、竹，兼通星卜堪舆。他于清乾隆五十二年（公元 1787 年）出任泰安知府后，对泰山典籍、史迹十分留意，“画诺余闲，辄搜群书，刮摩残碣，并考郡邑志乘所载”[①]，终撰成《泰山述记》。该书“至圣贤之遗迹，历代之典礼，文人学士之题咏，以及金石物产，靡不编入集中”[②]，是泰山重要文献之一。同时，宋思仁还重刊了明代萧协中的《泰山小史》，并为之撰写了书序。

宋思仁虽然不是泰安人，但对泰山却是情有独钟。任泰安知府前，他便多次往来泰安，对泰山早已是景仰有加，只因公务在身，“马驰车迅，仅得望其苍翠，曾不暇作一日游”，留下不少遗憾。任职泰安后，心愿得偿，考察泰山已成了他的公务，因此，“藉得历览形胜，遍寻往躅，崖泉谿洞，可访而知也。”[③] 所到之处，宋思仁大多赋诗以志，留下了大量吟咏泰山的作品。因此，他的泰山诗内容非常丰富，涉及泰山的方方面面，除了有《登泰山》等总括性的诗作外，更多的是对具体景点的描绘，甚至还写了一些罕为人知的景点，如《倚山亭》、《涤虑溪》、

① 宋思仁：《泰山述记·序》，《泰山文献集成》，泰山出版社，2005 年 5 月第一版。
② 宋思仁：《泰山述记·序》，《泰山文献集成》，泰山出版社，2005 年 5 月第一版。
③ 宋思仁：《泰山述记·序》，《泰山文献集成》，泰山出版社，2005 年 5 月第一版。

《洗鹤湾》、《仙人影》等,可见他对泰山的熟知程度。

在清代非泰安籍的泰山诗人中,宋思仁是创作泰山诗数量较多的作家之一。他的泰山诗带有明显的画家气质,喜描摹山水、草木,注意色彩的搭配和构图。如"摩崖岭外草芊芊,几树乔松荫石泉。"① "回溪月影消,石筍霞光曙。"② "料锦飞千丈,金波涌万棱。"③ "未收夜色千山黑,渐发晨光万国红。"④ 或淡妆浓抹,或动静结合,均是写景佳句。

另外,宋氏的泰山诗较为注重立意,常有孤傲之气以及出世之思,反映出作者作为艺术家的思想意识。如《谷山岭孤松》:"岭外孤松泼黛浓,当年未肯受秦封。千秋处士堪凭弔,常表坚心不化龙。"此诗把一株普通的孤松赞誉为"千秋处士",颇有新意,同时反映出作者独特的人生视角。其他如《九龙岗》、《仙人桥》、《翠影石》等都是相类似的作品。

宋氏在乾隆五十四年(公元1789年)春天和秋天两次登岱顶观日出,同时留下了两首精彩的诗作,《乾隆己酉四月登日观峰看日出》便是其中一首:

忽见明霞吐海东,天鸡初唱五更中。
未收夜色千山黑,渐发晨光万国红。
本以精诚通肸蠁,却来磅礴看曈昽。
追陪端有三生约,手绾麟符跻碧空。

写泰山日出全从光字着眼,貌似落入俗套,但由于作者是一位美术家,对光的感觉比起一般人来显然要敏感得多,所以写来处处给人以强烈的感受。首联写五更时分,"天鸡初唱",一缕"明霞"即在海东喷"吐"而出,起调自然,用词恰切;颔联是整首诗写景的诗眼,以日出前的"千山黑"对日出后的"万国红",色彩浓烈,对比鲜明,尤其用来表现泰山日出堪称神来之笔,令人印象深刻。而且"万国红"一句,气象宏大,夸张合理,为表现泰山日出不可多得的佳句。诗的后半部笔锋陡转,进一步写观日出的感受。诗人已被磅礴大气的日出所震撼,希望与泰山三生有约,时时登临。

沈桂清(生卒年不详),字薌岩,清末宛平人。他因随其父游幕山东,爱岱阳山水,遂移居泰安。沈氏自幼聪敏好学,传十四岁即能诗,年逾二十,学益宏通。有人劝其从仕,沈笑而不应。他在岱麓筑别墅,名"磨园",每日啸吟其中。其年

① 宋思仁:《洗鹤湾》。
② 宋思仁:《涤虑溪》。
③ 宋思仁:《乾隆己酉八月登日观峰看日出》。
④ 宋思仁:《乾隆己酉四月登日观峰看日出》。

四十二卒。陈虚斋曾称赞他操履恬退，和陶靖节是一流人物，认识他的人都以为这是很中肯的评价。他有《磨园诗集》。

沈桂清虽然祖籍不是泰安，但他却以泰山为家，一生钟情于泰山，因此他的泰山诗中充满着他对泰山的眷恋和喜爱。而且，从诗的表现来看，这种喜爱的确是发自内心深处。

他在《游普照寺》(一)中写道：

我辈何多幸，名山作比邻。
向游山下寺，俱是画中人。
佛殿松筛月，云门石界尘。
如逢菊林隐，相与叩迷津。

此诗表现出他生活在泰山的淡如心情和生活态度。句句轻松直白，却处处极有感染力，盖因字字句句都是作者发自肺腑的真诚之语。读到这一类诗，相信每一位泰山人心底都会有一种深深的认同感。

沈桂清还写过一首有些打油诗味道的《泰山樵客》，借樵客委婉地表达出他以山为家的志趣："泰山有樵客，家住泰山巅。上山复下山，悠悠数十年。饱食山中饭，渴饮涧底泉。有人问山名，大半说不全。只记樵採路，遥遥入云烟。白云生双足，清风送两肩。……偶然入城去，卖柴换青钱。钱寄城中市，携酒独自还。朋侪两三人，相呼饮山前。酒尽人已醉，高枕乱石眠。"完全是无欲无求的泰山高隐形象，但诗中的樵客显然不是现实中的人物，而是一个凝聚着诗人理想化的观念和意志的形象，这和他在《游普照寺》里表达的意思是完全一致的。有趣的是，他在诗的后部对官员登山时篮舆冠盖、前呼后拥的虚张声势表现出极度的厌倦，认为这是对泰山清雅之地的污染和亵渎："一觉正朦胧，山舆何联翩。前者拥高盖，后者提长鞭。唱叱震山谷，气势凌岩峦。群鸟惊飞散，山林顿改观。询及道旁人，云是贵府官。城中理民罢，冠盖来游山。"讥讽之意溢于言表。在诗的结尾，沈氏不由感叹："数日目犹眩，看山觉不鲜。"在他的心目中，泰山的圣洁、崇高是不容玷污的。

沈氏的泰山诗不仅数量多，而且质量颇高，许多作品清雅疏朗、格调高敞，有隐逸之气。如《游普照寺》(二)：

共讶衣衫湿，始知入云深。
人来青嶂里，僧话碧萝荫。
花气迎团扇，松涛和古琴。
开轩留客处，院竹碧森森。

普照寺位于泰山南麓，是依山傍水的佛家圣地。庭内古松蔽日，竹影参差。走进寺内，钟磬声声，梵音悠扬，对生就性情寡淡、喜欢清静的沈桂清自然具有较大的吸引力。他在《游普照寺》(一)中就不由自主地表现出对佛家的倾慕。在本首诗里，虽然多是写景，但处处流露出淡远的情调，颇有些同样是痴迷佛教的王维山水诗的韵味，只是禅意稍欠，格调上与王诗还有些差距。

沈桂清的《初夏游泰山》是较少涉及泰安城市的作品，但依然写得角度新颖、情韵悠扬：

红门东亭子，南望见山城。
白日照岩邑，熏风送市声。
楼台杨柳地，山水古来情。
更向徂徕看，汶流几点明。

从题目来看，此诗应是写泰山之游，常规的写法不外是对初夏泰山美景的描摹。但从这首诗来看，作者却放眼山外，大写山外景色，具体说是在红门东亭子俯瞰泰城及其城南山水.所以本诗虽然题曰“游泰山”，实际写的却是山前之景。但这的确又是游山所见，并不走题。所以，单从写作视角而言，已是标新立异、颇多新意。

沈氏笔下的泰安城北依岱岳，南面汶水，更有徂徕遥相呼应，不愧是不可多得的风水宝地。“熏风送市声”表明了泰城这方宝地喧闹的生活和旺盛的人气，而“楼台”掩映于“杨柳”之中则又把泰城写得极为清新雅致。因此，诗的内容上虽涉市井，却只有市井的生趣而无市井的芜杂。结尾的徂徕、汶水更把泰城的美丽写到了极致。只有如此宝地方才配得上五岳之首的泰山，才当得起“国泰民安”的称号。在这里，城市也成为风景，与北面的山、南面的水构成了和谐的一体。全诗由“市声”而“楼台”，由城郭而汶水，由近及远，舒展有致，俨然一幅水村山郭图。人与山、山与水形成了和谐的存在。这不充分说明了作者对生于斯、长于斯的泰山及其泰城的由衷爱恋吗？

沈桂清虽然在文学史上默默无闻，但泰山诗却写得极有品位，这一方面说明沈氏具有较高的文学素养，另一方面也表明了他对泰山的由衷的热爱。

缪润绂(公元 1851 年—公元 1939 年)，原名裕绂，字东霖(东麟)，号钓寒渔人，满族，汉军正白旗，沈阳人。他是光绪元年(公元 1875 年)举人，光绪十八年(公元 1892 年)壬辰科进士.授中宪大夫、翰林院庶吉士。“戊戌后，缪润绂被分发山东任知县。此后先后出任日照、郓城、阳信、齐河知县，濮州、宁海知州，升临清直隶州知州，前后在任十有余年。”[1]

缪润绂出身于书香世家，本人也是一个诗人、学者，工书法、篆刻，著有《含光堂文集》、《沈阳百咏》、《陪京杂述》等著作多种。

缪润绂对泰山情有独钟，1912 正月初九，缪润绂退出久已厌倦的宦场，带着他宏图未展的长憾，开始了归隐泰山的岁月。

缪润绂一生中多次来泰山游历，留下吟咏泰山的诗歌达数十首，是外地诗人中留有泰山诗较多的诗人。

他写五大夫松“乔柯那得遮风雨，虚受荣封五大夫”，发人所未发，颇有新意。他还有一首《灵应宫铜像甚伟铸自有明》诗：“百炼休夸不坏身，金装头面已非真。羽流艳说登仙事，白日飞升有几人?”这首诗从铜像被毁坏的事实，证明神是不可信赖的，在号为“万神归宿”的泰山明确地写这样反迷信的诗，实属可贵。

清代诸多诗坛名家也曾经拜访过泰山，留下了许多精彩的篇章。

清初著名诗人、学者朱彝尊（公元 1629 年—公元 1709 年）的《泰安道中晓雾》笔法奇妙，角度新颖，颇见功力。

苦雾滴成雨，平林翳作峰。
不知岩际寺，恰送马头钟。
汶水已争渡，泰山犹未逢。
忽惊初日跃，远近碧芙蓉。

诗以汶河为视点，以云雾为道具写泰山的隐与显，虽然对泰山直接着墨不多，但给予读者的感受却是强烈的，盖因作者用反振笔法，将前三联作为铺垫为结句蓄势。起句写汶河两岸为苦雾笼罩，一片茫然；次写山寺钟声，借钟声暗示离泰山已是极近。这两句将泰山隐于浓雾之中，似要留下与泰山“无缘对面不相逢”的遗憾；直至颈联写渡过汶水，泰山已是近在咫尺，却仍是“犹未逢”，为后面的反振做足了文章，至此，蓄势已成。于是，结句“忽惊初日跃”犹如鹞子翻身，顿使前面的雾水一扫而光，也使后面的“远近碧芙蓉”变得异常鲜明亮丽，而且，一“惊”、一“跃”，笔法遒劲，用词有力。“远近碧芙蓉”与“苦雾滴成雨”对比鲜明，愈显晨曦中泰山的青翠娇艳。

中国古代短篇小说之王，《聊斋志异》的作者蒲松龄（公元 1640 年—公元 1715 年）的籍贯淄川虽然离泰山不远，但蒲氏一生仅到过泰山一回，留下了一首

① 周郢：《缪润绂与泰山云在山庄》，《泰山晨刊》，2009 年第 227 期。

诗《登岱行》和一篇赋《秦松赋》。另有一首无法确定写作年代的诗作《齐鲁青未了,抚台观风》。观风,即清朝学政及地方官到任后出题考察学士,所以此诗当是应巡抚(抚台)观风而作,也就是巡抚出题"齐鲁青未了",蒲松龄应抚台之试的作品。从题目上基本可以确定不是作于泰山,但其中的确是以泰山作为主要的描写对象:

巨镇岧峣覆二东,天门万丈接苍穹。
楼台近日青蓝出,峦壑当春紫翠同。
一百八城残照里,数千余里乱烟中。
明堂辙迹仍荒草,惟有白云护旧封。

这是一首泰山诗中较少见的、热切关注现实的作品。全诗用春秋笔法,明写泰山、齐鲁风光,暗蕴对现实的批判。该诗借描写泰山道出了作者对当时山东政局的认识和讽刺。此诗首联赞叹泰山的高大,切合题目要求,以示应抚台之题而作;颔联明写寺庙辉煌却暗叹村舍破败,已露作者心迹,表明了作者欲向抚台表达的对现实的基本观点;颈联写齐鲁风光,但满眼充斥的是残破景象,暗寓着民生的凋敝和政治昏暗,是全诗的重心所在;结尾两句则委婉指出当局无意王政、乏善可陈。①

著名剧作家、《桃花扇》的作者孔尚任(公元1648年—公元1718年)有一首《拜泰山三贤祠有感》,结合泰山三贤的坎坷遭际映照自身的宦途浮沉:

吊古人来拜废祠,三贤儒雅尽吾师。
高名受毁非今日,直道难行岂宋时。
不改松荫浓覆坐,长流涧水冷侵墀。
黄公化比文翁盛,筑起新堂满壁诗。

康熙五十年(公元1711年),山东学政黄叔琳重修三贤祠,这首诗即作于三贤祠落成之时。泰山三贤(孙复、胡瑗、石介)均为学界大师,生前身后却多有磨难、毁谤,这与怀才不遇的孔尚任显然有着相似的命运,因此本诗颇多牢骚语,尤其"高名受毁非今日,直道难行岂宋时"一句道出了世事的无奈和黑暗,对现实的批判具有相当的力度。

清著名诗人、诗论家、内阁学士沈德潜(公元1673年—公元1769年)有《望岳》诗:

大造爱奇崛,产兹东海间。

---

① 孙启新:《蒲松龄登泰山诗辨析》,参见 http://blog.gmw.cn/u/35046/archives/2008/16745.html。

五方群长岱，九域总无山。

帝灵灵难接，天门路可攀。

何须凌绝顶，胸已隘尘寰。

沈德潜的诗论称为“格调说”，主张诗歌要中正平和、委婉含蓄，这样的诗论影响下的诗歌往往温柔敦厚有余而激情生气不足。本诗立意平正、抒写有序，正体现了这一特征。沈氏的另一首泰山诗《谒岳庙》也明显具有这一倾向。不过，本诗语用宏大，境界不凡，在一定程度上弥补了立意不足的缺陷。尾联与杜甫“会当凌绝顶，一览众山小”相接应，且同样有激情澎湃之感，深婉有味。

另外需要提及的是，列于沈德潜名下的泰山诗虽然不是很多，但沈氏很可能还有多首潜在的泰山诗。因为一生作诗4万余首、号称诗史上第一高产作家的乾隆帝也是泰山诗创作最多的诗人。据说他的许多作品（包括泰山诗）为文学弄臣捉刀，而沈德潜对此贡献最多，只是我们现在已经难以分清哪些诗作产自沈氏之手而已。遗憾的是，乾隆如此众多的泰山诗竟找不出几首像样的作品，大多意境雍杂，用词生硬，粗疏难读。不知这是乾隆帝的悲哀还是代笔者的悲哀！沈公一生受御赐诗达四十余首，其他往来酬赠、唱和者不计其数，倍享荣耀，这或许是做“枪手”的报酬吧！

论诗主“性灵说”的袁枚（公元1716年—公元1797年）有一首《登岱歌》写得较有表现力：

丹梯碧磴转不已，突然绝壁摩空起。

其下洞壑深，其上天门启。

来时径路云已封，惟有忍死直上虚无中。

后人头接前人踵，径寸草压千尺松。

不愁不到蓬莱宫，但愁轻躯细骨不足当天风。

欲知齐鲁形如何，几丛蜗角攒峰窝。

一条黄水似衣带，穿破世间通银河。”

袁枚的“性灵说”与王士禛的“神韵说”、沈德潜的“格调说”在清代鼎足而三，影响甚大。袁氏的“性灵”主要指人之性情，认为诗歌应是“心之声也，性情所流露者也”[①]，“凡诗之传者，都是性灵，不关堆垛。”[②] 本诗不直写山势如何，而是以亲身攀登的艰苦和危险传达出泰山的高大险峻，将静态的山势化为动态的

① 袁枚：《随园尺牍·答何水部》。

② 袁枚：《随园诗话》卷五。

感受，使诗思更为形象生动，也更为活泼。而且诗中的描写想象大胆、夸张适度，较有表现力。

清代著名文论家施补华（公元1835年—公元1890年）曾在山东任职，留有多首泰山诗，其中的《登岱》从时空的角度写泰山，写得大气磅礴、别有气势：

南涵吴楚北幽燕，齐鲁分明列几筵。
沧海一丸看日出，翠屏千仞与云连。
丹楹碧瓦新祠宇，玉检金泥古岁年。
此去已通霄汉路，遥遥天语若为传。

泰山最明显的特点就在于它的通天。本诗紧扣泰山的这一特点由远及近依次摹写，层次分明、步步为营。老杜曾赞泰山之高“齐鲁青未了”，施氏则更进一步，赞泰山不仅秀出齐鲁，而且涵“吴楚”，带“幽燕”，齐鲁大地仅似“几筵”列于眼前。天下诸山谁有这样的气魄？作者眼界之阔大可谓鲜有匹敌。顺着这一思路，旋即再写形如一丸的东海日出及与云天相连的千仞翠屏，继写“丹楹碧瓦”和“玉检金泥”等山上的新祠旧事，则是将视野逐步收近。最后以山路通天，似能听到隐隐天语做结，很好地表达了泰山拔地通天、傲视群侪的独尊地位。

欲写泰山之高、之大，不从山之本身写起，而是先从山外着眼，且一笔收尽南北，不仅写出了泰山的雄伟，而且显示出作者强劲的笔力和不凡的艺术素养。

康有为（公元1858年—公元1927年）在游览泰山南麓的普照寺时，留下了《普照寺六朝松》一诗：

岱宗尚有六朝松，凌汉峰下青未了。
慎勿雷雨化龙去，折取一枝度群峭。

普照寺始建于六朝，或传创建于唐，取佛光普照之意。寺内有六朝松一株，亭亭如盖、虬枝盘旋、气象峥嵘。康有为以龙比喻骄夭的松枝，比喻恰当，非常传神地写出了六朝古松的神采。当然，对古松的赞誉中也暗含着自喻的倾向。

红门过街楼下南墙上刻有清末泰安知府、江苏吴县人石祖芬的一首《看枫叶》：

中天门外梵仙乡，枫叶初经九月霜。
独倚高柯舒冷艳，不侪凡卉炫秋香。
孤红莫恨荣华晚，众绿都成惨淡光。
休上危桥云步迴，更高寒处更凄凉。

诗写于光绪二十九年九月，作者的生平难以查考。这首诗借红叶来抒发自己与众不同的品性，情景交融，堪称佳作。“独倚高柯舒冷艳，不侪凡卉炫秋香”

一联尤为出色,末联虽然也道出了人生一些真实的境况,但似乎有些消极,与颔联的自负稍显不和谐。

泰山诗歌是泰山文学的主流,也是泰山文学的代表,它在扩大泰山影响上发挥了巨大作用。虽然帝王的封禅祭祀和民间的朝山进香等政治、宗教活动在奠定泰山的至尊地位上起到了决定性的作用,但从传播学上来说,泰山文学尤其是泰山诗歌的传播显然更具广泛性,对泰山在海内外的影响居功至伟。自古至今,不知有多少稚嫩的儿童是在吟咏着"岱宗夫如何,齐鲁青未了"的诗句中认识了泰山,进而了解了泰山,从而在心目中烙下了泰山的神圣印记。对远在外地的民众而言,对泰山的认同常常不是政治的威严和历史的深邃,而是诗歌的美感和民俗的生活趣味。而且,前此已经提及,文学尤其是诗歌是历代士大夫在与泰山接触中留下的最主要的遗产,正是通过诗歌创作,士阶层在泰山文化中拥有了属于自己的领地。如果说封禅、祭祀体现的主要是泰山的帝王文化,朝山和进香体现的主要是泰山的民俗文化的话,那么,诗歌和散文等文学作品体现的则主要是泰山的士大夫文化,泰山诗歌代表了一个社会阶层的精神风貌。

第二节 散 文

在泰山文学中,散文是仅次于诗歌的表现形式,也取得了足以彪炳史册的巨大成就,留下了一批在文学史上声名煊赫的佳作。从内容上看,泰山散文主要有两种形式:

一是数量众多的应用文。泰山的宗教和政治背景决定了它必然是历代君主及名流汇聚的胜境,也是僧道争夺的重地。他们在泰山上或祭祀天地、敬祷山神,或构建寺观、树碑立传,留下了大量的祭岳文、告岳文、谢岳文、祷祝文、颂赞、碑记等。这是泰山散文中数量最多的一类作品。虽然这类文章大都出自朝廷文臣或文坛名士之手,有些作品如《济南守曾巩告岱岳文》、《明太祖封东岳泰山之神碑》、《明太祖御制岱山高文》等也较有文采,但由于它们的实用特性,多数显得较为机械、乏味,属例行公事的公文制作,缺乏生动的文学质素,因此不在本章的探讨范畴内。这类文章中写得较好的是一些记事性的碑文,它们有的记叙了一些逸闻趣事、乡野民俗,有的则记载了一些颇有价值的历史事件或建制沿革等,显得有些意味,但考虑到实用文体的总体局限性,因此一概不加论及。

二是山水游记。古往今来，大量文士登临泰山，流连于山水之间，徜徉于烟霞之乡，记下了他们的行程足迹和所感所想，留下了大量的游记佳作。这些游记是泰山散文的主流，也是泰山散文的代表，标志着泰山散文的最高成就。甚至可以说，泰山散文中文学成就突出的作品基本都是游记，这也是山岳文学在散文上的明显特征之一。因此，这也是本章论述的主要内容。另外，由于泰山特殊的文化背景，中国文人在面对泰山时，较之其他山岳有着更为复杂的心理欲求和精神感受，因此泰山散文也比一般的山水散文带有更多的人文因素和文化内涵，作品的成就也就更高，这也是泰山游记名篇众多的原因之一。

从文学史的角度来看，泰山散文尤其是游记，较之泰山诗歌成熟的时间要晚得多。除少数篇目外，多数成熟的作品出现在唐宋以后，创作高峰则出现在明清两朝，清代更是集大成的时期，作家、作品的数量和质量都有了巨大提高。游记创作成熟较晚的原因是它不仅需要散文文体的成熟，还有待山水文学意识的形成。

游记的要点之一在于抓住自然景物的特点。而山水在四时昏晓间的变化气象万千，难以琢磨。优秀的游记必须把握住特定时空下景物的神髓和作者独特的内心感受，做深入细致的描绘。若能构织和谐的意境并赋予一定的精神和思想，当然会更为传神。但这一切都离不开一个前提，那就是对自然山水的欣赏。

自庄子哲学诞生以后，中国人对自然的认识有了一种新的视角，“道法自然”成为文人重要的精神追求之一。降至魏晋，随着抽象、沉闷的玄言诗的引退，明丽、形象的山水诗走上诗坛，以谢灵运为代表的山水诗人开始把自然作为遣怀逸兴的对象，人们对自然山水的认知发生了质的改变。自然不再是一种异己的对象，文人在描写自然的时候逐渐把自然和己身视为同一之物，对山水表现出一种真正的热爱和欣赏。他们在诗中描写自然，抒发情怀，表达个体的体验和感悟，赏物和赏心真正融合为一体。至此，山水文学真正走上文坛。山水诗的出现为游记的成熟奠定了观念上的基础。

从文体上说，游记是较自由的文体，取材广泛、抒写灵活、信马由缰、不拘一格。在语言上也要求句式多变、刻画传神、风格多样。而中国的古体散文是在唐宋八大家所开创的“古文运动”之后成熟起来的。虽然先秦就产生了单行散句的散文，但在随后的近千年时间里，讲求对仗、藻饰和用典的骈文独霸文坛，生性活泼率真的游记散文显然难以匹配这种高难度的文体形式。直至以韩愈和柳宗元为代表的唐代“古文运动”的展开，才使古体散文在形式上走向成熟。中唐“古文运动”的出现，从文体上真正完成了游记所需要的散体文形式。

现存最早的泰山游记是东汉马第伯的《封禅仪记》，这也被称为中国文学史上的第一篇游记，文学地位非常重要。不过，严格地说，《封禅仪记》并不是一篇真正的游记，而是一篇工作实录。马第伯，东汉初人，随汉光武帝封禅时任虎贲郎将，他事不详。东汉建武三十二年(公元56年)二月，光武帝刘秀欲登泰山举行封禅仪式，特派遣马第伯先行登山检查道路情况，《封禅仪记》便是他记叙这次封禅仪礼的著述。《封禅仪记》原文已经散佚，今存内容由后人辑集而成。因东汉应劭在《汉官仪》中引用过本书的部分内容，所以有人误以为应劭为《封禅仪记》的作者。

由于作者并不是着意为文，也不是为旅游而作，只是旨在说明情况，因而它结构自然，语言质朴，描述具体而生动，读之如身临其境，为我们了解近两千年前古人攀登泰山的情形提供了一种可贵的文献和一段生动的实录。尤其是它对泰山景观的描述备受后来游览泰山的文人所称道，以至多次被引用。由于它是现存攀登泰山最早的散文作品，从这个意义上看，它既可作为一篇登泰山的实录文献加以阅读，也可作为一篇广义的游记散文用以欣赏。

《封禅仪记》不仅记载了汉时泰山的诸多景象和封禅的准备过程，而且具有较高的艺术成就：一是重在写景，形象生动。短短千余字的篇幅，写了将近一个月的事情，而且对泰山的景观、史料、宗教、民俗等均有涉及，但对道路考察情况记叙简明，不做细述，重心在于写景状物。这也是本文能作游记阅读的关键因素。如写山之高峻，“仰视岩石松树，郁郁苍苍，若在云中。俯视溪谷，碌碌不可见丈尺。遂至天门之下，仰视天门，窔辽如从穴中视天。”角度多变，择景状物颇能抓住其特点，非常传神。二是适当运用夸张、比喻等修辞手法。如写攀登十八盘“两从者扶携，前人相牵，后人见前人履底，前人见后人顶，如画重累人矣！”这些修辞手法的运用给读者留下深刻的印象，从而产生了强烈的艺术效果，为此后的泰山游记所效仿。三是描写客观景物的同时，注意发掘主观感受，写得趣味盎然。如“初上此道，行十余步一休；稍疲，咽唇焦，五、六步一休。蹀蹀据顿，地不避湿暗，前有燥地，目视而两脚不随”，把登山者疲惫不堪的状貌形象地刻画出来，从侧面衬托了山路的险峻。

作为历史上的第一篇游记，《封禅仪记》为后世的游记写作制定了一个可资借鉴的模板，开创了我国古代游记的先河。

《封禅仪记》的出现似乎是一个偶然现象。自此以后，泰山游记陷入沉寂状态，绵亘近千年，作品寥寥无几，优秀作品更是杳如黄鹤。这一方面有文学发展尚不成熟的因素，也可能与现实的动荡有关。汉末至唐初，天下泰半处于动乱之中，民生凋敝、战乱频仍、兵燹不断，偶或有王朝偏安一隅，也难以暇顾。文人雅士大多生存堪忧、战战兢兢，自然难有游山玩水的雅兴。直至唐中，国势强盛，尤其"古文运动"的推行，散文勃兴，游记成为唐代古文革命的生力军，韩愈、柳宗元等名家均有大量名篇问世，影响深远。泰山游记也渐成气象，成为泰山文学的重要组成部分。

唐代大历年间进士丁春泽有《日观峰赋》，名虽为赋，其实是以赋体写就的游记。《日观峰赋》由两篇同名赋组成，内容上两篇作品均写岱顶日出，只是角度略异，描述不同而已。

在两篇赋中，作者藉由观看日出，不仅描述了"万壑收暝，千岩送晓"的壮观景象，也抒写了随着景色的变换引发的真挚情感。首篇开篇总写泰山日出之壮丽及万人争睹的热闹，意象鲜明、形象生动："日之升也，浴海而丽天；岳之峻也，切汉而临边。登高者以致九霄之上，爱景者欲在万人之先。"而后篇写随着光线的增强泰山景色的变化，非常传神："初，其暝色葱茏，悬崖倚空，独出清虚之外，遥分苍莽之中。隐雾犹白，经天渐红，披草树以灯乱，耀波涛而血融。及夫林岭寒消，烟云色变，星河寥落以初没，峰峦逦迤而徐见，火动山巅，轮移水面，穿晴隟以飞镜，历幽窗而走电……"用赋法逐层渲染，摹写精细，笔法分明，神采飞动。清乾隆进士李调元在《赋话》中评本赋云："唐丁春泽日观赋云，蒙水气以珠暗，露松阴而璧碎，霞色收锦，天风敛黛……俱以琢句见长而气味较浑古。"

《日观峰赋》的出现一方面标志着泰山游记散文的复苏，另一方面它的赋体形式也说明此时泰山散文还没有从骈体文的窠臼中挣脱出来。

宋代泰山游记创作较之唐代有了一定的进步。如邵伯温(公元 1057 年—公元 1134 年)到泰山游览写下的《泰山闻见录》已经是较为完整的游记小品了。文章仍以泰山最著名的景观——泰山日出为写作重点。行文纯是笔记体写法，叙事简约、短小精炼、文辞峭拔，着重于交代事件的完整和趣味，关键处了了数笔已是非常传神。如写日出前自山巅远视："明处有山数峰，如卧牛车盖之状。"非常符合泰山一峰独秀、群峰低拱的势态。再如写日出："星斗尽不见，其下尚暗，初意日当自明处出。又久之，自大暗中日轮涌出，正红色，腾起数十丈。"观察细致，描写到位，非常切合泰山日出的实际，若非亲临其境、真实体味，难有如此写照。

宋代庆历年间任长清尉的张公亮所写《灵岩寺记》是较早的一篇写灵岩寺

的作品，对灵岩寺的沿革、建筑、景致都做了较为详细的介绍，史料价值颇高，可惜文学性稍差。

需注意的是，北宋著名文学家、唐宋八大家之一的欧阳修有一篇《秦泰山刻石跋》颇值得关注。欧阳修不仅是文学大家，而且是金石名家，著有中国现存最早的金石学著作《集古录》，又称《集古录跋尾》。《集古录》中记载有关泰山碑刻凡三条：《秦泰山刻石跋》、《后汉泰山都尉孔君碑跋》、《后汉衡方碑跋》。[1] 其中，以《秦泰山刻石跋尾》写得最为精彩。文章不长，重在辨析泰山秦刻石当为秦始皇东巡"凡六刻石"中"特为真者耳"。文章开头部分的议论充满辩证的思维：

天下之事固有出于不幸者矣，苟有可以用于世者，不必皆贤圣之作也。蚩尤作五兵，纣作漆器，不以二人之恶而废万世之利也。篆字之法，出于秦李斯。斯之相秦，焚弃典籍，遂欲灭先王之法，而独以己之所作刻石而示万世，何哉？

他虽然对李斯的恶行颇有不忿，但并未因此而废其小篆之法，并以蚩尤、商纣为例，表明凡事若是"可以用于世"，则不应因人废事。文章立论严谨，条理清晰，是典型的宋人议理风格。其后再对秦泰山刻石的历史价值和峄山刻石的不足加以厘析，虽然观点并未成为学界共识，但体现出明显的大家风范，论断必由己出，不受俗见影响，而且凿凿有据、张弛有度。本文在泰山散文中风格独特，是难得一见的带有议理性质的泰山散文。

金元时代历时较短，政治混乱，民族矛盾尖锐，俗文学兴起，诗文衰落。尤其是散文，讲求"经世致用"，缺乏后世明代散文作家张扬性灵的主张，成就不高。金元时期的泰山游记数量也较少，较著名的作品有元好问的《东游记略》和杜仁杰的《东平张宣慰登泰山记略》。

元好问（公元1190年—公元1257年），字裕之，号遗山，世称遗山先生，山西秀容（今山西忻州）人。他是金宣宗兴定年间进士，是金末元初最有成就的作家和历史学家、文坛盟主、宋金对峙时期北方文学的主要代表，被尊为"北方文雄"、"一代文宗"。其诗、文、词、曲众体皆工。

元太宗八年（公元1236年）三月下旬，元好问到泰安会友，期间登泰山、游岱庙，并写下了十首诗及《东游记略》。他在文中记述了金亡后到泰山的旅途见闻。正如题目所写，行文简略，但对其行程及重要景点所记无遗。在写法上，不注重景物描摹，主要考证史籍、遗迹、寺庙、碑刻等，把见闻与史料相映对，阐发

---

① 袁爱国：《泰山名人文化·欧阳修与泰山》，山东友谊出版社，1999年12月第一版。

自己的观点和判断。内容平实，文字质朴，与《水经注》同为一路，是一篇考察型游记。

杜仁杰（约公元1201年—公元1283年后），字仲梁，号止轩，又字善夫，济南长清人。他是元代散曲作家。其性善谑，才学宏博。《录鬼簿》将其列入“前辈已死名公”。其平生与元好问相交好，有诗文相酬。杜仁杰一生多次登临泰山，对泰山非常熟稔，写下了大量有关泰山的诗文，可惜多数已经散佚，但如今泰山上仍留有杜氏的大量碑文。如《谷山寺碑》、《贫乐岩铭》、《泰山天门铭》、《东平张宣慰登泰山碑》等。

元至元元年（公元1264年）九月，杜仁杰陪同他的老朋友，时任东平路宣慰使的张德辉登泰山，并写下了《东平张宣慰登泰山记略》，介绍了他们一行雨后天晴登泰山观日出的经过。文章重点描绘了雨中望岳、东海日出等景观。文中多用白描，写景如画。如写雨中望岳：“明旦登西华门，云则载阴载阳，雨则间作间止，咫尺三观在水墨泼染间，刹那千百其变。”而登到半山时，天已经晴好，“就其罅望之，天光凝碧如绀珠。”写东海日出：“立待蒸黍时，东方昽昽，乍离乍合。不移晷，日露半边许，恍然如入无量金色界中。”其诗均能抓住景物的特点，单刀直入、点到为止却形神兼备。

元人徐琰的《萃美亭记》描述了泰山西溪的秀美风光和萃美亭附近的峻岩、飞瀑及建亭因由，语言优美、层次分明，是一篇较好的小品文。不足的是行文较为平直，缺乏鲜明的个性。

从以上作品的总体风貌来看，明代之前的泰山游记散文大多较为简约。虽然有些作品在写景上有较强的表现力，但整体上渲染不足，作者的主观情感的表露也不很充分，略显单薄，缺乏趣味。究其原因，一是作品多数不是专门的泰山游记，属于行程的记录；二是以上作家不以抒写性灵为重，文章带有一定的纪实性和实用性。

真正的泰山游记散文出现在明清两代。

明“后七子”之一的王世贞曾于嘉靖三十七年（公元1558年）正月、六月以及次年的四月三次登临泰山，并把登山的过程写在《游泰山记》中。由于初次登山遇到大雾，所以文中对第二次登山写得最为详尽。《游泰山记》在内容上已经呈现出与前代游记明显不同的特点，描写细腻、皴染有度、文质相宜。如写第二次登山，时值六月，田野里麦香馥郁，一派初夏景象：“时禾麦甫熟，黄绿间错如绣，拂拂作饼饵香，树杪浓阴晕之，意甚适，而至无掌故可询者。”似乎是不经意间，即非常细腻地写出了田野的景致，很有些田园诗的味道。更关键的是，这种所谓的闲笔饱蕴着作者的勃勃情志。这已是前代散文中少有的笔法了。而且,这种声情并茂、涉笔成趣的描写在文中比比皆是,可信手拈来:

如写涧流:"旁多溪涧,泉流磈礧间,作悲鸣,与箛吹相应。"

写御帐岩,"岩陡上,庙其巅,颇宽。嘉树荫之,好鸟喈喈可爱。"

写十八盘,"既上,罡风蓬蓬然,吹帽欲堕。道士衣羽奉乐而迎,出没云气中,亦一奇观也。"

写日出时分景色,"时天初霁,日益弄色,其东南,尽目力微白而晃漾者,以为海耶? 直北而西,隐隐一抹苍碧,若长城之堞者,则意以为太行、恒、崧之类耳。至稍远而淄、渑、济、泗,千流叠带。近而诸山,皆若培塿,独徂徕稍尊,居然一衡几。"

写山上云雾,"俄而诸山各出白云一缕,若冢中起。稍上,大如席,凡数百道,则狂驰,而遇辄合,其起无尽,其狂驰而遇亦如之,顷刻遂遍成白玉地,而仰视则空青莹然,上下异色。"

写夜间星空,"天碧净如浣,而大星百余,巨于杯,历历檐角,殆可仰而摘也。"

写飞瀑,"岩旁飞瀑争下,凡二十余丈,涛翻雪喷,若斗龙吐蛰,玉鳞四飞,珠沫群唾。余兴发,不可遏,跣立盘石流泉中,呼酒数大白辄釂,长歌振林樾,诸君皆壮之。"

此类描写比比皆是,且均非实用文体所必需,完全是出于作者主观情志的需要,带有明显的创作主观性。显然,作者是饱蘸着对泰山的喜爱来写这篇游记的,登山以及写作都不带有实用目的,完全是内在情感的自然抒发而已。创作动机就是单纯的情感冲动,就是为了情感的宣泄。从这一角度来说,这才是真正意义上的文学创作,是地道的游记。

王世贞登山时值雨季,山顶大雨连下四日,房舍中积水二尺,百无聊赖中,王与旅伴诗酒笑谑,妙趣横生:

> 酒小间,散步至舍身崖,其缺处可三尺,而下临杳霭数千仞,张丈足缩不敢前,而王君席间慷慨谈兵事,乃亦缩足弗前。张丈顾而曰:"君扼腕谈兵,毋敢抗者,乃亦弗前耶?"余笑曰:"此自兵法,诸君弗察耳。夫无进生而有退生,此王君所以弗前也。"王君亦大笑乃别。

慷慨喜论兵法的王君,在舍身崖前"亦缩弗前",从侧面证明舍身崖之高险。

全文情景交融、诙谐有趣,数百年后读之仍感觉历历如在目前。

于慎行(简介见前诗歌部分)除写有多篇泰山诗歌外,散文也写得精彩。

“于慎行有关泰山的专文计有五篇。以时间为序,最早的一篇是《登泰山记》。写于万历九年六月第三次登泰山时。”[1] 他的《登泰山记》是一篇篇幅较长的游记,详细记载了他与友人登山览胜的全过程,对泰山景观的描述极为细腻,写景状物委婉有致。如对朝山者盛况的描述、对险峻山势的描述等,都非常传神。与众多写泰山的游记一样,本文中最为精彩的部分当属写泰山极顶日出。“赤霞半天,光色媚丽,间以碧绿,熠耀五色,直射衣袂。顷之,平地涌出赤盘,状如莲花,荡漾波面,而爚炜不可名状,以为日耶!已又一赤盘,大倍于先所见,侧立其上,若两长绳左右汲挽,食顷乃定。羽人告曰:日升矣!盖先前所见如莲花者,乃海中日影,非日也。日且高舂,赤霞与影皆没,而下微见一线白,滉漾明灭,羽人曰:‘海也。’又顷之,日左黑气隐隐一抹,如连山长城。”抓住日出的主要特征——光和影的变幻逐层描摹,不仅充分展现了日出的绚烂和辉煌,也写出了岱顶日出的别致韵味。本文的不足是写景叙事有时过于细碎,意象不甚鲜明,尤其对泰山总体特点和风貌的把握似有不足。

于慎行的泰山散文中,写得较有个性、韵味十足的是《三阳观记》。《三阳观记》篇幅不长,但涉笔成趣,反比《登泰山记》写得洒脱,是一篇泰山散文中的精品。“《三阳观记》作于万历二十年(1592)三月。是时应道士昝云山邀请游览了三阳观,并作是记,由王应星书丹,刻石于三阳观前。”[2]

《三阳观记》详细介绍了三阳观所处位置及其周围景色,并对其建置和道徒的情况做了简要介绍,不仅留下了关于三阳观的珍贵资料,而且行文很有感染力。如写三阳观所处环境:“山坳平壤,坛衍如坻。俯临谽谷,杂树蓊蔚,泉石铿訇,盖岳之奥区也。”文辞华美,音韵协谐。既是优美的景色描摹,也道出了三阳观选址的精妙,使读者一下就喜欢上了三阳观。再如写观内布置:“由阁左上,磴道数曲,茅亭三五,棋置松间,葱蒨樠槮,不秋而慄。”文笔简洁,含蕴丰富,写出了道观内的清雅、幽静、闲适、冷寂等诸种特质,十分传神。这样的句子在这篇短文中比比皆是,可见作者超强的语言表现力。文末的感叹和议论也非常巧妙:“吾曹逐逐利名,汨没白首,进而羁于风尘,退而牵于家累,曾不能探奇选异,自卜菟裘于烟霞窈窕之境,徒游而心慕之。”借尘世的芜杂、牵累反衬出道人的高敞超迈,更令读者欣羡于道观的脱俗。

明嘉靖乙酉年(公元1525年)曾以东昌通判之职总巡泰山香税的姚奎有《游

① 袁爱国:《泰山名人文化·于慎行与泰山》,山东友谊出版社,1999年12月第一版。
② 袁爱国:《泰山名人文化·于慎行与泰山》,山东友谊出版社,1999年12月第一版。

石屋记》一文，记述了作者到后石坞一带搜奇探险的经过，展现了人文泰山自然美的一面。后石坞人迹罕至，景观大多呈原始状态，因此与山前景观大异。作者的登山过程俨然到荒山野岭探险，单是登山的装束就与一般登泰山者完全不同，“易服帽貂，以韦带结腰，短策芒鞋”，走在路上则是“披蒙茸，攀峻岩，佝偻而上，愈进愈险。下瞰巅崖，惊汗浃背”。但路愈险，山愈奇，景愈胜，所见景观瑰丽异常。奇山异水、灵泉怪洞，不一而足。如写传为元君修真处的黄花洞内外：“瞠目纵眺，上有削铁奇峰千朵，前有夷地可半亩。入其中，窈然而深，朗然而虚明。石窦涓涓，凝结玉柱大十围，高丈余，晶莹可鉴。”而附近的洗鹤湾“深不可测，一鹤鸣于上，似与人声相应和”。因此，作者由衷感叹“实真仙境界，与尘宇迥绝”。

类似姚奎《游石屋记》一类的小品文在明清两朝还有很多，如明万恭的《高山流水亭石壁记》、黄经藻的《游黄花洞》、清宋弼的《重修三贤祠记》、黄经藻的《游樱桃园记》等。由于这类小品大多写的是小景点、小情趣，所以大都写得清新可人，颇为耐读。

明万历以后，宦官阉竖当权，后来满族入关，在这政治黑暗、社会动荡的时代，许多士大夫遁迹山林、寄情山水。加之王学左派的思想指导创作，因此清新流畅、直抒胸臆的山水小品文风靡一时。

竟陵派文学主将钟惺（公元 1574 年—公元 1624 年）于万历四十四年（公元 1616 年）秋末登上泰山，并写下了四千余字的《岱记》。

《岱记》与一般游记不同，虽然也较为详细地记述了作者登山的所见、所闻、所感，但文章的重心并不在描山画水，而是边游边议，时不时穿插作者自己的议论，发表自己的见解，甚至不断地引用相关的文献资料加以参证，带有明显的文化氛围和学术气息。所以，本文的抒情性相应地有所削弱，反而是使读者在学识上、思理上受益匪浅。这是一种较为独特的游记风格，显然，这种风格与泰山的文化背景有着密切的关系，是泰山的文化积淀促成了《岱记》的文化内涵。《岱记》之后，类似的泰山游记时有所见，因此可以说，钟惺的《岱记》开了文化游记的先河，与当前的文化散文有着血缘上的传承关系。其实，如果不满足于浅表层的山水纪游，欲对泰山进行深层解读的话，文化将是一个绕不开的话题。

钟惺的散文长于抒写性灵，并且刻意追求一种幽深孤峭的风格，从而表现出自己身处明末乱世官场和社会均极为腐败糜烂的境况下力图洁身自好、不同流合污的心态。他的泰山散文也明显体现出这一语言风格。

明末清初著名文学家张岱于崇祯二年（公元 1629 年）登上泰山。张岱（公元

1597年—公元1679年),字宗子,又字石公,号陶庵,别号蝶庵居士,晚号六休居士,山阴(今浙江绍兴)人。他最擅散文,是公认的明代散文大家,著有《嫏嬛文集》、《陶庵梦忆》、《西湖梦寻》等。

张岱生活于明清鼎革之际,“少为纨绔子弟,极爱繁华。好精舍,好美婢,好娈童,好鲜衣,好美食,好骏马,好华灯,好烟火,好梨园,好鼓吹,好古董,好花鸟;兼以茶淫谲谑,书蠹诗魔”①,并结交了大量文人名士,养成了一身的纨绔作风和名士习气。他晚年由明入清,穷困潦倒,却不肯变节求仕,而是避居山中,“破床、碎几、折鼎、病琴,与残书数帙、缺砚一方而已。布衣蔬食,常至断炊。”② 在如此艰苦的环境下,他仍然坚持著述。他坦言自己“学节义不成”③,“忠臣邪,怕痛。”④ 在滑稽自嘲中显出其清高孤傲的一面。

张岱为人清高,不入俗流。他的《岱志》也独出机杼。

首先,《岱志》的名称别具一格。单从名称来看,本文似乎是为泰山做的志书,但实际只是一篇别有情志的游记而已。正如他所说:“余之志岱,非志岱也。”因为在他看来,“应邵记《封禅》,而岱之事尽;钟惺记岱,而记之事尽;李士登记十六字,而诗文之事尽。此外再益一字是不知岱者也。”但作者毕竟要写泰山之行,只是换了一个角度而已:“余不能言岱,亦言岱之上下四旁已耳。”从整篇文章看,与《封禅仪记》和《岱记》确有较大差异,所写内容主要不是山之本身,很少写到各种景观,而多是与泰山有关的种种“山事”。如写东岳庙:“东岳庙大似鲁灵光殿,棂星门至端礼门,阔数十亩,货郎、扇客杂错其间,交易者多女人、稚子。其余空地,斗鸡蹴鞠,走解说书,相扑台四五,戏台四五。数千人如蜂如蚁,各占一方。锣鼓讴唱,相隔甚远,各不相溷也。”再如写山路上的乞丐:“出登封门,沿山皆乞焉。持竹筐乞钱,不顾人头面。入山愈多,至朝阳洞稍杀。其乞法、扮法、叫法,是吴道子一幅地狱变相,奇奇怪怪,真不可思议也。山中两可恨者,乞焉其一,而又有进香姓氏,各立小碑,或刻之崖石,如万代瞻仰、万古流芳等字,处处可厌。乞焉者求利于泰山者也,进香者求名于泰山者也。泰山清净土,无处不受此二项人作践,则知天下名利人之作践世界也,与此正等。”张岱之所以为本文取名为“志”,大概正像作者所言:“一字不及岱,而岱之事亦缘是而尽。”

---

① 张岱:《自为墓志铭》,《嫏嬛文集》卷五。
② 张岱:《自为墓志铭》,《嫏嬛文集》卷五。
③ 张岱:《自为墓志铭》,《嫏嬛文集》卷五。
④ 张岱:《自题小像》。

其次，内容上极富个性化，论事议理、抒发感慨多由己见。如写朝阳洞狭小逼仄，却引出惊人之见："朝阳洞，……洞仄砑不可容儿。泰山元气浑厚，绝不以玲珑小巧示人。故无洞府，无邃壑，凡言崖者、洞者，皆约略形似，取其意可也。"禁不住令人感叹作者真乃知泰山者！再如写无字碑："秦始皇欲以无字愚万世，即'泰山'二字，亦思抹杀，立碑即焚书之兆矣。"见解独到！另如对李斯"泰山不让土壤"的驳议："泰山不让土壤，故能成其高，是未到泰山者。泰山壁立千丈，不借尺土。栉沐甚净，故山无大木，无深岩，无鸟兽虎狼。"虽有些偏执，但毕竟体现出宝贵的质疑、尚实的精神。

再次，文章处处弥漫着浓厚的文化气息。在这一点上，本文与钟惺的《岱记》有一定的相似之处。凡事所及，文献史料信手拈来，而且喜欢辩诤，好发议论和感想，字里行间体现出作者深厚的文化素养。如文章的开头就是一通议论，其后一遇机会，作者便条述考索，阐发己见。正是在这些记事论列中可以看出，作者不仅学养深厚，而且对与泰山相关的文献也十分熟悉。他写汉柏、五大夫松、唐摩崖、经石峪等，或解疑，或辩诬，或引申，皆析分到位、举重若轻。如写日观峰等处："日观望海，实不见海。极目缥缈，恍惚见沧。应劭云：秦观见长安，吴观见会稽，周观见洛。兖州二百里，尚不能见其郛郭，何况寥廓？然吴门白练，实出自家语，圣贤岂欺我哉？"连圣贤之语也不盲从，据理力争，令人宾服。

另外，文章的生活情趣也十分突出，写登山细节处尤为有趣。如写乘山樏登山："山樏在户，樏杠曲起，不长而方。用皮条负肩上，拾山蹬则横行如蟹。已歇而代，则旋转似螺，自成思理。"再如写乘山樏下山："舆人掖之，竟登舆从南天门急下，股速如溜，疑是空堕，余意一失足则齑粉矣！第合眼据舆上，作齑粉观想，常忆梦中有此境界，从空振落，冷汗一身时也。"笔法细腻，描绘逼真，堪比小说家者流。而写作者打破惯例，连续两日登山，则把牙家、旁观者的惊讶、意外和作者的率性、得意等都做了精彩表现："黎明，叱苍头目山樏，牙家喃喃作怪事，谓余曰：朝山后无再上山法，犯者有祟。余佯应之，从间道走至一天门，始得山樏。山中儿童妇女昨识一面者，辄指笑曰：是昨日朝顶过者，今日又来，何也？走问舆人不住口。盖从来有一日一宿顶者，无两日两朝顶者。千年朝山例，予率破之。"短短数句，既有语言描写，也有行为描写，甚至还有心理描写，都极为生动传神。

另外，对旅店、集市、进香百姓的描写都充满了浓浓的生活气息，饶有趣味。

《岱志》的出现，打破了泰山游记体散文以写景为主旨的常规套路，虽也以登山为经线贯穿全文，但文章的重心则放在了登山的人和事上，以轻松诙谐的笔调展示给读者一副十七世纪的朝山生活全景图。从这一角度来说,作者谓之《岱志》,倒也不枉其名,只是更像一部泰山野史而已。

在明代泰山散文创作中,还有多位作家和多篇作品值得称许。如李裕的《登泰山记》,王在晋的《东巡登泰山记》,杨时乔的《泰山文碑刻》,王士性的《岱游记》,王思任的《登泰山记》,吴同春的《登泰山记》《续游泰山记》,冯时可的《泰山记》,王衡的《重九后二日登泰山记》,钟宇淳的《泰山纪游》,王世懋的《东游记》,万恭的《高山流水亭石壁记》,黄鳌的《重九日登岱记》,谢肇淛的《登岱记》,王之纲的《泰山记》等。

清代的泰山散文创作较之明代又有较大的变化和发展。概而言之,主要有两点:一是与清代泰山诗歌创作步调一致,清代泰山散文比之明代也呈现出多样化的趋势。不仅数量上有了较大增加,在内容上的变化也非常明显。明末以前,泰山游记大多是对泰山的总体描述,所以文章的题目也大多为《登泰山记》、《游泰山记》、《岱记》等,只是偶有《灵岩寺记》、《日观峰赋》一类作品。这种总体描述性的散文虽然在内容上较为丰富,可以展现作者登览的全过程,但写得多了难免有雷同之嫌,而且除泰山日出外,对泰山其他重要景观的表现也往往不够充分,失之于简单化。因此,张岱在《岱志》中说"应邵记《封禅》而岱之事尽,钟惺记岱而记之事尽"是有一定道理的。明代后期尤其是清代以来,随着人们对泰山的认识越来越深刻、越来越熟悉,泰山游记在内容上也逐渐变得多样化起来,许多作家开始针对泰山的某个景点或景区加以摹写,使泰山游记在整体上显得更为丰富多彩。如姚鼐的《游灵岩记》、李戴的《白云轩记》、宋弼的《重修三贤祠记》、黄经藻的《游樱桃园记》、孔贞瑄的《泰山日出》、蒲松龄的《秦松赋》、赵国麟的《游徂徕山记》、缪润绂的《游经石峪记》等,都是较为经典的作品。二是诞生了足以在文学史上彪炳千古的佳作——姚鼐的《登泰山记》。《登泰山记》的出现,标志着泰山文学在散文上也达到了中国古代文学的一流水平,泰山散文也诞生了代表中国文学成就的优秀作品。正是《登泰山记》的出现,使泰山文学在中国封建社会的后期找到了形式上的另一块拼图,在诗、文两个方面取得了相对的平衡,泰山文学终成为一个相对完整的概念。

以下我们择选赵国麟、宋弼、姚鼐、蒲松龄等人的作品加以重点分析。

康乾年间赵国麟(公元1673年—公元1751年)的《游徂徕山记》是一篇写景记事的佳作。徂徕和灵岩是泰山主峰之外的两大主要景区,一在东南,一在西北,与泰山主峰形成掎角之势。然而自古以来,游灵岩者较多而游徂徕者较少,以至写灵岩的游记也较多。其中的原因一是灵岩在交通上较之徂徕更为方便;

二是灵岩寺乃天下名刹，慕名拜访者甚多，而徂徕除唐“竹溪六逸”的传说外，缺乏能叫得响的人文景观；三是灵岩早在明代就有王世贞著名的“游泰山不游灵岩不成其游也”的说法，影响甚广，而且灵岩号称泰山后最幽绝处，徂徕却未有如此幸运。但这些说法只能证明灵岩的出众，却不能证明徂徕的平庸。事实上，徂徕自古亦是秀甲一方的胜地。早在《诗经》中就有“徂徕之松”的描写，《邹山记》更是称赞徂徕“犹有美松”。这说明徂徕自古即以美松著称，而且山中奇峰秀谷比比皆是，其幽独峻秀丝毫不亚于灵岩，只是所知者较寡而已。所以，赵国麟说：“然松径竹溪，名藉甚典册中。”

作为泰安人的赵国麟显然有足够的时间和精力前去履险探幽。从文章的描述来看，徂徕山主要有两大特点：峻美和幽寂。虽然徂徕在海拔高度上与泰山相去甚远，但山上多石，且形状奇特：“其东岭如人如兽，如列几筵，如陈簠簋，如建幢，如树帜，肖形赋物，不一而足。东行至一岭，石皆蛙形，俯仰向背，跳跃聚散，大小数百头。”“将出谷中，西偏一山，自巅及趾，如羊数千头，立者、卧者、跪者、触者、啮者、乳者、舐者、负者、奔者、登者、坠者，大者如羝，小者如羔。”可谓惟妙惟肖，良多趣味。作者甚至由此得出徂徕与泰山之异：“夫山之奇，奇以石。泰山岩岩，藏万仞之石，而不以石显；徂徕峨峨，分泰山一支，而遂以石著。此泰山与徂徕之分，即大圣大贤与贤人之分也。”这些“星罗碁布”的怪石与华泉美松、深谷幽涧构成了徂徕秀丽的自然景观。作者曾多次为徂徕的美景所陶醉：“从石东转上，忽现一境，青松红树，参差上下，依山为阁，茅屋数椽，丛篁绕之。门前石梁横亘，流水潺湲其上，同人皆惊叹为仙境。”“下视涧中，树石查牙，虎豹蹲踞，虬龙怒拿，罗刹变相，倏忽万端，险不可测。将下岭，树中火光熠耀，道人持燎相迎，从树下度溪到院中，惝恍梦幻，似不从人间来也。”一会儿是田园牧歌、人间仙境，一会儿又是怪石嶙峋、凶险异常。咫尺之间，景色迥异。作者还借炼师解纯一之口说出徂徕各时美景：“立夏三日，则樱桃熟，赤珠映日，火齐万树，百鸟飞鸣，声中箫管，坐磐石，餐丹砂，吸寒露，沁人心脾。尔时先生肯来游乎？……深秋岩壑尽变，枫林霞烘云染，丹朱万状，猩血浸入袍袖，眩目醉心。尔时先生肯来游乎？……峪东为光华寺，又东为大悲庵，西北为中军帏，又西为紫源池。此徂徕幽境也，先生肯遍游乎？予曰：总候樱桃红叶时，当办几量屐，踏尽徂徕万壑云耳。”

可惜的是，这些美景却“养在深闺人未识”。因此，徂徕山的冷峻、幽寂也给人留下了同样深刻的印象。

看过钟惺《岱记》和张岱《岱志》的人都会对泰山上下热闹的景象记忆犹新，

然从《游徂徕山记》来看，徂徕山中尚处于未开发的荒寂状态。作者在游览过程中时不时提及山中的荒凉冷寂："下岭北行，至风门口，曛黑无所见。忽闻群狼嗥鸣，悲惨激烈，巅发上指。""火光中见诸树杪尽出阁下，……就寝，梦中犹陟危峰，不得上，数惊觉。残月入窗，狼声远来，枕上凄清欲绝。披衣起，坐视窗外，月光渐白。昧爽启户，阅昨夜诸境，恍如隔世事。所寝曲室，在悬崖绝壁之上，古柏之巅，乃知身卧鹤巢猿窟中也。"狼穴、猿窟、鹤巢等，显然不是游人众多的表现。虽然自然的景观得以保全，但过于凄清的环境无论如何都在妨碍着徂徕的人气。

从艺术的角度看，《游徂徕山记》的语言功夫非常深厚，极富表现力。写景状物，简练形象、细致传神。往往三言两语，就使所写之境形神兼备、如在目前。如写汶河："沙平水浅，一望无际，隔岸诸峰，翠黛扑人眉宇。"既写出了汶河的特点，又关涉到徂徕的景色，一举两得。写山中友人之家："至山阳高子静远家，叩门登堂，菊英绕屋，亭轩甚幽，主人篝灯放酒，纵谈徂徕之胜。"活画出了山中隐士的优雅生活。写日暮："启西窗，千岩万壑奔赴窗下，夕阳绘影，众山皆紫。"话不多，却极为传神。从本篇游记以及前此张岱的《岱志》等作品来看，写景状物的文字实不在多，关键在于抓住特点，单刀直入、直取魂魄。

乾隆二十四年(公元1759年)，学者赵起鲁(赵国麟之子)等人重修岱麓三贤祠，特邀宋弼写了《重修三贤祠记》。

宋弼(公元1703年—公元1768年)，字仲良，号蒙泉，山东德州人。他是清乾隆十年(公元1745年)进士，授翰林院编修，为《国朝山左诗抄》编者。

"三贤"指宋代的三大著名学者孙复、胡瑗和泰安徂徕人石介。三贤祠位于普照寺西北，唐代周朴在此创建栖真观，北宋孙复、石介在此建泰山书院，理学家胡瑗曾访学、读书于此。明嘉靖年间在此建祠，祀孙、石二先生，题额"仰德堂"，后增祀胡瑗，称三贤祠。至清道光年间徐宗干重修时，又增祀泰安人宋焘和赵国麟，遂易名五贤祠。

《重修三贤祠记》以传统的儒学思想为根旨，立意明确，文辞平正，结构谨严。文章开头点明祠堂所在位置及周边景色，很有些《诗经》中比兴的余味："泰山之西，涧谷幽阻，岩壑奥深，游踪罕至，喧尘绝远。入山数里许，有三贤祠在焉。"简短的景色描写不仅使文辞优美，利于阅读，而且使文章不致太突兀，同时也留给读者一丝莫名之感。供奉先贤的祠堂一般建于城镇乡村，以便于教化民众。三贤祠何以建于山涧幽谷之中？其后对"三贤"事迹的介绍便成为文章的重心，既有破题之意，也顺理成章地介绍了"三贤"何以为贤的理由，也解开了建祠于山中的疑惑。尤其对胡瑗投书的介绍,对后世的激励作用很大,而这也正是"记"所要达到的主要目的。

对重修祠堂的简介也是"记"必须体现的内容,但这不是文章的中心,只是对重修者的褒赞,也是对"三贤"精神的进一步张扬,所以简而记之。最后的议论则是对文章宗旨的引申和深化,进一步表明笃志好学、进德修业的重要意义。"吾闻山川灵秀之气,积久必发。发之于人,为贤人达士,著于当时而传于后世。然必笃志好学,进德修业,以培其根而达其支,如三贤之流,传至今而俎豆不衰者,岂非得之山中讲读时耶?"这段论议将泰山和贤达结合在一起,以泰山的神圣彰显贤达的伟大,令读者有人杰地灵之感,恰到好处地表现了泰山三贤祠的价值和意义,乃画龙点睛之笔。

本文在章法上非常典型,可作为"记"的范文来读。将其铭之于祠堂,不仅可以教之于乡人,也可作为后生学习的样板。

姚鼐(公元 1731 年—公元 1815 年),字姬传,一字梦谷,室名惜抱轩,世称惜抱先生、姚惜抱,清代桐城人。他是乾隆二十八年(公元 1763 年)进士,授庶吉士,曾任山东乡试副考官,会试同考官和刑部广东司郎中等职。乾隆三十八年(公元 1773 年),清廷开四库全书馆,姚鼐被荐入馆充纂修官。然仅过一年有余,乾隆三十九年(公元 1774 年)冬,姚鼐即以自己的个性才能不适应官场,而更适合于以写作"君子之文"来实行其"君子之志"而托事引退,时年 44 岁。① (左图为姚鼐像)

脱离官场后,姚鼐有一种"久在樊笼里,复得返自然"的兴奋。他在《游双溪记》中曾说"余以不材,不堪世用,亟去,早匿于岩窔。"在《湖上作》一诗中也写道:"人生各有适,岂论荣与枯。"当年十二月,他即乘着风雪从京师来到泰安知府朱孝纯官署,于除夕夜与朱孝纯等人一道在雪中登上泰山,并写下了著名的《登泰山记》。

作为文学史上的名篇以及游记中的经典,《登泰山记》在规格上显然不像许多人想象的那样洋洋洒洒、铺张扬厉,而是笔法简洁、清新雅致。全文只有区区 443 个字,似乎是一个典型的清代小品,但它内中所蕴含的文化信息和人生意蕴

① 此处关于姚鼐的辞官原因采用吴礼明的《登泰山记:一次人生的遂愿》中的观点。

却是非常丰富的。

从整篇文章来看,文风极为雅净。作者紧紧抓住“雪”做文章,“雪”贯穿始终。自京师至泰城,一路是“乘风雪”而来;登上岱顶,看到的是“苍山负雪,明烛天南”;观日出时是“大风扬积雪扑面”;最后下山又以“雪与人膝齐”收束。按常理,岁末深冬,漫天风雪,此时登山难免使人有艰难的感觉,但从文风来看,却异常的静谧安宁、淡然自适,毫无为难之感。甚至从某些行文来看,作者在顶风冒雪中反而有些激动和欣悦。这种文风表明作者此时的心境是轻松而又愉快的!早在此之前,他在《与左仲郛＜浮渡诗＞序》中就说:“他日从容无事,当裹粮出游,北渡河,东上泰山,观乎沧海之无穷。循塞上而西,历恒山、太行、太岳、嵩、华,而临终南……循东海而归,吾志毕矣!……嗟乎!设余一旦而获揽宇宙之大,快平生之志……”他在本次登山时写的抒怀诗《岁除日与子颍登日观观日出作歌》中也说:“男儿自负乔岳身,胸中大海光明暾。即今同立岱宗顶,岂复犹如世上人?”没有半点的颓唐,却有解脱束缚后的轻松和豪迈,这是一种久抑心底的愿望得以实现后的满足。能够在官场引退后仍能保持一份平静,这本身就说明了作者深谙《周易》中“安静贞正”的真髓。

明了了这一点,我们才能更真切地理解这篇散文的独特价值。作为辞官之后的标志性事件的《登泰山记》,明处是写登泰山,实际是作者的一次心灵之旅,是终于抛开虚幻的世俗利益、自我价值观念回归的表现。作者来泰山,既是对仰慕已久的岱宗的朝拜,也是对自身精神世界的体悟和超越,因而他感到莫大的满足。过去一直有人不理解,姚鼐为何在辞官后不久即迫不及待地在年末冒着风雪专程到泰山来登山,误以为姚氏是为了排遣心中积郁。其实,如果清楚了姚氏的辞官原因,这一问题便可迎刃而解。

泰山本是一座政治色彩浓厚的文化名山,姚鼐对此显然非常清楚,但他并没有将泰山政治化的意思,他甚至有意避开历史,而只是简单地记述他的所见:“亭西有岱祠,又有碧霞元君祠,皇帝行宫在碧霞元君祠东。是日,观道中石刻,自唐显庆以来,其远古刻尽漫失。僻不当道者,皆不及往。”姚文有意将这一点淡化,是值得玩味的。显然,作者并不想以厚重的政治和历史积淀干扰自己的心境。

从文章的布局来看,本文虽然简短,但行文张弛有度、收束自如,使读者的阅读变得极有波澜。开首写泰山,貌似写地理结构,实则是写山界美景,一山屹立,两水分流,显得分外妖娆,这是弛笔;接着,用了一连串的动词“乘”、“历”、“穿”、“越”、“至”,急切而又利落,恰切地表现出作者急欲登山的激动心情,这是张笔;按理说,接下去应是写如何登山的事,但作者却用一系列数字来“标”明泰山，同时又宕开一笔，记述古书所载的地理说法，这又是弛笔；然后略带一笔"道中迷雾冰滑，蹬几不可登"，写行程之艰难，又是张笔；登上绝顶之后，境界壮阔，如诗如画，又使作者沉迷不已，再次用弛笔；再后写作者欲浏览雪中日出，五鼓待日，节奏加快，并极力渲染"大风扬积雪击面"的艰难，又是使用张笔；日出泰山，作者抓住云与山的瞬间变化来捕捉感觉，分几个层次来表现日出的万千气象和凌空傲视的雄姿，作者的内心也因而得到尽情地壮大，这则是张弛之笔；然后又用闲笔，简叙了泰山的人文、自然景观，这无意之中又非常隐蔽地把他内心安然而愉快的体验，特别是在兴致高涨后的感受巧妙地表现出来了，显然这又是弛笔。[①] 就在这些缓急交错之中，文章跌宕起伏，读来极有章法。

从文辞上说，本文无论是记叙行程、介绍古迹、综述风物还是描写景色，都异乎寻常地省净、洗练，这与作者的创作主张有密切关系。中国古代散文本就尚简，所谓"文以辨洁为能，不以繁缛为巧"[②]。桐城派素以凝练简洁著称，他们主张古文当以"雅洁"为尚，反对俚俗和繁杂。姚鼐是桐城派散文的集大成者，强调"义理、考据、词章，三者不可偏废"，即以"词章"为手段，以"考据"为凭借，来阐发儒家的"义理"。因此，他们的散文大都简洁精练、温润清新，有文采，形象性强，所谓"清真雅正"。他们的许多散文都体现了这一特点。但洗练并非不生动，如作者登上山巅，见"苍山负雪，明烛天南，望晚日照城郭，汶水、徂徕如画，而半山居雾若带然"，点抹之间，用落日、青山、流水、白雪、城郭组成了一幅宁静别致的夕照图。再如写日出，作者虽惜墨如金，但却完整地写了日出的三个阶段：日将出，"云一线异色"；日正出，"须臾成五彩"；日已出，"日上，正赤如丹。"日出之景，变幻莫测，他却能用最凝练的语言描摹出了旭日升腾时灿烂的光辉和跳跃的形态，而且以长天、彩云、大海为背景，成就了泰山千古壮观的日出景象。

《登泰山记》与杜甫的《望岳》前后辉映，被公认为旷代绝唱。

姚鼐下泰山后又偕著名泰山学者、《泰山道里记》作者聂剑光一同游览了灵岩胜境，同时写下了《游灵岩记》。《游灵岩记》与《登泰山记》有异曲同工之妙，也是异常简洁。文章大抵分三部分：先写灵岩所处地理位置、环境及寺内情况，皆笔墨省俭却令人印象深刻。如起首即说："泰山北多巨岩，而灵岩最著。"开门见山，点出灵岩最显著特征。写灵岩寺周边环境："自岩至溪，地有尺寸平者，皆种柏，翳高塞深，灵岩寺在柏中。"写雪中寺院："积雪林下，初日澄彻，寒光动寺壁。"

① 此处借鉴吴礼明的《登泰山记：一次人生的遂愿》，有改动。
② 刘勰：《文心雕龙·议对》。

一语破的，形象生动。次写与聂剑光深入琨瑞山中的所见及朗公故事，似是闲笔，实则交代出灵岩寺的历史沿革。对琨瑞山谷及灵岩谷溪流的介绍则表明此处正是泰山北麓胜地，与前篇《登泰山记》形成遥相呼应之势。最后慨叹灵岩“西近大路，来游者日众”，而“岩谷幽邃”，“益奇”的琨瑞山则人迹罕至，并简述子颍等人后至与其汇合后返泰。

从两篇游记来看，姚鼐散文是典型的桐城家法，简明达意、条理清晰，讲求考据、议理。他尤其擅长以白描笔法写景状物，往往能抓住景物的主要特征，寥寥数笔即可形神兼具，确有独到之处。姚氏的游记写得精彩，恰说明他的创作特长适合于写景状物的游记体散文。

樱桃园是泰山西部傲徕山下一处景色别致的景区。因其离城区不远，所以文人雅士均喜欢到樱桃园一游，并留下了多篇作品。其中，黄经藻的《游樱桃园记》、周彤桂的《樱桃园记》为其中的佼佼者。

黄经藻的《游樱桃园记》是一篇内容独特的作品。作者由樱桃园开发前后巨大的变化联想到国计民生，反映了作者“叹息肠内热”的民生情怀。

樱桃园原本“乱石荦埆，不宜耕种”，“人视为弃土，无过问者。”清咸丰、同治年间，泰安人鲁品方独具慧眼，“以三百缗得之”，然后穷泉开渠、累石架梁，遍植樱桃竹木，名樱桃园。于是“地遂成活壤，所植竹木百果皆茂美，结实离离”，使一片荒山野谷成为肥美之地。此地不仅可作为游览胜境，而且还可广种作物，获取利益：“掘池蓄水其中，芰荷蒲荇之属参差错杂，不可以数计。凡果品、蔬菜、蓝靛、竹箭，较稼穑利倍蓰，园岁可得钱三千贯。”写到这里，读者其实已经感受到些许的异样，作者笔下的樱桃园不像一个优美的景区，倒更像一个温馨的田园。作者落笔的侧重点显然不是一般的游山玩水，而是在美景之中发现了利于百姓生计的办法。因此，在文章的末尾，作者对着主人大发感慨：“北省之地，时患旱涝，使到处广开沟洫，一如是园，其利可胜言哉?”能在游山玩水之中、酒酣耳热之际，联想到百姓生活，的确非常不易。

济南学者周彤桂的《樱桃园记》其实并非游记，而是一篇单纯的“记”，虽然只是少了一个“游”字，但两者在体例上的差别却是非常明显的，章法迥异。

《樱桃园记》除记述了鲁涧谷(品方)对樱桃园的开发及樱桃园的自然景色外，主要是褒扬隐君子鲁涧谷的品行和操守。但文章的妙处在于不是直露地夸赞老友，而是以景达意，在对樱桃园景色的描写中间接地体现出鲁公的淡泊和耿直。如写鲁公性情：“先生归儒，其绪余已见于治樱桃园。试观园中布置，随时因地，纯任自然，其中触处天机指与物化之妙，均非躁心人所能领会。”再如写鲁公节操："此园虽以樱桃名，而樱桃仅争荣于一时，竹独挺节于四序。况先生所爱惟竹，而竹尤据一园之胜，则先生之清风特操，殆如竹箭有筠，非桃李争艳，蒲柳先零者比，然则即名园为竹园亦宜。"

此类描写，笔法形象、文辞优美而又深婉蕴藉，文章的名气虽然不大，但其艺术品位却丝毫不差。

民国时，赵尔萃也写有《樱桃园记》一文，同样是一篇趣味盎然的佳作。

能以一区区之地而得到众多学人的青睐，并且为之留下一干美文，的确是樱桃园的造化。

中国古代短篇小说之王蒲松龄有一篇《秦松赋》堪称蒲松龄传世赋文中的精品。由于泰山主要是自然景观，非常适合创作以铺排、描写为主的体物赋，所以古往今来关于泰山的赋数量较多。《秦松赋》在篇幅上并不长，但文采斐然，非常精彩。全文写秦松主要有两个方面：一是对秦松自然形态的摹写。"泰山之半，有古松焉：遥而望之，苍苍然，郁郁然，槎枒黄岘之岭，轮囷曲盘之路。俨五老之古装，恍四皓之伟步；骀背鹤发，龙翔凤翥。俛首类揖，鞠躬似语，磬折伛偻，磅礴交互，不知此生历几朝暮。云是秦时所封'五大夫'树，是未知其然也。观其盘根错节，雪饱霜经，繁针刺干，雾护云蒸，皴肤带瘿，败甲含腥，屈警鸟去，涩受猱登，当必瑶池之花数谢，蓬莱之水三清，始得此苍柯磊落，古鬣髼鬙鬑鬙，直枝百尺，斜影千层，霞侵纹起，日照斑生，貌与石而并古，色比黛而同青。"塑造了一个饱经岁月剥蚀却依然生命力十足的古松形象。一个"苍苍然，郁郁然"写出了秦松的根本特征。而"清标独耸，大盖孤垂，意挺挺而自若，似无喜而无悲"又赋予了秦松超然物外、独守高格的精神内涵。这一部分虽然主要是写古松外形，但内含的精神实则是为下文张本。二是把古松人格化，写出其人格和境界。自古以来，世人多以秦松被封为大夫为幸事，将其看做松中荣耀。然蒲松龄独标新意，以问答的方式向世人表达了古松的生命哲学："予登岱过其下，摩挲而问之曰：'大夫乎，大夫乎！秦之封其有乎无乎？君以为荣乎？其污乎？'徘徊良久，坐而假寐，梦一伟男告予曰：'世呼我牛也，牛之；马也，马之。秦虽以我为大夫，我固未尝为秦大夫也。为鲁连之乡党，近田横之门人，高人烈士，义不帝秦。秦皇何君？而我为其臣尸？，山风谡谡，予忽惊寤。拱立竦息，拜揖乃去。"淡泊名利，宠辱不惊，追慕高人烈士。显然，所谓古松就是蒲松龄人格的自画像。虽然蒲松龄曾经汲汲于仕途，但从其作品来看，他对现实的认知还是相当深刻的，能有《秦松赋》中的写照并不令人意外。

另外需要特别提及的是，与姚鼐同游灵岩的康乾间泰山学者聂鈫（字剑光）

有《泰山道里记》一书，颇值得关注。

《泰山道里记》是一本泰山地理方面的志书，全书只有四万字，但聂鈫却为此花费了半生功夫。聂鈫自幼生长在泰山下，“读书好古，癖嗜山水，家徒壁立，环座图书萧然。”① 因有感于“是自有泰山以来，人但述其雄奇，而未尽其蕴奥者”②，于是他“暇日竹杖芒屩，穷山水幽阻处，采古今金石文，归辑《泰山道里记》一帙”③，“昔人游屐所未至，掌录所未详者，剑光历三十年，……手扪目验而知之”④，以至于“于岳之支麓诸峰，脉络连属，历历如数掌上纹。”⑤ 学者称赞是书“考稽精审，文简意赅”⑥，“文质而不俚，简而不漏，洵志乘之佳者。”⑦ 书中的部分内容不仅对重要景点描写细腻，而且对相关事典记述颇详，完全可作优秀的游记阅读。正像古人所言：“坐篮舆者手此一编，可以按图经而览胜焉。”

林纾是清末的著名翻译家，因翻译小说《茶花女》而名闻天下。他的《登泰山记》虽极简短，但脉络清晰，遣词讲究，描摹工肖，极为传神。如写对松山：“忽老翠横空而扑人，四望纯绿，则对松山也。壁高于松顶，风沮籁息，突怒堰赛，幻为蛟摛，疏密自成行列。”写泰山主峰：“壁势自下而斜上，纹作大斧劈，可千仞。磴道去壁寻丈，裂为深涧，不可下视。”林纾曾提出古文的标准是“修其辞而峻其防，外质而中膏，声希而味永”⑧。他的文章似枯实腴，似疏淡而实秾密，全篇全为单行散句，句式长短参差，错落有致，读起来可谓情文并茂、音义兼美。

第三节　结　语

从关于泰山的文学作品中可以看到一条清晰的脉络，即人从对山川神灵的崇拜中解脱、独立，然后从对山川的欣赏转变到对历史人文的反思，再发展到对普通民众的关注，这一过程其实正是人类自身成长、发展、成熟的过程。因此，从这个意义上说，泰山是记录中华文明历史的年轮，是中华文明的一个缩影。

---

① 聂鈫：《泰山道里记·李成鹏序》。
② 聂鈫：《泰山道里记·李成鹏序》。
③ 聂鈫：《泰山道里记·李成鹏序》。
④ 聂鈫：《泰山道里记·钱大昕序》。
⑤ 聂鈫：《泰山道里记·李成鹏序》。
⑥ 聂鈫：《泰山道里记·李成鹏序》。
⑦ 聂鈫：《泰山道里记·钱大昕序》。
⑧ 林纾：《国朝文序》。

当然,也应当看到,古代的山水文学有一个重要的侧面是对帝王权力的崇拜,李白的《游泰山六首》虽仙气缥缈,但其始句却是“四月上泰山,石平御道开”;元好问的《游泰山诗》也说“秦皇禅灵威,茂陵亦雄才”,对皇权充满尊重。也有些作品属牵强应酬之作,溢美之词充斥,重形式,多套语,缺乏真情实感。还有一些文人怀才不遇,借游赏山水逃避现实,这类消极情绪也应当有所鉴别。

第七章　泰山石刻

泰山石刻是泰山文化的主要组成部分。著名学者季羡林先生曾说："泰山石刻是泰山文化的载体之一，它是在石头上书写的泰山文化，文字记载的泰山文化，客观的泰山文化，是泰山文化的核心。"① 泰山石刻无论在形制、内容抑或价值方面，都是国内众山中的翘楚。它们是泰山历史的忠实记录者，也是泰山文化的直观表现者。有人说，泰山是一座"会说话"的大山，几千年来，它诉说着中华民族繁衍生息、成长发展的历史，诠释着华夏文明深厚的历史积淀，记载着帝王将相、英雄豪杰、文人墨客、芸芸众生的内在心迹。而这些能"说话"的使者就是泰山琳琅满目的石刻。

泰山石刻的历史非常悠久，自秦至今，历朝历代均有遗存，绵延达两千余年。有人说，史莫古于泰山。这句话放在石刻上也是极为恰当的。因为迄今所见最早的碑刻——秦刻石即诞生于泰山，而且留存至今，被誉为"天下第一碑"。所谓"零星两片石，卓越二千年"②。泰山石刻非常丰富，使泰山成为海内外少见的天然石刻博物馆。据泰山风景区管理机构和石刻专家的多次统计，泰山现存古石刻约有 2000 余处(因认定标准不同，且搜罗范围有别及其他原因，各种统计数据有一定分歧，具体数字较难统一)，其中，相当部分因年代久远或人为毁损已难以识读，可以识读者约有 1400 余处。其数量之多不仅列五岳之首，在国内诸山中也是独占鳌头。

泰山石刻的原初分布非常广泛，几乎遍及泰山及其周边县区。后因毁损严重，为更好地保存这份遗产，泰安地方政府特将散落各地较有价值的碑刻搜集在一起统一存护，使泰安成为国内少有的几个碑刻集中的地方。现存的泰山石刻，主要分布于三个区域：一是岱庙。这是重要碑刻最为集中的地方，共有碑刻

① 袁明瑛：《泰山石刻·季羡林序》，中华书局，2007 年 1 月第一版。
② (清)王家榕：《题秦刻残石》。

220余块。除自身原置碑刻外,主要是各地收集来的重要碑刻。如《李斯碑》、《衡方碑》、《张迁碑》等最重要的作品以及一批重要的石刻造像。这些碑刻均为价值连城的文物,在历史价值、文物价值和艺术价值上均有代表性的意义。因此,岱庙碑林和西安碑林、曲阜碑林并称为中国三大碑林。二是从岱宗坊至岱顶的盘道两旁。盘道沿途主要是摩崖石刻,包括各种题字、题词、记事等,楹联、匾额则多刻于门坊。这一区域最主要的作品是处于斗母宫东北经石峪的《金刚经》摩崖和岱顶的唐摩崖。这些崖刻与泰山的山水岩崖、风光景物交相辉映、相得益彰,彰显出泰山深厚的文化底蕴。三是泰山各处的多个寺庙、道观等宗教景点,如红门宫、普照寺、斗母宫、谷山寺、碧霞祠、灵岩寺等。在这些地方,各种与其相关的记事碑刻多置于建筑院落内外,甚至在某些庭院墙壁中也砌入了许多普通碑刻。可见,泰山的石刻数量的确是非常惊人的。

泰山石刻在形制上非常丰富,有碑碣、摩崖、墓志、经幢、造像、楹联、匾额等。其中又以摩崖和碑碣最为常见,不仅作品众多,历史价值极高,而且艺术水准也堪称一流,出现了多个国宝级的作品。

泰山石刻在内容和功用上大体可以分为四类:一是记事石刻,这是石刻中最有价值的一类。这类石刻主要是记述封建帝王封禅、祭祀,寺庙、道观、牌楼等的建造、修葺过程,信士善举以及集会进香、捐资助学、修桥铺路、植树造林等公益善事等。由于某些记事碑记载了重大的历史事件或重要活动,所以历史、文物价值很高,成为研究历史的第一手资料。记事石刻的代表作品是《泰山秦刻石》(也称李斯小篆碑)、《双束碑》(俗称鸳鸯碑)、《纪泰山铭》等。

二是记人石刻。这类石刻主要歌颂前人功德、纪念仁人志士或者某些有特殊历史意义的人物等。由于同样的原因,这类石刻往往也具有较高的历史、文物价值。代表作品有《张迁碑》、《衡方碑》、《孙夫人碑》等。

三是名人登山抒怀的题字、题词、题诗、楹联等。由于此类作品大多出自知名书法家之手,故它们的艺术价值相对较高,某些精品甚至属于艺术史上的杰作。代表作品是"五岳独尊"石刻、"万代瞻仰"石刻、"风月无边"石刻、"如"石刻、何人麟《望岳》诗碑等。

四是宗教石刻,包括摩崖刻经、造像和造像记等。这类作品的价值参差不齐,主要依其制作的水平而分别具有不同的价值。代表作品是经石峪的《金刚经》石刻、五岳真形图等。

泰山石刻的书体众体皆备,几乎涵盖了整个中国书法史,囊括了汉字书体发展过程中的各种体式,不仅有规范的小篆、汉隶、行书、楷书、草书,还有篆、隶之间的过渡体，隶、真之间的过渡体，隶、魏之间的过渡体，以及唐隶、行草等多种书体。泰山石刻展示了中国书法艺术的发展脉络，具有极高的历史文物价值和书法艺术价值，堪称中国书法宝库。有些碑刻甚至在书法史上具有划时代的意义。如《秦刻石》不仅是小篆的典范，而且是中国书法史上的开山之作；《张迁碑》、《衡方碑》则是隶书的代表，经石峪摩崖更被誉为“大字鼻祖”、“榜书之宗”。因此，2007年12月，泰山被命名为首座“中国书法名山”，这一称号对泰山来说可谓实至名归。

从石刻年代看，泰山石刻大体与中国古代社会政治文化的发展相一致。秦至隋，石刻总的数量相对较少，仅十余处，但历史价值极高，多为国家级文物。唐、宋、金、元，石刻渐多，有两百余处。明清两代最盛，石刻达到六百余处，内容也最为丰富。近现代约有三百余处，近年来更是呈明显的增长态势，但质量有待提高。

可以说，举凡与泰山有关的政治、经济、宗教、文化、民俗等各方面内容，泰山石刻均有涉及，因此泰山石刻被誉为泰山历史的一部“石书”。

在泰山石刻中，由于最具价值的主要是碑刻、摩崖、楹联三种制式。因此，本章重点介绍这三种泰山石刻。

一、碑刻（包括早期的石碣）

碑刻是泰山石刻中最具价值的部分。碑刻是指刻在方形或长方形石材上的文字或图画，一般用作记人、记事以使其传之后世。《说文解字》云：“碑，竖石也。”中国古代树碑立石的习俗，远起于三代。其发展历史大致可以分为两个阶段：实用碑阶段和刻字碑阶段。碑从原始社会末期开始出现，至西汉的2000余年间，石刻学界一般将其界定为实用碑时期。[①] 实用碑有其独特的形制，主要有如下三种用途：一是拴系牲畜。西周和春秋时期，宗庙内立有石柱，用以拴系祭祀用牲畜，这种柱子就是我国最早的石碑。东汉郑玄注《仪礼》：“凡碑，引物者，宗庙则丽牲焉以取毛血。”二是担当下棺用支架。战国时期，高层贵族下葬时，由于墓穴较深，棺椁较重，棺木要用滑车系绳索放下去，碑又成为装滑车的支架。殡葬结束后，有些碑石留在了墓地，有人为了纪念逝者，在碑石上刻些文字，于是出现了纪念性的石碑。所以，唐代的徐坚在《初学记》中云：“碑者，悲也。”三是识时、辨向。即把碑石立于庭院中，作为观测太阳影子辨识时间的标

① 徐自强、吴梦麟：《中国的石刻与石窟》，第28页，商务印书馆，1996年1月第一版。

志,类似后来的“日晷”。郑玄注《仪礼》亦云:“宫必有碑,所以识日景,引阴阳也。”这些实用碑有一个典型的标志,就是石碑上半部都有一个“穿”(在石碑上半部打洞,将绳子从中穿过,用以吊放棺木和物品,叫做“穿”)。早期的刻字碑也偶有带穿的,是实用碑形式的遗存现象。

西汉之后,碑版石刻逐渐有了一定的形制。目前最早的刻字碑拓本是清同治九年(公元1870年)发现的《麃(biao)孝禹碑》,碑文中有“河平三年(前26)丁亥平邑里麃孝禹”字样,为西汉成帝时期刻碑。① 专为刻辞而立碑大兴于东汉,至东汉末期,则“丰碑巨制,烜赫一时”。泰山石刻中现存的《衡方碑》、《张迁碑》即刻于东汉末期。汉和三国时期的碑刻主要是刻记亡人生平事迹的墓碑和树于宗庙祠堂以纪念先人功德的庙祠碑。魏晋时期,官府一度禁止立碑,刻碑之风衰微,致使此期碑刻很少,泰山仅存《晋任城太守夫人孙氏碑》一处。唐宋以后,刻碑之风勃兴,一直延续到现代。

碑的结构一般分为碑首(俗称碑帽)、碑身、碑座三部分。碑首主要刻写碑名或起装饰作用,多为圭首、圆首或晕首,后来又出现螭首,尺寸也越来越大,主要是对碑身起保护作用;石碑中间部分为碑身,由一块或几块石料制成,多为长方形,碑身用以刻写碑文;碑座则起稳定和装饰作用。由于传说中龙生九子中的长子赑屃善于负重,南北朝以后,有将碑座改为赑屃的做法,称之为“龟趺”。以赑屃为碑座,既显示尊贵,又喻示稳固不朽。但这种碑座并不是所有人都可以使用的。如前所述,唐以后五品以上官员为碑,才可以“龟趺螭首”。泰山现存的碑刻,凡皇帝亲制或敕令重臣刻制的石碑皆为龟趺螭首,且形制高大,纹饰华丽。柳宗元在记述唐葬令时说:“凡五品以上为碑,龟趺螭首;降五品为碣,方趺圆首。”

泰山现存石碑形制一般如上,但也有特殊者。岱庙院内现存唐显庆六年(公元1201年)所立的双束碑,二碑身并立于一个碑额、碑座之中,俗称鸳鸯碑,形制迥异,世所罕见。

二、摩崖石刻

崖刻在泰山石刻中的重要性仅次于碑刻。“摩”与“磨”词义相似,许慎《说文》云:“崖,山边也;摩,研也。”摩崖是指在较为平坦的山崖上磨制一块平面以镌刻文字。摩崖石刻出现得很早,有专家认为商周时期即已出现,但有记载和

---

① 徐自强、吴梦麟:《中国的石刻与石窟》,第30页,商务印书馆,1996年1月第一版。

实物可考的摩崖石刻，最早见于东汉，著名的有陕西汉中地区的石门摩崖石刻。摩崖石刻从形制上看，没有一定规范，尺寸不一，长宽不等，因地制宜；从内容上看，记事、颂德、题词、题诗、题名皆可。泰山主要由片麻岩构成，正是摩崖刻石最适宜的地方。所以，泰山现存可识读的1400余处石刻中，半数以上为摩崖石刻。这些摩崖石刻内容丰富，字体多样，为全国之最。最著名的是唐玄宗的《纪泰山铭》摩崖石刻、经石峪《金刚经》摩崖石刻、宋《登泰山谢天书述二圣功德之铭》摩崖石刻、元《天门铭》摩崖石刻等。尤其是登山盘道两侧，各种题词、题名、题诗、题记遍布山岩，琳琅满目，成为泰山沿途的一大景致。

三、楹联、匾额

联就是对联，匾即匾额，多置于各种建筑物的门、楣和中堂等处，如城门、宫门、堂屋等。匾额刻字用于点出名称、功用或意义。匾额两边多配以对联，使所标明对象的文化内涵更显明确、完满。石制楹联和匾额多见于牌坊和城门处。联额形制没有一定之规，一般视建筑物的体制而定。联额上面的刻字多为知名书法家和名人书写，因而具有重要的文化、历史价值。

由于自身条件的便利，泰山上的石刻联额数量众多。比较知名的有遥参亭、岱庙、岱宗坊、天阶、壶天阁、南天门、黑龙潭西溪石亭等联额，“孔子登临处”、廻马岭、中天门、升仙坊、天衢等石制牌坊上的联额。

泰山之所以成为石刻的汇集地，主要是由泰山特殊的文化底蕴造成的。中国的古人有刻石记事的传统，举凡达人要事需要垂诸后世的，大都树以各种碑刻，以使所记之人、之事得以流传。尤其是宫苑庙观或者名山大川等公共事务较繁的地方，所立碑刻也较多。作为中国古代政治和宗教文化象征物的泰山，自然是国事频繁、名人云集，各种社会名流、文人骚客摩肩接踵前来朝圣，留下大量的石刻作品也就不足为奇了。

两千多年来，在泰山发生过的政治、经济、宗教、艺术、民俗等许多重要事件，正是得益于石刻这种不朽的载体而得以保存和延续。泰山石刻丰富多彩的内容，广泛表现了历朝历代不同阶级、不同阶层的价值观念、理想信仰、生活习俗、社会心理和审美情趣，可以说是我们民族文化史的一个缩影，是我们研究中国传统文化的宝贵遗产。

第一节　彰显了中国古代政治文化的本质特征

所谓政治文化,就是一个民族在特定时期形成的一种政治态度、政治信仰和政治情感,是政治关系在人们精神领域内的投射形式。泰山的神山、圣山性质虽然缘起于东方崇拜等宗教因素,但真正使泰山具备王者之尊地位的主要还是封建政治。正是历朝历代封建帝王对泰山持续的封祭活动,使泰山成为封建政治的核心地域之一。因此,学界公认的观点是,泰山首先是一座政治山。自秦至清,泰山的历代石刻、忠实地记录了各阶层政治人物通过封祭泰山而表现出来的政治观念、政治理想、政治利益和政治情感。其主要内容有以下几个方面:

一是王权至上的政治理念。王权是维系封建统治的核心和原则,历代帝王强调自己是天的儿子,并强调"君权神授"的不可置疑性,目的就是强化王权的绝对权威,"古之造文者,三画而连其中,谓之王。三画者,天地与人也,而连其中者,通其道也。取天地与人之中以为贯而参同之,非王者庸能当是"[①],强调君主是全社会的家长,是所有社会财富和社会成员的主人,"天子者,天下之父母也"[②],"普天之下莫非王土。"[③] 所以,现有的几十处历代帝王封禅、祭祀泰山的石刻,无不突出表达了王权至上的政治理念。他们的想法只有一个,那就是效仿"圣人以神道设教,而天下服矣"[④] 的做法,巩固自己的统治。秦始皇统一中国后,本着向天下宣示"君权神授"的想法,以向上天报告功绩的方式,于公元前229年不远千里来到泰山,举行了隆重的封禅仪式并刻石表功,祈望假借天的权威来赢得百姓的臣服。从刻石的内容看,他完全是帝王居高临下之势:"皇帝临位,作制明法,……大义著明,垂于后嗣,顺承勿革。"其统治万世不变之心昭然若揭。其后汉武帝刘彻、光武帝刘秀、唐高宗李治、玄宗李隆基、宋真宗赵恒等也多次前来封禅,不仅刻石记录封禅的过程、礼仪、规模,而且无一不在泰山上对天宣示皇权至上、永世不变的政治理想。最知名的要数唐玄宗摹刻于岱顶大观峰的《纪泰山铭》。李隆基历经几度政局混乱方登大位,励精图治,开辟了中

① 董仲舒:《春秋繁露·王道通三》。
② 桓宽:《盐铁论·备胡》。
③ 《诗经·北山》。
④ 《周易·观·彖辞》。

国封建王朝的“开元盛世”。他认为,“礼莫大于告天”,于是率群臣封禅泰山,向上天报告政绩。他甚至亲自撰文书丹,镌刻于泰山峰顶,以“铭心绝巘,播告群岳”。该文明确表示“惟天生人,立君以理,惟君受命,奉天为子”,告诉天下子民,上天生育了百姓,特指派帝王代表上天管理他们,这是不变的天理。而且“天生蒸人,惟后时乂,能以美利利天下,事天明矣! 地德载物,惟后时相,能以厚生生万人,事地察矣!”这些话告诉百姓只有帝王的管理才能使他们得以享受天地给予的各种利益。

二是大一统的国家观念。王权至上的意识必然导致国家统一的观念,因为只有统一的国家才能实现王权利益的最大化。秦始皇以后的两千多年间,大一统的国家观念不仅是帝王的政治理念,也逐渐固化为中华民族的传统,成为所有社会成员的共识。这种大一统的国家观念包括四海臣服、政令统一、思想一致、反对分裂等。这些内容在泰山石刻中也有鲜明的体现。秦刻石云:“廿有六年,初并天下,罔不宾服。亲巡远黎,登兹泰山,周览东极。”其中明显含有一种“海内为郡县,法令由一统”的政治自豪感。双束碑上唐睿宗李旦手敕的祭岳文中也有类似的意愿,即祈望天帝保佑,“所愿从今以后,浃宇长安”,“夷狄归心于边徼。”《纪泰山铭》中也说:“笃行孝友,锡类万国”,“蛮夷戎狄,重译来贡”,“五灵百宝,日来月集,会昌之运。”这些都表达了一致的观念。中国历史上虽然出现过多次分裂,但分久必合,最终走向统一,成为世界上少有的大一统国家。究其原因,中国政治文化传统中的这种大一统观念,对增强中华民族的凝聚力无疑发挥了巨大的历史作用。当然,作为政教合一性质的泰山文化,也在大一统的过程中起到了重要的凝聚作用。

三是“民为邦本”的民本思想。农业经济是任何一个封建王朝建立和存在的基础,是国家财政的来源。因此,“民为邦本,本固邦宁”成为自古教训帝王治理天下的座右铭,这种民本思想在泰山刻石内容中也极为明显。在历代帝王封禅告辞中,都要把爱民、育民、富民作为治绩向上天报告。而且凡遇大旱、大涝、地震、瘟疫等灾害,帝王都要派遣重臣祭祀泰山,祈求上天和山神护佑,并刻碑记事。明宣德十年《御制祭岳碑》文中说:“上祈神灵阴隆助相,俾雨旸时顺,灾沴不生,百谷用成,民用康济,国家清泰,永赖神庥。”明武宗朱厚照《御制告岳碑》文中,则致祭碧霞元君:“懿德含弘,仁慈广霈,佑苍生于寿域,故群品以需依,敬祈圣力永佑康宁。”虽然民本思想并非现代意义上的民主意识,但在君主专制统治的社会制度下,对百姓的生存发展和社会进步仍有一定的历史积极意义。

另外，宣扬封建的政治伦理也是泰山石刻的重要内容。在中国古代，伦理道德往往成为统治者施政的情感基础。如岱庙中李时雍摹刻宋徽宗《八行诏》的《大观碑》，非常典型地记录了封建帝王以封建伦理为基础的施政观念。《八行诏》开宗明义，阐明了推行伦理政治的目的："学以善风俗，明人伦，而人才自出也。今有教养之法，而未有善俗明伦之制，殆未足以兼明天下。"《大观碑》使我们可以一窥当时伦理道德的实施状况。不仅帝王在强势推行伦理政治，而且封建士大夫也在身体力行这些标准。泰山现存的《张迁碑》、《衡方碑》、《孙夫人碑》一类颂德碑，褒扬的也是碑主践行儒家仁义道德规范的事迹和良好的家教传统。

第二节　展示了古代士人的精神世界

士是中国古代一个特殊的阶层，他们虽然都是知识分子，但其身份和知识结构却千差万别。达者或为帝王辅臣，为帝王治国平天下出谋划策；穷者也可能穷困潦倒，布衣终身。然而，无论达者抑或穷者，由于其特定的文化素养，他们均对流连山水表现出浓厚的兴趣。所以，泰山不仅是帝王将相封祭的神山，更是文人墨客游赏徜徉、放解胸怀的胜地。在泰山众多石刻中，无论是为先贤撰写的颂德墓碑，还是各种即兴的诗碑、楹联、题刻，以及为他人代写的记事碑等，都或隐或显地表达了士人对社会、历史、人生的评价和观点，透露出他们不同的理想追求和心性情怀。

在泰山的众多碑刻中，可以清晰地看出中国古代士人特有的人生观和价值观。如修齐治平的人生理想、廉洁奉公的为官原则、忠孝节义的道德意识以及博雅清正的学术素养等。这表明，中国的士在骨子里仍是既有价值观念的弘扬者。

现存岱庙碑廊的《汉故卫尉卿衡府君之碑》（俗称《衡方碑》），是东汉卫尉卿衡方的门生朱登为其所立的颂德碑。《衡方碑》几乎描述了一个古代士人入仕为官的整个历程，从中可以看出一个为士人学习的典型形象。衡方自幼精研诗书，修养品行，遵循孝道，把治国平天下作为崇高的理想追求。在入仕后，他多次迁任重职，但始终清正廉洁、执法严明、为政以公。他虽然也曾两度屈遭贬谪，但始终胸怀忠君报国之志，坚守儒家"士不可以不弘毅，任重而道远，仁以为己任,不亦重乎”① 的信念,表现了优秀士人的高度社会责任感和理想境界。《唐欧阳询书房彦谦墓碑》同样赞颂了一位仕人榜样——隋代监察御史房彦谦。房未入仕时学识渊博,明天人之分,述尧舜之道,高亮之风闻于海内。他入仕为官,则以为皇家治乱为怀,每一任处,都整齐风俗、尽善黜恶、导德齐礼、见危拯艰,以致颂声在路。地方官吏和百姓为追思其惠政,特给其树碑颂德。《张迁碑》碑主张迁在许多方面与衡方、房彦谦没有二致,也是一位德养深厚、政绩卓著的封建官吏。衡方、张迁、房彦谦等人,自觉秉持正义,时时以道德自律,历经磨难而心志不改,这其中的深层原因是什么?《金大定重修宣圣庙碑》恰好为我们提供了明确答案。该碑文阐述了士人学习的本质乃是知“道”。“所以学者何哉?曰道也。道之在人则为性,性之妙用则为神,散之应物则为无常,如或好仁、好义、好礼、好智、好信。”“学者之所当以道为事。”士人知“道”又为了什么呢?“被国家教育之恩者当如何哉?当以致君泽民为心。”说穿了,就是为朝廷服务,为百姓谋取福祉。在漫长的封建社会,正是张迁、衡方、房彦谦这样的仕人,上佐皇权,下抚百姓,体现了一个时代的士人风范。

当然,作为一座名山,泰山首先还是自然之山,因此登山览胜、欣赏山水才是士人最主要的诉求。因此,在泰山石刻中,指点江山、写景抒怀仍是最主要的内容。这些题刻文采斐然、妙趣横生,最能展现士人登山时的豪情雅致。在现有的1400多处崖刻中,绝大部分都是这类内容。统而言之,约有如下几种:

一是借泰山之雄伟表达内心豪迈的题刻,如五岳独尊、冠盖五岳、雄峙天东、拔地通天、东天一柱、天左一柱、惟天在上、绝然高大、河山元脉、置身霄汉、气象岩岩、登峰造极、擎天捧日、首出万山、俯视一切、万古凌霄、一览众山小、银河落九天、弥高、大观等;

二是借自然之态势表达人生境界的题刻,如神州磊落、知止观止、振衣千仞、独立大夫、天地同攸、仰观俯察、中天独立、山高水长、还我河山、仰止、景贤石等;

三是借登山之行表达人生启迪的题刻,如登高必自、从善如登、峰回路转、渐入佳境、若登天然、入云有路、举足腾云、同步青云等;

四是借自然景观表现超然物外人生态度的题刻,如水流云在、涛声云影、梵呗清音、泉清自洁、洗衣涤虑、源清流洁、向心朝山、松籁云壑、步玉清、卧云、听泉、涤虑、尘界、放怀、如等;

① 《论语·泰伯篇》第八。

五是直接描写自然美景的题刻，如绝顶云峰、天空云路、天下可观、万笏朝天、千叶石莲、泉响云飞、云壑松涛、洞天福地、云泉飞瀑、千古奇观、风月无边、松风采韵、泠然清韵、曲径通幽、排闼送青、抚松盘桓、松环翠秀、蔚然深秀、山辉川媚、云崖空谷、峻极、云端、清磬、飞泉、寒云、妙极、览翠、造化钟神秀、既雨晴亦佳等。

这些琳琅满目的题刻被镌刻于山崖石壁上，不仅恰到好处地解读出了所在景观的内在神韵和审美特征，提醒、帮助游人着意观赏，而且以其蕴含的文化意味弥补了纯自然山水的单调。许多优美的崖刻与自然山水融为一体，使优美的自然景观平添了一份人文的意味，增加了景观的审美厚度，起到了画龙点睛的作用，堪称自然与人文的完美结合。

有些诗碑和记事碑也展示了士人乐观旷达的人生态度和优游雅致的生活情趣。如灵岩寺的《苏轼题黄茅岗石碑》以及岱庙碑廊中的《张宣慰登泰山记碑》。前者刻苏轼《黄茅岗诗》，表现了苏轼谐虐放旷的一面；后者实际上是一篇山水记，记述了东平路宣慰张德辉登泰山之事。公务之余，张氏登山游赏，泰山优美的景色不仅舒解了繁重的仕途压力，也使他从自然中汲取到一些人生启示。

石刻离不开文字，而题词、作文恰是士人之所长，因此泰山石刻中文人的题刻占据了相当大的比重，士人对泰山石刻的影响是其他群体所无法比拟的。

第三节　儒、道、释文化融合的记录

如果说封建政治曾在一定时期内把泰山推到了独尊的显赫地位，那么宗教文化则是使泰山具有持久影响力的主要因素。虽然神道设教的本质是维持政治统治，但毕竟是借助了宗教的力量和影响。因此，无论封建政治是否退出历史的舞台，宗教却一直在发挥着重要的作用。在泰山石刻中，自古以来，宗教元素都占据着主要的份额，宗教石刻的比重是相当大的。尤其是民间的宗教活动，在泰山上留下了大量的记事碑刻。在泰山上下的许多庙观、村落里都能见到散落各处的香社记事碑。

泰山的宗教文化主要是道教和佛教。在众多的碑刻中，能清晰地看出儒、道、释三教合流的现象。虽说泰山是一座道教名山，但众所周知的是，泰山文化根本的价值取向却是封建政治，而封建政治的思想根源恰是儒学。因此，儒学在泰山文化中的地位和影响并不逊于道教。甚至由于儒学是官方哲学，佛、道两家为了生存和发展，一直不断寻求攀附儒家的途径和策略，而儒家为了维护自身的正统地位，也在不断吸取佛、道的智慧。佛教在泰山虽然无法与道教争锋，但佛教在泰山的影响却也十分强大。除有普照寺、灵岩寺等许多重要的佛教道场外，道教理论和场所中也渗透进了许多佛家的成分。因此，儒、道、释三家教义在泰山上呈现出杂糅的形态，彼此难以分限。宋代以后，逐步形成了"以儒治国，以道治身，以佛治心"的文化融合格局。可以说，泰山文化本身就是三教合流的重要体现，这一融合趋向在泰山石刻上体现得非常明显。虽然就某一方石刻的文化特质来说有所偏重，但从总体上来说，泰山石刻中儒、道、释三教融合的现象是毋庸置疑的。

从现存的六朝、隋唐早期的佛教造像石刻内容看，刻文往往要冠以奉君佑民的思想，然后才是宣扬佛法的作用。显然，佛教依附于皇权和儒家思想的目的是希望以此赢得生存的土壤。刻于东魏武定五年(公元547年)的《东魏王盖周等造像记》载："敬造石像一躯，上为国祚永隆，后愿七世父母，居家眷属，□□咸同此福。"隋开皇十一年(公元591年)《隋张子初等造像记》载："同修大观音菩萨一躯，以此善因，上愿皇帝陛下祚延无穷，化等金轮皇帝，又愿父母师僧，法界含识、邑人等，生生世世，常生净土，善愿从心。"《唐垂拱造塔记碑》载："敬造斯塔一所。奉为皇帝陛下，师僧父母，普及含灵，存亡眷属，尽愿超逾，俱登觉道。"显然，佛家适应了中国文化的水土，巧妙地将帝王利益、百姓愿望和自己的教义圆融在一起，并使捐赠建庙、造像、造塔、立碑之类能标示佛教形象的事，变成了社会大众自觉自愿的善举。此外，在经历了北魏太武帝、北周武帝和唐武宗三次大的灭佛"法难"以后，佛教僧人为了不致被皇家和社会势力所伤害和欺压，他们也经常申请统治者的保护。现存的《灵岩寺敕牒碑》、《升元观敕牒碑》等都是取得政权力量保护的例证。

另外，为了更好地被汉人接受，历代高僧竭尽心智用儒家语言翻译佛典，僧人也尽量使用中国传统语言阐释佛教经义。如经石峪摩崖，镌刻的是天竺著名佛教大翻译家鸠摩罗什翻译的《金刚经》，除一些无法完全对应的概念外，经文基本使用汉文化语言，文辞典雅，语句流畅。如"时长老须菩提，在大众中，即从座起，偏袒右肩，右膝着地合掌恭敬。而白佛言，稀有世尊，如来善护念诸菩萨，善付瞩诸菩萨。"此句写佛徒向如来请教修行的场景，十分形象生动。另外，佛教讲究从内心的宁静中寻求解脱的方式，也为在入世和出世之间挣扎的士大夫提供了摆脱焦虑的启示，得到了寻求精神和思想自由的新路径。因此，儒者也逐渐学习佛家思想，并使用自己的语言理解佛家境界。这在魏晋隋唐以后，成为儒、释思想交汇融合的重要文化现象。历史上的著名文人谢灵运、苏轼、王维等均精通佛理，并将佛教思想融入自己的诗文之中。这种现象在泰山石刻中也有明显的体现。泰山玉泉寺(亦称谷山寺)立有一方《重修谷山寺记》碑，碑文为元代山东诗人杜仁杰所记重修谷山寺之事，碑文完全以中国传统文人的山水散文笔法和语境加以表述："凡选树道场，必去人境远者为胜，必以山之名而尊者为胜。然山作南面观，虽拔地倚天，其氛翠变态，终不至于奇邃，必之于其阴又绝胜也。是刹焉，乃在泰山之北，及讯诸居者曰：'殊不类尘世。'""具此三美者焉，非有大福惠孰能选是，非有大智力孰能继而树是。"作者把僧人的修行之境与中国文人的山水意境融为一体，把佛家大福慧的术语直接用于表达有智慧、有福气之义，把山川自然对人心性的滋养与超凡脱俗联系在一起，令人佛、儒难分。还有一方石刻《药师七佛阁记碑》，此文为元代翰林阎复所记，直接将中国传统天地人神混一的世界观与佛教大千世界的世界观相联系和互相比拟，通篇以儒家语言表达佛家境界。泰山石刻中的多处寺庙建、修记事碑，记文大都如此，可见以儒家文化意识和语境表达佛家境界已经成为泰山文化中的常见现象。

宋明以后，以程朱理学为核心的儒学统治地位更加强化，佛、道两家的发展受到严重影响。而民间带有各种迷信色彩的信仰却广泛持久地渗透在人民生活的各个方面。因此，佛道两家在实践中，除了继续攀附于儒家正统外，又都另辟蹊径，寻求与民间习俗的结合。在泰山地区，这方面做的最成功的是道家。道家既尊重统治者确立的泰山神的圣、帝等显赫地位，又巧妙地吸取儒、佛、五行、方术等各种因素，把先秦传统中泰山治鬼、主生的观念放大，改造佛教六道、十界等虚拟社会结构形式，在泰山上建立起了包罗万象的神仙鬼怪世界。道教把传说中的人类始祖、孔孟诸家圣贤、历代隐士、神仙真人、豪杰侠士，甚至贩夫走卒、生灵魔怪都纳入了道教系统，并按照天界、人界、冥界建立了神仙灵鬼秩序，分配了职责。《重修东岳蒿里山神祠记碑》就记载了冥界崇拜的情景："今东岳山有地府，府各有官，官各有局，皆所以追死注生，冥冥之中岂无所宰而然耶。自唐至宋香火不绝，望之者，入之肃然，出则怖然，若有追之者。此祠司局之多，鬼神之众，囹圄之深幽，其不寒心而骇目者鲜矣！"由于道家的泛滥，以至于佛家在泰山也不得不屈尊于道家的炎势。但道教构成的杂乱，在泰山造成的并不是单一的道教独门崇拜，而是一种儒、道、释混融难分的多元化宗教信仰崇拜现象。所以，明清以后，登泰山祭拜的民间各色人众，几乎从不问寺庙、道观神像的门派宗属，无论佛家的菩萨、道家的神仙还是儒家的圣人，只要立有庙祠，供有牌位造像，即认为对其精神、心灵和生活有帮助，都可以焚香祭拜。泰山石刻中各个寺庙宫观的建、修记事碑，各种善举记事碑，道家、佛家道行碑，内容形形色色，虽然难以梳理出明显的教派合流的发展线索，但都打上了儒、道、释多元崇拜的整体印记。

在泰山石刻中，除上述的主要文化内涵外，还广泛记录了诸如经济、民俗、其他宗教派别等的信息，印证了泰山文化的博大精深。

泰山石刻的艺术价值也是国内一流的，不仅全面展示了中国书法艺术发展的历史，而且代表了书法艺术的最高成就，从而使泰山成为中国少有的书法宝库。自秦到清，泰山历代石刻均有书法名作问世。以下简要介绍泰山几处主要碑铭的书法地位和艺术价值。

泰山石刻中最重要的当属号称"华夏第一碑"的秦泰山刻石（又称《李斯碑》）。岱庙东御座院内，陈列着一方秦刻石，镌刻着秦始皇的功德铭和秦二世的诏书。此碑乃秦始皇东巡泰山时所立。公元前221年，秦并六国，始皇帝乃明法令、同文字、统货币、一度量衡等，推行改革，强化一体化统治。所谓统一文字，就是以秦国当时流行的篆书为基础，吸取六国文字中的合理成分，经丞相李斯等整理、改造，统一颁行全国共同使用的正体文字——小篆。"秦时李斯号为工篆，诸山及铜人铭皆斯所书。"[①] 秦始皇即位三年后，巡游东方，一为炫耀帝德，二为压服东夷，并效法三皇五帝登封泰山，"上自泰山阳至巅，立石颂秦始皇帝德，明其得封也。"[②] 其中指的就是这块碑。碑文为丞相李斯所撰并书，共有114字，内容为宣扬秦始皇统一天下的功绩，表达治理国家、帝业永续的决心和理想。辞曰："皇帝临位，作制明法，臣下修饬。廿有六年，初并天下，罔不宾服。亲巡远黎，登兹泰山，周览东极。从臣思迹，本原事业，祗诵功德。治道运行，诸产得宜，皆有法式。大义休明，垂于后嗣，顺承勿革。皇帝躬圣，既平天下，不懈于治。夙兴夜寐，建设长利，专隆教诲。训经宣达，远近毕理，咸承圣志。贵贱分明，男女体顺，慎遵职事。昭隔内外，靡不清净，施于昆嗣。化及无穷，遵奉遗诏，用承重戒。"此文环刻于碑之正、左、右三面，三句为韵，六句为段，虽不免颂德耀绩，却没有后来封禅文的神权迷信之弊，质实诚朴而又擅长铺张，与李斯其他文章的风格一致。刘勰曾赞之曰："秦皇铭岱，文自李斯，法家辞气，体乏弘润；然

① （晋）卫恒：《四体书势》。
② 司马迁：《史记·封禅书》。

疏而能壮,亦彼时之绝彩也。”①

公元前210年,秦始皇病死东归途中,其少子胡亥继为二世皇帝,并效仿始皇帝于公元前209年东封泰山,并在始皇刻辞之阴刻其诏书。“东巡碣石,历泰山,……皆礼祠之,而刻勒始皇所立石书旁,以章始皇之功德。”② 诏书共79字,亦为李斯撰并书。辞曰:“皇帝曰:‘金石刻尽始皇所为也。今袭号,而金石刻辞不称始皇帝,其于久远也,如后嗣为之者,不称成功盛德。’丞相臣斯、臣去疾、御史大夫臣德昧死言:‘臣请具刻诏书金石刻,因明白矣。臣昧死请。’制曰:‘可’。”碑原立于岱顶碧霞祠东玉女池旁,后几经辗转,屡失屡得,现置于岱庙东御座。现存碑仅为原碑上残石三块,始皇之封禅文已荡然无存,仅存二世诏书中“斯,臣去疾,……昧死……,臣请……矣。臣……”十字,且“斯”、“昧”、“死”三字已残。

秦刻石字体为秦代李斯等人所创小篆。李斯小篆书法不仅字体结构统一,而且风格规整,庄重至极,笔画圆润一律,结体对称均等,章法亦紧凑无稍懈。据史料记载,秦书有八体,唯小篆为官方通行文字,故秦朝的高文典册俱用小篆。而小篆的代表作品又当推秦刻七石,即峄山、泰山、琅琊台、芝罘、东观、碣石、会稽。七石中现仅余泰山、琅琊台二处。尽管泰山秦刻石仅存十字,然窥斑知豹,仍然可以看出其运笔娴熟、笔画老到的气度,知此时小篆虽然创制未久,却已臻于完善。故历代书法家对其书体法度赞不绝口:“斯小篆之精,古今绝妙。秦望诸山及皇帝玉玺,犹夫千钧强弩,万石洪钟。岂徒学者之宗匠,亦是传国之遗宝。”③ “李君创法,神虑精微,铁为肢体,虬作骖騑,江河淼漫,山岳峨巍,长风万里,鸾凤于飞。”④ “斯之法也,驰妙思而变古,立后学之宗祖,如残雪滴溜,映朱槛而垂冰;蔓木含芳,贯绿林以直绳。”⑤ “秦斯为古今宗匠,一点矩度不苟。……乍密乍疏,或隐或显,负抱向背,俯仰承乘,任其所之,莫不中律。书法至此,无以加矣。”⑥ 更有元代郝经赋诗赞曰:“拳如钗股直如箸,曲铁碾玉秀且奇。千年瘦劲益飞动,回视诸家肥更痴。”⑦ 以上诸论虽然表达上显得有些玄

---

① 刘勰:《文心雕龙·封禅》。

② 司马迁:《史记·封禅书》。

③ (唐)李嗣真:《书后品》。

④ (唐)张怀瓘:《书断》。

⑤ (唐)窦臮:《述书赋》。

⑥ (明)赵宧光语。(第③④⑤⑥均转引白董文:《中国历代书法鉴赏》,辽宁大学出版社,1988年7月第一版)。

⑦ (元)郝经:《太平顶读秦碑》。

妙,然细细揣摩,确实道出了李斯小篆的神韵。由此可见,泰山石刻兼具遒劲、清秀双姿,实乃生于楚而仕于秦的李斯融通秦前楚、齐、秦(指秦国)三国字体精髓而独创一代的书体,其泽耀后世、众口皆碑也就不足为奇了。

当前有的学者认为琅琊台刻石在艺术上较泰山刻石精到纯熟,然泰山刻石却较琅琊台为先,而且是勒铭泰山以示封禅的遗物,影响更大,因此称之为“华夏第一碑”当不为过。正所谓“零星两片石,卓越二千年,体变周宣后,功垂汉武先。祗今题勒富,谁共此留传。”①

秦刻而外,便是两通汉碑,一是《张迁碑》,一是《衡方碑》,此二碑均为泰山岱庙珍藏的汉隶珍品、书界瑰宝。

《张迁碑》,全称为“汉故谷城长荡阴令张君表颂”,刻立于东汉灵帝中平三年(公元186年)。碑述张迁及先祖业绩,碑主张迁原为谷城(今东平)长,在任期间,“路无拾遗,犁种宿壄”,颇有政绩。尤其黄巾起义时,义军所向披靡,“烧平城市”,而“斯县独全”,在统治者看来,这无异又是一大壮举,故右迁荡阴(今河南汤阴)令。故吏韦萌等为追念表彰他的业绩而捐银立石。

碑文为汉代流行隶体,用笔敦厚方折、大巧若拙,是汉碑中方笔的典范,与相差仅一年的《曹全碑》(现存西安)的圆润飘逸相得益彰、东西辉映。书家评曰:“方折斩截,以‘横鳞竖勒’之法,直取上下之势,笔画沉涩刚劲,意气雄厚。转折处棱角分明,以横平竖直立定字的骨架。线条直弧相参,朴拙中带有秀美之态。有些偏旁的写法极近正楷,已开魏楷书先河。结体端庄方正,整肃森严。全篇气势雄浑,于朴茂高古中透着金石气息……”② 故有人形象为“龙威虎震,剑拔弩张,气势万钧”。另外,碑形也很讲究,两侧双龙盘桓,会于碑首,饶有趣味。秦及前汉只有刻石,尚无碑身形制的雕饰,后汉方才有碑座、碑身、碑首之别,并注意碑身的美化。由此也可以看出后汉制碑上的流行风貌。此碑原立东平,1965年被移置岱庙。

《衡方碑》则是泰山保存最早的汉碑,全称为“汉故卫尉卿衡府君之碑”,立于东汉灵帝建宁元年(公元168年)。碑述衡方功绩品德。碑主衡方曾为州里举孝廉,历任会稽东部都尉、颍川太守等职,后被选调皇宫,灵帝时又被命为步兵校卫,统兵督守边疆,卒于任上。碑为其门生故吏刻立于其墓前。

碑文亦为隶书,素以“体丰骨壮”著称。所谓“体丰”,乃指字体用笔粗厚,折

---

① (清)王家榕:《题秦刻残石》。

② 董文:《中国历代书法鉴赏》“张迁碑”,辽宁大学出版社,1988年7月第一版。

角敦方而结构稳重。从现存东汉碑看，较早的《开通碑》笔画劲直瘦硬，故方朔认为“以篆为隶”，尚未脱篆书之气。而至《礼器碑》、《郑固碑》则已骨肉停匀，显温润之态，而降至与《衡方碑》相差仅一年的《史辰碑》则更是笔姿丰腴。由此看来，所谓“体丰”，乃是指承接汉隶发展之势，笔画讲求粗厚宽整，折角敦方，用笔多以圆笔为主；结构则讲究沉稳安阔、方整匀称，蕴含古拙憨纯之意，富有绵延深厚之美，体势丰满。所谓“骨壮”，乃指字体厚而不肥、拙而不雍、绵中透壮。故整体风貌仪态万方、飞动有力、血肉饱满、骨格劲奇。碑原立山东汶上县郭家楼，1953 年，移置岱庙。

康有为曾在《广艺舟双楫》中列举了汉碑的各种风格，如骏爽、疏宕、高浑、丰茂、华严、凝整、秀韵等。徐利明则将汉隶分为宽博苍浑、灵润潇洒、方拙朴茂、豪放野逸、清秀刚健、规整端庄、婉丽圆畅等七种，并将泰山现存的《衡方碑》和《张迁碑》作为方拙朴茂风格的代表。此二碑刻都具有体式方正、势态质朴、笔力内聚、拙中见灵的风格，但是布局结体、运笔贯气又有所不同。《衡方碑》继承了篆书中锋运笔圆融的特征，但笔画丰腴，起笔或方或圆，线条或粗或细，收笔或轻或重，字形呈长方形，笔画排列匀称，字间布局充格很少留白，看似刻板，但整篇笔意灵动。隶书横笔以蚕头燕尾为特征，但《衡方碑》蚕头燕尾的头尾起、收笔皆圆润，蚕头并不突出，燕尾则收缩上扬，较为常见。貌似笨拙实则方古中有倔强气，是《衡方碑》独特的审美趣味。《张迁碑》与《衡方碑》不同的是，其笔法是典型的方笔，起笔、落笔方折果断，转角以方为主，蚕头不明显，但燕尾比《衡方碑》夸张而又有变化。通篇笔画粗细相间、直曲结合。字形取扁平势为主，方、长为辅，字体以通篇布局和谐为原则而字体大小不一，显得疏密交错而独具匠心。所以，《张迁碑》整体方正、丰腴古拙，但笔意流露出一种天然的韵致。《张迁碑》（公元 186 年）晚于《衡方碑》（公元 168 年），为东汉隶书成熟时期的作品，书法造诣极高，且带有刀刻韵致的方形笔意，在东汉众多碑刻中别具气象，所以得到后人的大力推崇和学习。“汉碑严重平硬，是碑（张迁碑）为冠。”[①]“学隶，宜从《乙瑛碑》入手，近人多宗《张迁》。”[②]《张迁碑》其用笔之法也影响到以后的书法发展。杨守敬谓：“张迁用笔已开魏晋风气。”康有为也认为《张迁表颂》“其笔画直可置今真楷中”。后代书法家如清代何绍基、伊秉绶等就曾临摹《张迁碑》而创新成为大家。

---

① （清）郭尚先：《芳坚馆题跋》。
② （清）梁巘：《评书帖》。

以上两碑均属汉隶中方整类的代表作，也是汉隶成熟期的代表。李泽厚说："在汉代艺术中，运动、力量、'气势'就是它的本质。"① 从这两块碑刻中，我们正可以看到这种粗犷的，像一条凝滞的大河一样的生动气势，以及"蓬勃旺盛的生命"。

晋碑中有《孙夫人碑》，全称为"晋任城太守夫人孙氏之碑"，立于西晋泰始八年（公元 272 年）。碑主孙氏乃当时任城（济宁）太守之妻，吏部尚书孙邕之女。碑文尽述其慈淑仁敏、节孝贤良的盛德，以垂教后世，乃封建礼教的颂赞之物。碑文也是隶书。一般说来，西晋书家的书体中已经失去了汉魏时期那种古厚渊懿的书风，但是他们的笔下姿致疏朗、丰神超逸，笔墨之中深含气骨，笔墨之外韵胜而度高，个个如谦谦君子儒雅风流，高逸之士清超拔俗。《孙夫人碑》虽也染上这种风气，但它为现今发现的最早的晋碑，产生年代较早，故其"笔势严谨，方劲厚重，犹存两汉遗风"②，乃上承汉魏、下开两晋的杰作。在碑制上，晋多为短碣，而此碑却高达 2.19 米，宽 0.96 米，侧宽 0.195 米，形制宏伟，故与历城《郛休碑》、河南《太公望表碑》并称晋代三大丰碑。另外，晋代沿袭魏例，禁止立碑，导致石刻鲜传于世，现存的晋碑极少，因此此碑的文物价值更加弥足珍贵。碑原在新泰莲花山张庄，1965 年被移至岱庙。

唐碑岱庙所存较多，《唐岱岳观造像记碑》以其独特的造型和浓厚的政治色彩而著称于世。自古以来，碑碣均以单石为制，而此碑却将两方石碑并立在同一块底座上，上覆碑首，故俗称双束碑或鸳鸯碑。然而独特的碑制并非如俗称一样是浪漫爱情的象征，而是封建政治争权夺利的产物。据史书记载，唐高宗一朝，武则天权倾朝野，威势甚至凌驾于高宗之上，以至在封禅泰山时竟取代宰臣而亲主大礼，并最终登上皇帝宝座。据此碑记载，碑乃道士郭行真奉高宗、武则天之旨到泰山建醮造像所立。显然，这种从常规眼光看来不伦不类的碑制却正好象征了国朝"双帝"并治而实乃武后专权的现实，当权者的良苦用心不言而喻。更有甚者，在分述高宗、中宗、睿宗、玄宗、代宗、德宗、武后斋醮造像之事的二十余则碑文中，武后时期竟占了七则，而且文中采用了武则天自制的十一个文字，如天、地、人、王、年、月、日、星、正、授、初等。尽管这些文字由于不符合语言产生的客观规律而没有被历史所承认，然从其不乏政治色彩的造字法中，我们正可以看出封建统治者借手中强权为自己树碑立传和炫耀功德的贪婪和愚

---

① 李泽厚：《美的历程》，第 101 页，中国社会科学出版社，1984 年 7 月第一版。
② 李继生：《东岳神府——岱庙》，第 25 页，山东人民出版社，1986 年 4 月第一版。

蠢。所以,不是碑文的内容及其书法艺术,而是石碑本身独特的政治背景和其蕴含的政治目的使其在中华碑史上占有了一席之地,它的主要文物价值正在于此。碑原立于岱岳观,1983年被移于岱庙。

宋碑中则以矗立于配天门东南、西南两面的《宣和重修泰岳庙碑》和《大宋东岳天齐仁圣帝碑》最为著名。两碑分别高达9.32米和7.78米,形制宏大,有擎天之势,龟趺螭首,在岱庙中无与伦比,故号称岱庙两大丰碑。

《宣和碑》立于宋徽宗宣和六年。碑述历代封祀泰山之事,并载宋徽宗登基以来多次降诏增治宫宇、重修岱庙的善举。碑文由当时翰林学士宇文粹中撰文,朝散大夫张漴篆额并书,是研究泰山封禅及岱庙建筑沿革的重要材料。碑阴有明万历十六年(公元1588年)山东巡抚李戴、巡按吴龙征题,田东正书"万代瞻仰"四个大字,字径达1.2米,贯通碑身,气势恢弘。其碑下龟趺重四万余斤,"为一巨石雕琢而成,其四肢稳稳抓地,头部昂起,面目生动,形象可爱,为岱庙龟趺之冠,也为全国所仅见"①,实为巨雕之珍品。

《天齐仁圣帝碑》立于宋真宗祥符六年,又称《宋祥符碑》,是宋真宗加封泰山神为"天齐仁圣帝"的封号碑。泰山神原无封号,唐玄宗开元十三年封泰山时,始封为"天齐王",宋真宗祥符六年东封泰山,在"天齐"后加"仁圣"二字,后又升为帝,称"天齐仁圣帝"。宋真宗之所以对泰山神如此敬重,说穿了乃是治国乏术,对辽输银辱国后妄图借神的名义镇服四海,夸示外国,为自己贴金而已。所以,他才亲自导演了"降天书"的闹剧。碑文由翰林学士晁迥撰文,翰林待诏、朝散大夫尹熙古篆额并书,描述了北宋王朝的德政功绩。碑阴也有四个大字,曰"五岳独宗",乃明万历二十四年(公元1596年)巡抚张允济、巡按王立贤题。此碑为现存岱庙最早的龟趺碑。

除记事碑外,岱庙颂岱诗碑也琳琅满目。此类碑刻大多诗意盎然、书法精粹,读诗品字全无其他碑种的功利干扰,纯然是轻松愉快的审美享受,雅趣横生。此类碑刻中以杜甫《望岳诗碑》名声最盛。此碑由清乾隆年间泰安知县何人麟草书。《望岳》是杜集的开卷之作,素享盛名,写来心志飞扬,立意高远而又描摹精细、刻画入神,是所有颂岱诗中的夺魁之作,被后人誉为绝唱。何人麟的狂草亦冲决跌宕、大气磅礴,时如古松挺秀,时如天河飘落,洋洋洒洒,尽显灵气。此碑诗书双绝,堪称神品。另杜甫《秋兴八诗碑》亦为何人麟草书,与上碑共享"草书之榜"美誉。

---

① 崔秀国、吉爱琴:《泰岱史迹》,第40页,山东友谊书社,1987年11月第一版。

泰山经石峪《金刚经》摩崖刻石是北朝佛教摩崖刻经的重要代表，目前专家一般认为是北齐时著名僧人安道一所书。从书法历史看，此刻书体是介于篆、隶之间的著名书法作品。它以字体巨大、字数众多、摹刻面积广阔、书法风格奇伟而为历代书家所推崇，被公认为“榜书之宗”[①]。《泰山金刚经刻石》在书法史上具有独特的风格。书体在楷、隶之间，又有篆书、行草笔意。全篇结体宽松疏阔，但笔意连接，无涣散之弊。字形略呈宽扁形，有隶书之形，但笔法圆浑有如篆书运笔，蚕头燕尾之隶笔不明显。笔势遒劲，笔画肥厚，点画追求工整，似开后来颜真卿楷书之渐，但有些字笔画牵连，又见有“无、来、万、第”等简化字，行草之意宛在其中。全刻雄浑凝重、柔中寓刚，意蕴坚定而有超然之趣，与雄伟阔达的泰山浑融一体。这证明安道一必是当时擅长擘窠大字的高手，也当有北齐僧人护法的强烈意识蕴含其中。

此外，还有《纪泰山铭》摩崖刻石。泰山刻石中唐刻不少，最负盛名者是摹刻于岱顶大观峰上的《纪泰山铭》。该崖刻高 13.2 米，宽 5.3 米，铭文 1008 字。此刻是唐玄宗开元十三年（公元 725 年）封禅泰山后，亲自撰书的封禅颂德纪事碑，并于次年镌刻于大观峰崖壁。《纪泰山铭》形制宏伟，文辞雅驯，碑文为隶书，遒劲婉润、端庄浑厚，为汉以来帝王摩崖之最，开隶书新面目，是唐隶的代表作之一，历代书家多有称颂。唐太宗李世民钟爱王羲之的行书，造成了一个楷书、行书大盛的时代。其时，隶书虽然也有新的发展，但已经不能与两汉隶书的优势地位同日而语。此刻的字形取汉隶而偏于肥厚，运笔圆浑中有锋芒，蚕头燕尾较为夸张，笔势灵活流畅，布局端庄但又显露出轻快生动的韵味，为隶书创造出一种新的风格和气象，实属不易。

唐代窦臮在《述书赋》中称赞唐玄宗的书法：“开元应乾，神武聪明，风骨巨丽，碑版峥嵘，思如泉而壮凤，笔为海而吞鲸。”赞语虽有谀辞之嫌，但统观整篇刻文，确实是雄浑恢弘、大气磅礴。宋朱长文在《续书断》中也说：“玄宗少能八分正书，锡之臣工，勒之金石，不倦于勤，尚艺之至。”明王世贞云：“《纪泰山铭》，唐开元帝制及手书，相传燕许修其词，韩史润其笔，以故文颇雅驯，不猥弱，隶法虽小变东京，最为郁劲，饶古意。”清王澍《竹云题跋》称：“唐人隶书多尚方整，与汉法异。唯徐季海《嵩阳观碑》、明皇《纪泰山铭》为得汉人遗意。”

崖刻的下半部由于古人捶拓无度，残剥十分严重，明人叶彬曾补书 108 字。乾隆初年，大学士赵国麟又以旧本重摹补之，字形差小，神气不及原刻，但铭文

① 康有为：《广艺舟双楫》

的90%仍保存尚好,依然不失原有的风采。后人又在原刻字上贴金,更显辉煌灿烂。《纪泰山铭》无论是形制、书法、外观等都可以使人联想起大唐的盛世气象,而且从书法气韵中也可看出作者功成名就后的得意之情和潇洒阔达胸怀。

泰山石刻书法中,篆、草较少,隶书稍多,行楷最多,且同一书体风格气象不同,可以说构成了系列的书法教科书。前面我们介绍了在书法史上独具特色的重点石刻,下面简要介绍自宋代以后在楷书、行书、草书方面卓有特色的一些碑刻书法。《泰山碑刻赞》作者,已故李志敏先生曾对此有独到评价,摘要如下:

> 宋青帝广生帝君赞碑,为宋真宗御书,立于大中祥符元年(1008)。碑文为楷书,端庄雄劲。
>
> 宋天贶殿碑,立于宋大中祥符二年(1009)。碑文为尹熙古行书,书法师圣教序、兰亭序,秀劲有风姿。
>
> 宋封祀坛颂碑,大中祥符二年立,裴瑀书并篆额,碑文行楷相杂,行书与天贶殿铭类似。
>
> 大金重修东岳庙碑。金大定二十二年(1182)立,碑文楷书,有宋意,结构展拓,笔力劲壮。此碑的特点是文、书、额为金代三大名人合作,号为三绝。撰文杨伯仁,金朝皇统进士;书丹黄久约,进士;篆额党怀英,大定进士,金代著名书法家,又能文,尤擅篆籀。此碑为后世所重。
>
> 重修天封寺记碑。大定二十四年(1184)立,党怀英篆额、撰文、书丹。书法工整劲健,直追欧柳,有新意。为党怀英楷书之佳作。
>
> 元天门铭,刻于元中统五年(1264)。铭文刻于泰山南天门外西侧自然石上,严忠范楷书,严整肥劲,有颜真卿风采。
>
> 元张宣慰登泰山记碑,立于至元二年(1265),王祯书,脱胎颜柳,笔画瘦于天门铭,然笔力不减。
>
> 元重修东岳蒿里山神祠记碑,至元二十一年(1284)立,徐汝嘉楷书,字工整刚劲,可与重修天封寺记碑媲美。
>
> 元创塑州学七十子记碑,立于至正九年(1349),孔克坚正书,字体法欧阳询、赵孟頫,神态清秀娟静。

除李志敏评点的以上诸碑外,有特色的还有清代乾隆帝的十余方题诗行书碑刻,清乾隆时期泰安知县何人麟草书的杜甫《望岳》、《秋兴八首》碑刻。乾隆帝的行书工整平稳似楷书,偶有草意入笔,飞动流走、自由洒脱。何人麟草书取法张旭、怀素,但追求规范,笔势连绵婉曲,笔锋锐利,游丝纤细,结体旋转流畅,可为学习草书的范本。

泰山石刻书体众多,不仅正体频见,而且篆中附隶、楷中附篆,楷中附行、附草,各种变体、各种风格俱佳,气象纷然。游览泰山,犹如走进天然的书法博览馆,不仅可以纵情山水、陶冶情操,还可以研习书法技巧,欣赏书法艺术,从古人的书法中得到美的享受。

后 记

20世纪80年代后，泰山文化研究进入到一个新的阶段，地方政府及学界呈现出前所未有的重视，各种古典文献陆续整理出版，理论研究也呈现出方兴未艾之势，更有各种学术组织和文化团体相继成立。迤及今日，泰山文化研究已然成为国内外学人之新宠。

在丰硕的泰山文化研究成果中，虽不乏宏篇巨制，然毋庸讳言的是，在众多成果里，独缺少一种较为系统地介绍泰山文化整体风貌的、介于学术和普及之间的读物或教材，这也许是近年来泰山文化难以真正走进大学课堂并广为传播的根本原因之一。

本书的编写即出于如上考虑，以较为系统地讲授泰山文化并适当注意其学术性为旨归，力求以此使泰山文化作为地方及校本教材走进大学课堂，并为对泰山文化有所兴趣的读者提供一个较为严肃的普及型学术读物。我们希冀，这本概论的出版，将对泰山文化的传播有所助益。

本书由多位学人共同编著。具体编写者如下：第一章“概说”，刘兴顺；第二章“泰山历史”，周郢；第三章“泰山封禅”，汤贵仁；第四章“泰山民俗”，陈建华；第五章“泰山宗教”，王元臣；第六章“泰山文学”，陈伟军、王伟；第七章“泰山刻石”，夏忠梅、陈伟军。全书由陈伟军收齐后根据书稿的要求加以调整、润色，并对部分稿件进行了改写，最后定稿。

在编写过程中，编写者借鉴了国内外学人尤其是泰安地方学人的诸多研究成果，山东人民出版社袁丽娟女士、王晶女士在出版中给予了大力支持和关照，在此谨致谢忱！

陈伟军

2012.10.2 于岱下

图书在版编目（CIP）数据

泰山文化概论/陈伟军主编．—济南：山东人民出版社，2012.10（2023.2重印）
ISBN 978-7-209-06296-1

Ⅰ．①泰… Ⅱ．①陈… Ⅲ．①泰山—文化—概论
Ⅳ．①K928.3

中国版本图书馆CIP数据核字（2012）第092655号

泰山文化概论
陈伟军　主编

山东出版传媒股份有限公司
山东人民出版社出版发行
社　址：济南市市中区舜耕路517号　邮　编：250003
网　址：http://www.sd-book.com.cn
发行部：（0531）82098027　82098028
新华书店经销
山东华立印务有限公司印装
规　格　16开（169mm×239mm）
印　张　12.75
字　数　230千字
版　次　2012年10月第1版
印　次　2023年2月第5次
ISBN 978-7-209-06296-1
定　价　30.00元

药物化学

Yaowu Huaxue

李淑敏 崔成红 主编

山东人民出版社
全国百佳图书出版单位 国家一级出版社

编委会成员

主　编　李淑敏　崔成红

副主编　王桂梅　杨俊玲

编　者　（以姓氏笔画为序）

王桂梅（山东药品食品职业学院）

付艳辉（海南师范大学）

李淑敏（山东药品食品职业学院）

李淑清（山东药品食品职业学院）

李敏之（山东新华制药有限公司）

杨俊玲（山东药品食品职业学院）

余　霞（山东药品食品职业学院）

刘命彩（山东淄博新华大药店连锁有限公司）

隋新安（山东药品食品职业学院）

崔成红（山东药品食品职业学院）